Stefanie Kühn | Markus Kühn

Ihr Start in die finanzielle Freiheit

Stefanie Kühn | Markus Kühn

Ihr Start in die finanzielle Freiheit

Wie Ihnen mit dem richtigen Mindset der finanzielle Durchbruch gelingt

GABAL

Externe Links wurden bis zum Zeitpunkt der Drucklegung des Buches geprüft. Auf etwaige Änderungen zu einem späteren Zeitpunkt hat der Verlag keinen Einfluss. Eine Haftung des Verlages ist daher ausgeschlossen.

Bibliografische Information der Deutschen Nationalbibliothek

Die Deutsche Nationalbibliothek verzeichnet diese Publikation in der Deutschen Nationalbibliografie; detaillierte bibliografische Daten sind im Internet über http://dnb.d-nb.de abrufbar.

ISBN 978-3-96739-061-2

Lektorat: Anja Hilgarth, Herzogenaurach
Umschlaggestaltung: Martin Zech Design, Bremen | www.martinzech.de
Titelbild: Maxim Stepanov/shutterstock
Autorenfotos: Karin Weber Fotografie
Satz und Layout: Lohse Design, Heppenheim | www.lohse-design.de
Druck und Bindung: Salzland Druck, Staßfurt

Wir drucken in Deutschland.

www.gabal-verlag.de
www.gabal-magazin.de
www.facebook.com/Gabalbuecher
www.twitter.com/gabalbuecher
www.instagram.com/gabalbuecher

PEFC™
PEFC/04-31-2251

PEFC zertifiziert
Dieses Produkt stammt aus nachhaltig bewirtschafteten Wäldern und kontrollierten Quellen.

www.pefc.de

Inhalt

Bevor wir starten …

… möchten wir ein paar persönliche Worte an Sie, liebe Leserinnen und Leser, richten. Dieses Buch ist für Sie geschrieben – für Sie, die Sie sich einer Fülle von Geldanlage-Angeboten gegenübersehen. Die eine Renteninformation erhalten, die so enttäuschend aussieht. Denen Geld Angst macht oder die Pläne haben, aber nicht wissen, wie Sie sie erfüllen können. Denen der Plan fehlt, die Strategie. Die sich von Beratern verkauft fühlen. Für Sie alle.

Das Buch ist aus unserer Beratungspraxis entstanden. Aus über 1.500 Einzelgesprächen in Finanzfragen, Erbrechtsangelegenheiten und Mentalcoachings. Wir haben alle Berufsgruppen gesehen, alle Altersklassen, alle Familienkonstellationen. Alle Beispiele aus dem Buch sind stark verfremdet, aber im Kern wahr – und wir haben noch viel mehr davon.

In vielen unserer anderen Bücher geht es »nur« um die Sache – wie funktionieren Fonds und ETF, was ist eine Festgeldtreppe, wie strukturiere ich ein Portfolio. Das ist nicht etwa schlecht, ganz im Gegenteil, das ist sehr wichtig und nützlich. Dieses Buch hat jedoch einen anderen Fokus – es geht um die Entwicklung einer ganz höchstpersönlichen Anlagestrategie, nämlich der Ihrigen. Es geht darum, warum Sie wie mit Geld umgehen. Es geht um Ihr Verhältnis zu Geld. Sie werden Werkzeuge aus dem Mentaltraining nutzen, um Ihre Strategie zum Erfolg zu führen. Natürlich erhalten Sie auch Basiswissen zu Geldanlagen und Rentenbausteinen – die benötigt jeder Erwachsene. Am Ende aber steht Ihr persönlicher Zielfahrplan mit den entsprechend geplanten Umsetzungen.

Wir wünschen Ihnen viel Freude beim Lesen – Vorfreude bei der Planung und Feier-Freude, wenn Sie ein Ziel erreicht haben.

Ihre Stefanie Kühn und Ihr Markus Kühn

PS: Wir verzichten in diesem Buch auf die umständliche genderkonforme Schreibweise. Jeder, der uns kennt, weiß, dass wir frei von Vorurteilen sind und sämtliche Lebensformen akzeptieren. Hauptsache, die Person ist glücklich. Der Verzicht ist allein der Lesbarkeit geschuldet. Wir verzichten auch auf das pseudopsychologische »Du«.

1 Was bisher geschah – ein Rückblick in Ihre finanzielle Zukunft

Neulich haben wir ein Graffito gelesen: »Die Vergangenheit können wir nicht mehr ändern, uns bleibt aber noch die Zukunft.« Uns gefällt dieser Satz, denn in unserer Beratungspraxis erleben wir immer wieder, wie Menschen mit ihrer Vergangenheit konfrontiert sind, wenn es um ihr Geld geht. Viele bleiben dann in der Vergangenheit stecken. Sätze wie »Das habe ich noch nie gekonnt« oder »Mit meinen Geldanlagen habe ich immer danebengegriffen« lassen schon erahnen, wie sehr die Vergangenheit die Zukunft mitbestimmt. Wenn Sie sich erfolgreich um Ihre Finanzen kümmern möchten, dann ist es Zeit, sich der Vergangenheit zu stellen, das Gute beizubehalten und das Schlechte zu verändern. Und zwar erst recht, wenn man eigentlich seine Zukunft planen will.

Machen Sie sich nichts vor

Uns begegnen immer wieder Fälle von »Wunschdenken«, wie wir es nennen. So war es auch bei einem Ehepaar, das wir vor einiger Zeit kennenlernten. Nennen wir es die Kunzes. Die beiden haben ein Haus und zwei kleine Kinder. Herr Kunze ist Mitte vierzig und arbeitet als leitender Angestellter im Vertrieb einer bayerischen Firma, die technische Produkte herstellt. Frau Kunze ist gleich alt und hat einen Minijob als Schreibkraft in einem Unternehmen. Den größten Teil ihrer Zeit kümmert sie sich um die beiden Kinder. Infolge der Coronakrise war der Ehemann damals in Kurzarbeit. Sein Job war aber nicht wirklich bedroht. So nutzten sie die Zeit, um sich über ihre Altersvorsorge einige Gedanken zu machen.

Sie kamen gut gelaunt und recht selbstsicher ob ihrer zu erwartenden Renten bei uns an. Wir verlassen uns als Berater jedoch nie auf vage Aussagen, sondern schauen genau hin, welche Anlagen und Rentenansprüche vorhanden sind. Und wie so oft kam heraus, dass die Altersvorsorge, die auf den ersten Blick geregelt schien, in Wirklichkeit einige offene Fragen enthielt. Von wegen gute Absicherung: Je genauer wir nachfragten, desto mehr Ungenauigkeiten, Widersprüche und fehlende Informationen entdeckten wir.

Es begann mit dem Rentenbescheid, den wir uns immer zeigen lassen, wenn Mandanten uns von ihrer Rente erzählen. Die mitgeteilte zu erwartende Rente der beiden ist die von der Deutschen Rentenversicherung großzügig hochgerechnete Rente. Dass die Inflation in den nächsten 25 Jahren auch noch an dem ausgewiesenen Betrag nagen wird und es völlig unklar ist, ob die optimistischen Hochrechnungen zutreffen werden, hatte das Ehepaar ausgeblendet. Diesem Phänomen begegnen wir häufiger.

Die Kunzes erzählten nun, dass sie noch ein weiteres Haus hätten. Das Haus von Frau Kunzes Eltern nämlich, das diese vorausschauend bereits jetzt, zu Lebzeiten, auf die Tochter überschrieben hatten. Eine Hausschenkung ist natürlich meist eine feine Sache! Doch auch ein Haus ist nicht immer das, wofür man es hält. »Wo steht das Haus denn?«, fragten wir vorsichtig nach. Prompt kam die Antwort: im oberfränkischen Landkreis Hof. Das ist zwar wirklich eine nette Gegend, doch leider muss, wer dort Immobilien besitzt, der Tatsache ins Auge blicken, dass die Grundstücks- und Immobilienpreise nicht gerade zu den Spitzenreitern unserer Republik gehören. Dafür, so berichteten die Kunzes, hatten die Eltern das Haus »toll hergerichtet«, hatten »viel selbst gemacht«. Nun wurden wir noch hellhöriger: So schön es auch sein kann, selbst sein Haus auszubauen, der Immobilienmarkt belohnt den individuellen Geschmack der Besitzer leider nur selten. Und das, finanziell gesehen, wirklich dicke Ende kam noch: Die Eltern wohnten noch in dem Haus, das Ehepaar Kunze sollte sich aber schon um die Instandhaltung kümmern. Aktuell mache die Heizung Probleme und die Eltern hätten auch gar nicht die Mittel, selbst etwas beizusteuern. Und außerdem müsse der Bruder der Beschenkten später noch ausgezahlt werden. Das wussten die beiden zwar, aber die genaue Summe war im Übergabevertrag noch nicht klar bestimmt worden und die Formulierungen ließen einige Deutungen zu.

Damit war klar, dass an weitere Sparraten für den Ruhestand derzeit gar nicht zu denken war. Das eigene Häuschen musste noch 15 Jahre abbezahlt werden, das Haus der Eltern musste in Schuss gehalten werden, und die Abfindung an den Bruder stand auch noch aus.

Die Bestandsaufnahme brachte also einen großen Haufen unangenehmer Fragen auf den Tisch. Die Kunzes waren zwar zu uns gekommen, um ihre finanzielle Zukunft zu planen. Es stellte sich jedoch heraus, dass sie in ihrer Vergangenheit noch nie mit ihrer Familie offen über Geld gesprochen hatten. Diese Haltung holte sie jetzt ein. Mit dem Haus der Eltern hatten sie sich ein »Kuckucksei ins Nest« gelegt, auf das sie vielleicht besser verzichtet hätten. Bevor wir über bessere Kreditkonditionen oder Anlagerenditen nachdenken konnten, mussten sie mit ihren Verwandten die Verhältnisse klären. Sie mussten Fehleinschätzungen korrigieren, den wahren Wert des Hauses herausfinden, mit den Eltern über deren Gedanken zur gerechten Berücksichtigung des Bruders sprechen und mit diesem vielleicht sogar noch über Geld streiten.

Geld ist viel mehr als Zahlen

Sie sehen: Es reicht nicht, irgendetwas durchzurechnen, wenn man seine Finanzen ordnen möchte. Am Geld hängt viel mehr. Beziehungen, Wünsche, Begierden, Neid, Konflikte. Es kostet oft viel Kraft, über Geld zu sprechen. In vielen Familien geht das gar nicht, und wer es doch wagt, steht als kalt und gefühllos da. »Über Geld spricht man nicht« ist eine Prägung, die besonders im deutschsprachigen Raum weit verbreitet ist. Es kostet auch viel Kraft, sich selbst gegenüber ehrlich zu sein. Schon genau hinzuschauen, wie viel Geld sie tatsächlich haben, fällt manchen Menschen sehr schwer. Zu überlegen, warum sie es nicht angelegt haben, oder warum sie überhaupt nie versucht haben, sich etwas zusammenzusparen, ist womöglich noch schwerer. Wir begegnen vielen Menschen, die den Kopf in den Sand stecken und mit fest geschlossenen Augen von einem schönen Lebensabend träumen, mit Reisen und Garten und hübschem Häuschen. Allerdings werden sie sich das niemals leisten können, wenn sie den Kopf nicht wieder aus dem Sand herausziehen und die Augen öffnen. Dabei verstehen wir durchaus den Wunsch nach Verdrängung: Wer macht sich schon gerne klar, dass die Träume im Alter vielleicht gar nicht realisierbar sind, weil zu wenig Geld da ist?

Doch auch wenn ausreichend Vermögen vorhanden ist, kann Geld zu einem belastenden Thema werden. Oftmals geht es dann jedoch nicht mehr um die Frage, wie materielle Wünsche erreicht werden können, sondern um Streitigkeiten, Zuständigkeiten, Unsicherheiten und die Frage nach der Vermögensweitergabe über Generationen. Auch hier ein Beispiel aus unserer Beratungspraxis: Vor einigen Jahren berieten wir zwei Schwestern. Zunächst kam eine der Schwestern – Frau Heinzmann – zur Beratung und bat um einen Austausch, wie sie ihr Vermögen so anlegen könne, dass sie ihren erwachsenen Sohn gut absichern könne, Grund und Boden dabei erhalten bliebe sowie das Vermögen möglichst steuerschonend weitergegeben werden würde. Immer wieder fiel in dem Gespräch auch der Name der Schwester und der hochbetagten Mutter, sodass wir sie schließlich vorsichtig darauf hinwiesen, dass manche Dinge, die sie ansprach, das Thema der Schwester sei und nicht ihres. Auch einige Themen den Ex-Mann betreffend seien nicht mehr ihre Verantwortung. Frau Heinzmann machte sich große Sorgen um das Wohlergehen aller Familienangehörigen. Wir rieten ihr, innerfamiliär über die Vermögensplanung zu sprechen und dann vielleicht zu einem Gespräch mit der Schwester zu uns zu kommen. Zwei Jahre hörten wir nichts von dieser sympathischen und weitdenkenden Frau.

Als sie sich wieder meldete, vereinbarte sie einen Termin mit uns, an dem auch ihre Schwester teilnahm. Wir waren überrascht, wie viel sich bereits getan hatte. Einige der damals angesprochenen Punkte waren erledigt, andere waren losgelassen. Es fiel immer wieder der Satz: »Sie haben mir ja gesagt, dass das nicht mein Thema ist.« Und nun waren Frau Heinzmann und ihre Schwester so weit, dass sie sich auf Augenhöhe über ein gemeinsames Konzept für die Vermögensweitergabe unterhalten konnten.

Die Vergangenheit kommt durch die Hintertür

»Ich dachte, wir reden über Geld«, hören wir immer wieder von überraschten Teilnehmern unserer Workshops, wenn wir sie mit ihrer Vergangenheit konfrontieren. »Ich hätte nie gedacht, dass so viel Emotionales am Thema Geld hängt«, sagte uns kürzlich eine Frau. Wir verstehen dieses Erstaunen. Schließlich sind Geld und Leben bei den meisten Menschen streng getrennte Angelegenheiten. Wenn Sie beim Bankberater sitzen, geben Sie ein paar Rahmendaten über Ihr Alter, Ihren Job und Ihren Familienstand an, und dann wird er Ihnen häufig die üblichen Hausprodukte anbieten. Weder der Berater noch Sie werden sich ernsthaft fragen, warum Sie eigentlich jetzt an diesem Punkt sind, an dem Sie gerade stehen; wie Sie dahin gekommen sind und ob sich aus der bisherigen Entwicklung vielleicht etwas für Ihren künftigen Umgang mit Geld lernen lässt.

Wenn Sie sich diese Frage nicht stellen (lassen), laufen Sie allerdings weiterhin mit demselben Unbehagen herum wie vorher, denn Sie haben Ihre Probleme nicht gelöst, sondern nur an Symptomen herumgedoktert. Die Kunzes zum Beispiel können ihr Geld anlegen, wie sie wollen – wenn sie nicht klären, wie sie die Hausreparaturen zahlen und wann und wie sie Frau Kunzes Bruder auszahlen, werden sie ihre eigene Altersvorsorge nicht richtig gestalten können. Sie müssen sich also dem Konflikt stellen und auch der Frage, warum es ihnen eigentlich so schwerfällt, das Thema offen zu besprechen. Wenn Frau Heinzmann nicht mit ihrer Schwester über vergangene Entscheidungen gesprochen hätte, dann hätten sie es nie geschafft, sich über zukünftige Vermögensfragen abzusprechen.

Ähnlich dürfte es Menschen ergehen, die immer wieder auf dubiose Finanzvermittler hereinfallen, ungünstige Verträge abschließen und sich anschließend dafür schämen. Sie werden es nur schaffen, ihr Geld effektiver anzulegen, wenn sie sich mit ihrer bisherigen Haltung auseinandersetzen und erkennen, woran es liegt, dass sie den Vermittlern so wenig entgegensetzen.

Die Vergangenheit zu erkennen, sich selbst zu erkennen: Das ist eine unabdingbare Voraussetzung dafür, in Zukunft erfolgreicher mit Geld umzugehen. Es gibt viele gute Anlagemöglichkeiten und ganz unterschiedliche Strategien, zu investieren oder Geld einzusparen. Doch wenn Sie einen Weg einschlagen, der nicht zu Ihnen passt, der nicht an Ihre Erfahrungen anknüpft und nicht Ihrer Persönlichkeit entspricht, dann ist es ganz egal, um welche Strategie es sich handelt. Denn dann ist jede Strategie zum Scheitern verurteilt. Deshalb ist es so wichtig, zuerst in die Vergangenheit zu blicken, bevor wir Ideen für die Zukunft entwickeln.

DURCHBRUCH: Stellen Sie sich Ihrer Vergangenheit!

Erkennen Sie, wie Sie in der Vergangenheit mit Geld umgegangen sind. Öffnen Sie Ihre Augen, wenn Sie finanziell unabhängig werden wollen.

Schauen Sie jetzt also genau hin: Wie ist Ihr Leben bisher verlaufen, und welche Auswirkungen hat das auf die Entwicklung Ihres Vermögens gehabt?

Fünf Säulen für Ihr Leben

Den Rückblick in Ihre Vergangenheit sollten Sie möglichst »geordnet« angehen, damit Sie so viele Erkenntnisse wie möglich daraus gewinnen können. Dafür nutzen wir ein Modell, mit dem Sie Ihr bisheriges und aktuelles Leben analysieren und mit dem Sie auch Zusammenhänge zwischen einzelnen Lebensbereichen und Ihrer finanziellen Entwicklung erkennen können.

Ein schönes Bild für diese Betrachtung liefert ein Monopteros – ein antiker Rundtempel mit fünf oder mehr Säulen und einem Dach. Vielleicht haben Sie so ein Bauwerk schon einmal in Ihrem Urlaub gesehen, in Griechenland oder Italien? So weit müssen Sie allerdings gar nicht reisen; auch in deutschen Parks finden Sie Nachbauten dieser antiken Tempel. Im Englischen Garten in München oder im Büsing-Park in Offenbach, dem Sitz des GABAL Verlags, stehen zum Beispiel welche.

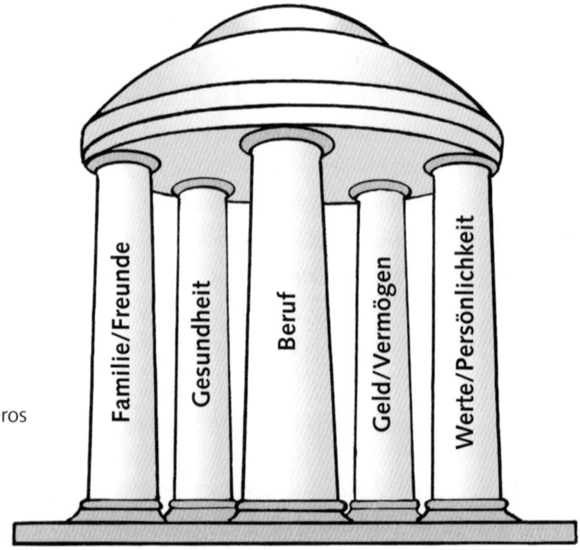

Ihr Monopteros

So ein Monopteros strahlt viel Ruhe aus. Er eignet sich wunderbar, um sich zu besinnen und nachzudenken. Schließen Sie doch mal die Augen und träumen Sie davon, wie Sie im Sommer zwischen den kühlen Säulen stehen und einen angenehmen Luftzug spüren. Vielleicht befindet sich in einem Park in Ihrer Nähe auch ein Monopteros?

Wenn Sie ihn gefunden haben, ganz real oder in Ihrer Vorstellungskraft, dann lassen Sie uns jetzt die Säulen betrachten. Ein Monopteros hat oft zwischen fünf und acht Säulen. Fünf Säulen reichen auf jeden Fall aus, um das Dach sicher zu tragen. Diese fünf tragenden Säulen interessieren uns.

Stellen Sie sich vor, das Dach des Gebäudes zeigt Ihr Lebensgleichgewicht. Es ruht also auf den fünf Säulen. Diese sind ganz wesentlich für die Balance des Ganzen. Wenn eine Säule fehlt, wird das Dach instabil und droht einzustürzen. Übertragen auf Ihr Leben bedeutet das, dass Sie immer darauf achten müssen, dass die fünf Säulen stabil und in Ordnung sind.

Die fünf Säulen stehen für jeweils einen von fünf Lebensbereichen:

Die erste Säule: Partner, Familie, Freunde

Die allermeisten Menschen sehnen sich nach menschlicher Wärme und versuchen, sich ein Netz zwischenmenschlicher Beziehungen zu knüpfen, in dem sie Freude und Leid teilen können. Sie brauchen das Gefühl, verankert zu sein. Sie verbringen ihre Zeit nicht so gerne allein. Sie sind froh, wenn sich jemand über ihre Erfolge mitfreut, und sie fühlen sich gut, wenn sie für jemanden sorgen können. Nicht zuletzt sind diese privaten Netze immer auch ein Segen, wenn es Probleme gibt, wenn Kummer und Sorgen nagen und es einfach nur guttut, in den Arm genommen zu werden. Jeder Mensch entwickelt dabei seine eigenen Beziehungen. Manche Menschen wünschen und realisieren für sich die traditionelle Familie mit der herkömmlichen Rollenaufteilung. Andere bevorzugen enge kinderlose Partnerschaften. Manche leben am liebsten allein, schätzen aber stabile Freundschaften. Wie auch immer Ihr nahes Umfeld geformt ist: Wichtig ist, dass es funktioniert. Dass Sie das Gefühl haben, da ist jemand, ich bin nicht ganz allein.

Das ist eine der Säulen, auf denen Ihr Leben ruht. Wenn diese nicht in Ordnung ist, wenn Sie sich einsam fühlen oder wenn Sie von einem geliebten Menschen verlassen oder betrogen wurden, dann bröckelt diese Säule und gefährdet die Stabilität Ihres Monopteros.

Die zweite Säule: Gesundheit

Wie gesund sich jemand fühlt und welches Maß körperlicher Fitness der Einzelne braucht, um sich wirklich wohlzufühlen, ist sicherlich verschieden. Manche Menschen sind übergewichtig, rauchen und fühlen sich trotzdem wohl; wieder andere ernähren sich immer ganz gesund, treiben Sport und haben trotzdem Kopfweh. Gesundheit ist eine individuelle Harmonie, ein Zustand, den jeder für sich persönlich bestimmt. Zum Problem wird die Gesundheit, wenn sie die Lebensfreude beeinträchtigt. Welche Erkrankung auch dahinterstecken mag: Wenn jemand sich ständig schlecht fühlt, am liebsten nur noch ausruhen möchte und dauernd erschöpft ist, stimmt etwas nicht. Dann wird die Gesundheit zum Problem, das die Gesamtbalance beeinträchtigt.

Die dritte Säule: Beruf

Ein Beruf ist im besten Fall ein Lebensinhalt, im schlechtesten Fall ein Lebenszeitkiller. Wenn Sie eine Beschäftigung haben, die Sie herausfordert und zufriedenstellt, in der Sie sich weiterentwickeln, ohne ungesundem Stress ausgesetzt zu sein, dann trägt das dazu bei, dass sich Ihr Leben in einem stabilen Gleichgewicht befindet. Dabei ist oft nicht entscheidend, ob Sie sehr viel Geld verdienen oder weniger. Solange Sie sich nicht ausgenutzt fühlen, wiegt eine hohe Arbeitszufriedenheit kleine Einkommenslücken auf. Immerhin verbringen Sie, wenn Sie Vollzeit arbeiten, den größten Teil des Tages in Ihrem Job. Deshalb können Sie auch trotz eines hohen Einkommens sehr unzufrieden sein, wenn Sie Stress und Überforderung oder Langeweile ausgesetzt sind oder wenn Sie Ihre Gesundheit ruinieren. Die Berufs-Säule bringt das Gesamtgebäude aber auch in Gefahr, wenn der Job zum Zeitfresser wird, wenn Sie Abende und Wochenenden im Büro verbringen, die Sie eigentlich Ihrer Familie widmen wollten. Oder wenn Ihr Job als Familienmanagerin Sie derartig überlastet, dass Sie keine freie Minute mehr finden. Dann ist Ihre Berufs-Säule nicht mehr stabil.

Die vierte Säule: Geld und Vermögen

Geld und Vermögen sind eine wichtige Säule in unserem Monopteros, weil wir kein zufriedenes Leben führen können, wenn das Geld ständig zu knapp ist oder gar nicht ausreicht. Es ist in unserem wirtschaftlichen System so angelegt, dass Geld als Tauschmittel eine tragende Rolle in der Gesellschaft zukommt. Zunächst hat jeder Mensch Grundbedürfnisse – essen, trinken, kleiden, wohnen –, über deren Notwendigkeit nicht zu diskutieren ist. Darüber hinaus brauchen wir Geld, um unseren Kindern eine vernünftige Bildung zu ermöglichen, um ins Kino oder zum Theaterfestival zu gehen, um ein Musikinstrument zu kaufen oder Sportschuhe, weil wir uns kulturell oder körperlich entfalten möchten. Wir wissen eigentlich alle auch, dass wir selbst für unsere Altersvorsorge etwas tun müssen. Vielleicht häufen wir auch einfach gerne so viel Geld wie möglich an, um unseren Nachkommen etwas vererben zu können. Und über solche Wünsche hinaus ist es einfach schön, mal die teurere Uhr kaufen zu können, einen schönen Urlaub zu machen oder ein komfortables Auto zu haben. Unsere Geld-Säule verliert an Stabilität, wenn es allzu viele Wünsche werden, die wir nicht finanzieren können. Vielleicht müssen wir dann unsere Wünsche neu überdenken.

Auch kann sich eine sehr intensive Beschäftigung mit Geld zum Stressfaktor entwickeln. Etwa, wenn der Wunsch, Geld zu sparen, übermächtig wird. Oder wenn wir zwanghaft Einkommen nachjagen, das wir gar nicht brauchen, und deshalb vielleicht andere Bedürfnisse zurückstellen. Als Selbstständiger jahrelang keinen Urlaub zu machen, weil man bloß kein Geschäft verpassen will, obwohl das Einkommen einen Urlaub locker erlauben würde: Das ist auch ein Verhalten, von dem die Geld-Säule Risse bekommt.

Die fünfte Säule: Werte und Persönlichkeit

Die fünfte Säule steht für Ihre Werte und Ihre Persönlichkeit. Selbstverständlich haben Sie bereits eine Persönlichkeit und verfügen über Werte – vielleicht gehören Sie aber zu den Menschen, die diese noch nicht klar für sich definiert haben. Dann wird es Zeit, das zu ändern. Je besser Sie über sich selbst Bescheid wissen, umso besser werden Ihre Entscheidungen in jedem Ihrer Lebensbereiche.

Um sich Ihren Werten zu nähern, können Sie beispielsweise auf das Modell von Richard Barrett zurückgreifen. Barrett identifiziert hier sieben Bereiche, die die menschliche Motivation umfassen – von der grundlegenden Überlebensmotivation bis zum Kümmern um zukünftige Generationen und der Umwelt.

Sie können auf der Internetseite des Barrett Value Centre einen Test machen und Ihre zehn wichtigsten Werte aus einer Liste auswählen. Sie erhalten dann eine kleine Auswertung mit weiteren Übungen.[1] Über 500.000 solcher Befragungen, durchgeführt von Menschen auf der ganzen Welt, hat Richard Barrett kürzlich ausgewertet. Und siehe da: Die Top-10-Werte sind Familie, Humor/Spaß, Fürsorglichkeit, Respekt, Freundschaft, Vertrauen, Einsatzbereitschaft/Engagement, Begeisterung, Kreativität und kontinuierliches Lernen.

ÜBUNG: Ihre Top-3-Werte

Unsere Lieblingsfrage dort lautet: »Wählen Sie die drei wichtigsten Werte aus Ihren zehn (den persönlichen Top-10-)Werten aus und fragen Sie sich, wie Sie diese tagtäglich leben. Und wie würde Ihr Leben aussehen, wenn Sie diese Werte voll und ganz leben?« Überlegen Sie, welche Ihre drei wichtigen Werte sind. Wie spiegeln sich diese in Ihren Lebens-Säulen wider, und was müssten Sie dort verändern, um ihnen besser gerecht zu werden? Mit solchen Übungen stärken Sie den Blick für einen stabilen Erhalt Ihres Monopteros.

Zeit für die Bestandsaufnahme

Es kann sein, dass Sie zu diesen fünf tragenden Säulen noch weitere Säulen hinzufügen möchten. Sie könnten beispielsweise auch Ihre drei wichtigsten Werte als einzelne Säulen abbilden. Dann hätte Ihr Monopteros nicht fünf, sondern vielleicht acht tragende Säulen. Es ist völlig okay, wenn Sie in der Anzahl der Säulen von unserem Modell abweichen. Schließlich geht es um Ihr Leben. Sinn und Zweck der ganzen Sache ist, dass Sie sich darüber klar werden, was für Sie die tragenden Bereiche in Ihrem Leben sind, was Sie unbedingt brauchen, worauf Sie nicht verzichten können. Nehmen Sie aber zu viele Säulen, ist die Gefahr größer, sich zu verzetteln. Wichtig ist, dass Ihre Lebensbereiche in Balance bleiben – und zwar auf hohem Niveau.

Wenn Sie nun für sich geklärt haben, welche Säulen für Ihr Leben wichtig sind, dann können Sie jetzt mit dem aktiven Rückblick beginnen:

ÜBUNG: Ihr persönlicher Monopteros

Nehmen Sie ein Blatt Papier und schreiben Sie auf, wie sich jede einzelne Säule in Ihrem Leben entwickelt hat. Überlegen Sie: Wie dick ist Ihre Familien-Säule? Sah sie schon immer so aus, oder war sie erst schlank und hat dann an Umfang gewonnen? Wie würden Sie diese Säule auf einer Skala von 1 (sehr instabil) bis 10 (absolut solide) aktuell bewerten? Schauen Sie auf Ihre Berufs-Säule: Ist sie stabil? Oder verursacht Ihr

Job Stress und Sorgen? Wie hat sich Ihr bisheriges Berufsleben entwickelt? Und wie Ihre Gesundheit? Waren Sie immer wohlauf oder gab es Einschränkungen in Ihrem Leben, weil Ihr Körper nicht so funktioniert hat, wie er sollte? Inspizieren Sie auch Ihre Geld-Säule: Wie haben sich Ihre Finanzen entwickelt? Hatten Sie eher viel, eher wenig Geld, haben Sie sich oft den Kopf darüber zerbrochen oder waren Sie phasenweise ziemlich entspannt? Wie sieht es mit Ihrer Werte-Säule aus: Haben Sie sich oft angepasst oder gar verbiegen lassen? Was hat Sie zu der Persönlichkeit gemacht, die Sie heute sind?

Bewerten Sie alle Säulen auf einer Skala von 1 bis 10, um zu sehen, wo es gut läuft oder wo es hakt. Wenn Sie mögen, können Sie Ihre Säulen auch aufzeichnen.

Schauen Sie nun das Ergebnis Ihrer Erinnerung und Bestandsaufnahme an: Ruht das Dach Ihres Monopteros auf ungefähr gleich starken Säulen oder gibt es Gewichtsverlagerungen? Wenn eine Säule deutlich mehr Raum einnimmt als die anderen oder wenn eine Säule zu schwach ist, um das Dach zu stützen, dann wird die Stabilität des Ganzen gefährdet. Dann geraten auch die anderen Säulen unter Druck. Sie werden stärker belastet. Dadurch können auch sie Risse bekommen. Angenommen, Sie leiden unter häufigen Rückenschmerzen. Dann sind Sie im Beruf weniger leistungsfähig. Mittelfristig können Sie vielleicht eine Aufstiegschance nicht wahrnehmen, und so beeinträchtigt die Gesundheit letztlich auch Ihre Finanzen. Oder nehmen wir an, Sie arbeiten mehr als 60 Stunden in der Woche. Dann leidet Ihre Familie unter Ihrer ständigen Abwesenheit, und Ihre Ehe gerät möglicherweise in eine ernsthafte Krise.

Mit dem Gesamteindruck Ihres Monopteros haben Sie nun eine wichtige Ausgangsbasis für unser Kernanliegen erzeugt, nämlich den genaueren Blick auf die Vermögens-Säule. Auch sie steht in direktem Zusammenhang mit den anderen Säulen. Weder in der Vergangenheit noch in der Zukunft wird Ihre Vermögens-Säule unbeeinflusst von den anderen existieren.

Wie sieht Ihre Geld- und Vermögens-Säule aus? Ein Leitfaden für Ihre Rückschau

Jetzt geht es um Ihre Finanz-Säule – schauen Sie sich diese noch einmal an. Was haben Sie dazu notiert? Wie würden Sie die Säule malen – dick oder dünn, eben oder brüchig, bunt oder einfarbig?

ÜBUNG: **Zoomen Sie auf die Geld-Säule**

»Butter bei die Fische«, wie man in Norddeutschland sagt – jetzt kommen die Karten auf den Tisch. Notieren Sie sich: Was haben Sie eigentlich bisher mit Ihrem Geld gemacht? Haben Sie es angelegt? Oder lag es auf Ihrem Girokonto herum? Haben Sie jemals etwas gespart? Und: Warum haben Sie sich so verhalten? Wer oder was hat Sie beeinflusst? Notieren Sie hier zunächst spontan und unstrukturiert einfach alles, was Ihnen in den Sinn kommt. Später werden Sie ordnen und bewerten – hier geht es uns mehr darum, dass Sie nichts vergessen, was Ihnen einfällt.

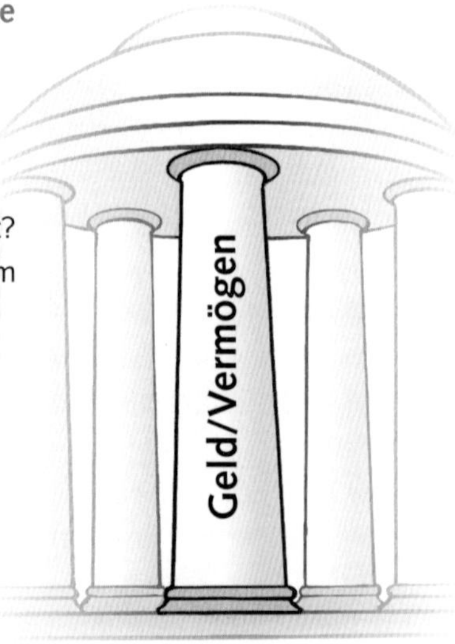

Nur wenn Sie sich im Rückblick klar werden, wie Sie bisher mit Geld und Vermögen umgegangen sind, können Sie Strategien für die Zukunft entwickeln, die Ihnen finanzielle Unabhängigkeit ermöglichen. Denn nur wenn Sie sich selbst kennen, werden Sie auch identifizieren können, welche Anlageform für Sie die richtige ist.

In unseren Beratungen haben wir irgendwann gemerkt, dass wir unseren Mandanten oft die gleichen Fragen stellen, wenn wir mit ihnen ihre finanzielle Entwicklung besprechen. Daraus entwickelte sich eine Art Leitfaden, den wir regelmäßig einsetzen – nicht einfach als Abfrage nacheinander, aber wir achten darauf, von jedem Mandanten Antworten auf diese Fragen im Gespräch zu erhalten. Das hat sich in der Praxis gut bewährt. Der Leitfaden besteht aus folgenden fünf Fragen:

1. Wer hat mich bisher beraten?
2. Wer hat an mir verdient?
3. Habe ich Geld verloren? Wenn ja: Wo?
4. Welche Geldanlage war besonders erfolgreich?
5. Wie bin ich bisher mit Geld umgegangen?

Wenn Sie diese Fragen für sich beantworten, werden Sie die wesentlichen Merkmale Ihrer Vermögens-Säule erkennen und nachvollziehen können, wie sich diese Säule in Ihrem Leben entwickelt hat. Halten Sie hier die Reihenfolge der Fragen ein. Dann können Sie zunächst herausarbeiten, wie Sie zu welcher Anlageform gekommen sind und welches Ergebnis Sie damit erzielt haben. Anschließend fragen Sie sich, wieso Sie sich so und nicht anders verhalten haben.

Die Beantwortung der Fragen führt Sie zu möglicherweise überraschenden Erkenntnissen über sich selbst. Vielleicht auch über Ihre Umgebung! Wichtig ist, dass Sie wirklich verstehen und einordnen können, was bisher passiert ist und wie Sie sich verhalten haben. Und auch, welchen Einflüssen Sie ausgesetzt waren. Dabei möchten wir Ihnen gerne helfen. Deshalb gehen wir nun zusammen die Fragen des Leitfadens durch. Wir werden Ihnen erzählen, wie unsere Mandanten die Fragen oft beantworten. Und wir werden Sie noch mit ein paar Hintergrundinformationen aus der Finanzbranche versorgen, damit Sie Ihre Erfahrungen realistisch interpretieren können.

Frage 1: Wer hat mich bisher beraten?

Geldangelegenheiten sind Vertrauenssache. So sehen es die meisten Menschen. Deshalb gehen sie, wenn sie Geld anlegen oder leihen oder sich informieren wollen, anders vor, als wenn sie ein Paar Socken kaufen. Sie laufen also nicht in den nächstbesten Laden und schließen dort irgendeinen Vertrag ab. Sondern sie orientieren sich an Empfehlungen.

Konkret heißt das: Man fragt die Eltern, wie und wo sie ihr Haus finanziert haben. Man geht zu dem gleichen Finanzberater bei der gleichen Bank, bei der schon der Vater oder gar der Großvater seine Geldanlagen geregelt hat. Fragen Sie sich bitte selbst: Treten Sie finanziell auch in die Fußstapfen Ihrer Vorfahren? Befolgen Sie vielleicht auch den Rat, den Ihnen die Eltern gegeben haben, wie Ihr Haus zu finanzieren sei oder dass das Sparbuch immer noch die sicherste Geldanlage sei? Wenn die Familie in Gelddingen eine nicht so tragende Rolle bei Ihnen spielt, dann denken Sie doch mal darüber nach, ob und, wenn ja, wen aus Ihrem privaten Umfeld Sie um Rat gefragt haben. Vielleicht hat Ihnen ein Freund schon mal einen Tipp für eine Geldanlage gegeben? Und wie sind Sie eigentlich an Ihren Versicherungsvertreter gekommen, war das vielleicht die Empfehlung eines Kollegen?

Nach einer Studie von Bitkom Research[2] halten 94 Prozent der über 16-Jährigen Familie und Freunde für vertrauenswürdig, wenn es um finanzielle Ratschläge geht.

Wir haben es als junge Erwachsene übrigens auch so gemacht. Unter den jungen Kollegen wurde damals heiß über einen großen Strukturvertrieb diskutiert, der schon an den Unis mit Bewerbungstrainings warb. Auch wir ließen uns dann dort auf Empfehlung von Kommilitonen in Gelddingen beraten. Mit beinahe katastrophalen Folgen für uns und hohen Provisionseinnahmen für den Vermittler. Wir haben die Fallstricke dank unserer hartnäckigen Fragen rechtzeitig bemerkt, und damit war unsere Geschäftsidee geboren: Wir wollten Menschen gut und seriös beraten, ohne mehr oder weniger gute Produkte zu verkaufen. Auch bei Geldfragen sollte es möglich sein, allein für die Beratung zu bezahlen, und nicht für den Abschluss eines Geldgeschäfts. Lange bevor Honorarberatung in aller Munde war, haben wir damit begonnen – das war 1999.

Die bereits zitierte Studie von Bitkom Research zeigt auch, dass die Deutschen Online-Vergleichs- und Verbraucherportalen, Blogs und Podcasts vertrauen – die Werte liegen hier zwischen 47 und 59 Prozent, höher als der Wert für klassische Medien (44 Prozent). Wenn Sie zu den Menschen gehören, die sich bislang online »beraten lassen« haben, dann finden wir das nicht schlecht. Wenn Sie hier kritisch bleiben und nicht nur ein Portal oder nur einen Blog lesen, dann stehen die Chancen gut, dass Sie vieles richtig machen. Allerdings ist vieles, was Sie online finden, nicht auf den Gesamtüberblick ausgerichtet, sondern auf spezifische Fragen. Behalten Sie dies im Hinterkopf.

34 Prozent der Menschen vertrauen laut der oben erwähnten Bitkom-Studie nach wie vor dem Bankberater. Ist das bei Ihnen auch so? Dann können wir Sie zwar verstehen, fragen Sie aber auch: Warum kommen Sie eigentlich zu uns – beziehungsweise warum lesen Sie dieses Buch? Warum gehen Sie nicht einfach weiter zu Ihrem Bankberater? Wahrscheinlich haben Sie eine ganze Reihe sehr guter Gründe dafür, die Sache mit dem Bankberater kritisch zu hinterfragen.

Ein Grund ist sicherlich die Lieblosigkeit der Bankinstitute, mit der sie bei Umstrukturierungen ihre Kunden verprellen. Wir haben immer wieder ältere

Mandanten, die ihrer Bank seit teilweise über 50 Jahren die Treue halten. Aber oft müssen sie sich binnen Jahresfrist an zwei neue Berater gewöhnen oder es werden Filialen geschlossen, weil irgendwelche Manager sich am grünen Tisch heute dieses, morgen jenes Kompetenzzentrum ausdenken und entsprechend die Berater mal hierhin, mal dorthin gruppieren. Die Folge für die Kunden: Ihr langjähriger Berater verschwindet, sie sitzen plötzlich einer Person gegenüber, die sie überhaupt nicht kennt und der sie alles neu erklären müssen. Und glauben Sie uns, die daraus folgende Irritation ist keineswegs ein Problem, das »nur« ältere Menschen empfinden. Einer unserer Mandanten ist Mitte dreißig und Existenzgründer. Er war eigentlich ziemlich zufrieden mit seiner Bank. »Meine Beraterin hat richtig mitgefiebert, als ich mich selbstständig machte«, erzählte er. Und dann war diese Beraterin von einem Tag auf den anderen verschwunden. Unser Mandant saß nun einer Person gegenüber, die keinen Eindruck von seiner Persönlichkeit hatte, deren Kenntnisse über ihn sich auf ein paar Kennziffern im Computer beschränkten. Sie signalisierte meinem Mandanten: »Du bist ein Konstrukt aus Kennziffern, das bei uns leider in die Schublade ›Risiko – Finger weg‹ einsortiert wird.« Solche Erfahrungen zerstören das Vertrauen, das viele Kunden früher zu Recht in ihren Bankberater hatten. Die Berater selbst können wenig dafür. Es ist eine Frage des Managements.

Betrachten Sie also, wenn Sie Ihre Finanz-Säule analysieren, im Einzelnen die Menschen oder die Informationsquellen, von denen Sie etwas über Geld gelernt haben. Sind es Menschen, die Sie über lange Jahre kennen? Oder heute dieser, morgen jener Berater? Sind es überhaupt professionelle Berater gewesen oder haben Sie auf Freunde, Eltern, Geschwister gehört? Geben Sie etwas auf einen Online-Guru aus der Finanzblogger-Szene? Nutzen Sie Vergleichsportale, die vielleicht letztlich auch ein Makler sind, weil Sie dort Abschlüsse tätigen können? Vielleicht haben Sie sich auch schon mal von einem Börsenfieber-Schub im Freundeskreis anstecken lassen und mitgezockt, weil die anderen Sie mitgerissen haben. Stellen Sie sich bitte all diese Fragen. Schauen Sie zurück. Machen Sie sich Ihren Weg bewusst, identifizieren Sie Ihre Informationsquellen!

Frage 2: Wer hat an mir verdient?

Wenn Sie professionellen Rat angenommen haben, egal, ob von einem Bankberater oder von einem Versicherungsfachmann, dann hat dieser Mensch in irgendeiner Weise an dem Geschäft mit Ihnen verdient. Das ist grundsätzlich völlig in Ordnung, denn er hat für Sie gearbeitet. Grenzen findet unser Verständnis dort, wo das Verdienen aufhört und die Bereicherung beginnt. Leider blicken wir dabei nicht auf irgendwelche unseriösen Kredithaie oder Immobilienbetrüger aus der Kleinanzeigenseite der Zeitung, sondern auf die großen, renommierten Institute und Unternehmen unserer Finanzbranche.

Der Druck, Umsätze zu generieren, hat sich im Bank- und Versicherungsgewerbe in den letzten 15 Jahren ungeheuer verschärft. Berater müssen ihre Umsatzziele erreichen. Der Zwang, Provisionen und Gebühren einzufahren, ist gigantisch. Es gibt teilweise genaue Vorgaben, welches Produkt wie oft in welchem Zeitraum verkauft werden soll. Andersherum winken den Beratern satte Bonuszahlungen, wenn sie den erwarteten Umsatz bringen. Da erscheint es fast als übermenschliche Leistung, die Bedürfnisse des Kunden den eigenen Umsatzzielen noch voranzustellen.

WISSEN TO GO: Wovon lebt ein Finanzberater?

Ob Bankberater, Versicherungsvertreter oder Versicherungsmakler: Grundsätzlich gibt es für einen Finanzvermittler zwei Möglichkeiten, um Geld zu verdienen: Entweder lässt er sich für seine Beratung bezahlen oder er bekommt eine Provision, wenn er ein Produkt verkauft. In der Praxis mischen sich diese beiden Formen zu einer großen Formenvielfalt. In der Regel verdient der Finanzberater jedoch, sobald er einen Abschluss tätigt.

Bankberater sind heutzutage meistens noch fest angestellt. Sie bekommen also ein Festgehalt. Nicht selten allerdings gesellt sich zu dem festen Grundgehalt noch ein variabler Gehaltsanteil: Der Berater bekommt umso mehr Geld, je mehr Produkte er seinen Kunden verkauft. Er verdient also an seinen eigenen Abschlüssen mit. Sein Arbeitgeber, die Bank, stellt dem Kunden seine Beratung nicht direkt in Rechnung.

Versicherungsvertreter arbeiten in der Regel selbstständig, sind aber an eine Versicherungsgesellschaft gebunden und verkaufen nur deren Produkte. Auch sie stellen für die Beratung keine Rechnung, sondern leben ausschließlich von der Provision aus dem Verkauf einer Versicherung. Die Versicherungsgesellschaften zahlen ihnen zuweilen die Provision als Vorschuss, sodass es zunächst so aussieht, als hätte der Vertreter ein Festgehalt. Es muss aber innerhalb einer bestimmten Frist zurückgezahlt bzw. mit den Provisionen verrechnet werden. Ergänzend gibt es noch immer Eventreisen oder andere Benefits, um die Vertreter zu mehr Umsatz zu motivieren. Viele Vertreter profitieren außerdem von den Bestandspflegeprovisionen der Gesellschaften. Das ist das Honorar für die Betreuung der Kunden (Rückfragen, Schadensfälle etc.) während der Vertragslaufzeiten. Je mehr Kunden ein Vertreter hat, desto komfortabler ist seine Bestandspflegeprovision. Neulinge müssen sich einen lukrativen Kundenstamm erst aufbauen.

Finanz- oder Versicherungsmakler verkaufen die Produkte verschiedener Institute oder Versicherungen. Sie analysieren den Markt, um ihren Kunden das beste Produkt zu vermitteln. Allerdings stellen auch sie dem Kunden nicht die Beratung in Rechnung, sondern sie verdienen erst dann, wenn sie ihm eine Geldanlage oder eine Versicherung verkauft haben. Damit ist auch hier ein Abschluss Grundvoraussetzung für das Einkommen. Die Unternehmen, deren Produkte der Makler verkauft – Fondsgesellschaften zum Beispiel, oder eben Versicherungen –, zahlen ihnen Provisionen für die Vermittlung. Makler bekommen ebenfalls Bestandspflegeprovisionen von Versicherungen oder Fondsgesellschaften dafür, dass sie die Kunden über den Vertragsabschluss hinaus bei Fragen oder Problemen betreuen.

Finanzberater auf Honorarbasis: Einige – in Deutschland wenige – Finanzberater nehmen für ihre Beratung ein Honorar. Entweder es richtet sich prozentual nach der Vermögenshöhe oder nach einem Stundensatz. Die Kunden sehen hier sofort, was ihr Berater verdient.

Was bedeutet dieser Druck Ihres Beraters, einen Abschluss tätigen zu müssen, für Sie als Kunden? Nun, es kann sein, dass Ihr Berater Sie anruft und Ihnen vorschlägt, ein Zertifikat aus Ihrem Aktiendepot zu verkaufen, weil er in dieser Woche noch Umsatz braucht. Dabei wäre es eigentlich viel sinnvoller, das Papier noch zu behalten und erst später abzustoßen. Es kann auch sein, dass er Ihnen keinen kostengünstigen ETF (Indexfonds) verkauft, sondern den hauseigenen gemanagten Fonds, der dem Bankhaus eine bessere Provision verspricht.

Vielleicht sehen Sie Ihre Geldanlagen jetzt in einem neuen Licht? Wie weit haben Sie Ihrem Berater vertraut? Haben Sie einfach gemacht, was er vorgeschlagen hat, oder haben Sie seine Ideen andernorts gegengecheckt? Sind Sie sicher, dass Sie Ihrem Berater zu Recht vertraut haben? Nicht dass Sie uns missverstehen: Es gibt viele seriöse und zuverlässige Berater bei Banken, die gewissenhaft für Sie recherchieren und Ihnen Produkte anbieten, von denen sie ehrlich überzeugt sind. Es kann durchaus sein, dass Ihr Berater so einer ist. Aber Sie sollten sich darüber Klarheit verschaffen, dass sich ein Bankberater immer im Spannungsfeld zwischen Information und Provision bewegt.

Das Gleiche gilt übrigens für Finanzmakler oder Versicherungsvertreter. Gehen Sie davon aus: Wenn Sie für die Beratung nichts zahlen, lebt Ihr Berater vom Verkauf. Außerhalb der Banken weht der Wind sogar noch rauer, denn hier haben Sie es mit Selbstständigen zu tun, die in der Regel gar kein Festgehalt haben, sondern ausschließlich auf Provisionen angewiesen sind. Fragen Sie sich also: Wie viel Objektivität können Sie von so einer Beratung erwarten? Mandanten berichten uns, dass gerade Versicherungsvertreter zuweilen einen fast unerträglichen Druck auf sie ausüben. Da wird immer wieder angerufen, nachgehakt und gedrängt, bis die Mandanten nachgeben. Aber das dicke Ende ist leider oft, dass der Kunde nach Vertragsabschluss herausfindet: Sein Produkt hat nicht das günstigste Preis-Leistungs-Verhältnis am Markt oder es passt gar nicht zu seinen sonstigen Anlagen. Dafür hat der Berater aber vermutlich ein hübsches Sümmchen Provision eingefahren.

Auch der Gesetzgeber hat festgestellt, dass Anleger besser zu schützen seien. Den Anstoß gab die EU-Kommission mit ihrer Finanzmarktrichtlinie MiFID (Markets in Financial Instruments Directive, auf Deutsch: Richtlinie über Märkte für Finanzinstrumente). Jetzt hat jeder Anleger das Recht zu erfahren, welche Provisionen, Gebühren und Anreizsysteme für den Vertrieb sowie sonstige Kosten dem Produkt stecken, das er kauft. Nach und nach kamen in den letzten Jahren so immer mehr Kosten ans Licht. Der Bankberater muss Ihnen nun zum Beispiel offenlegen, welche Verwaltungskosten in der Summe für den Fonds, in den Sie investieren wollen, enthalten sind. Möglicherweise spricht er von 1,5 Prozent Verwaltungskosten. Leider, so teilt er Ihnen mit, sieht das bei den anderen Fonds nicht besser aus. Was er Ihnen nicht mitteilt, ist, dass es ganz andere Fonds gibt, die geringere Verwaltungskosten haben. ETFs zum Beispiel, die Abkürzung steht für Exchange Traded Funds. Diese Indexfonds verzichten auf den Fondsmanager und bilden »nur« einen Index ab. Dadurch kosten sie nur 10 bis 20 Prozent eines gemanagten Fonds. Einmal im Jahr erhalten Sie außerdem inzwischen eine Kostenübersicht Ihres Depots – so sehen Sie alle Kosten in Zusammenhang mit Ihren Wertpapieren.

Unser Tipp für Beratungsgespräche: Treten Sie selbstbewusst auf und fragen Sie nach, Sie haben durchaus eine starke rechtliche Handhabe im Rücken!

Wenn Sie nun zurückschauen und sich fragen, wer an Ihren bisherigen Geldtransaktionen verdient hat, dann haben Sie jetzt einige Informationen bekommen, die es Ihnen erleichtern, die Einnahmen Ihrer Berater zu durchschauen. Gehen Sie ruhig mal alle Profis durch, mit denen Sie bisher zu tun hatten. Und fragen Sie ruhig mal nach, welche Kostenanteile sich in Ihren Anlageprodukten verbergen.

Frage 3: Habe ich Geld verloren? Wenn ja: Wo?

Eine Mandantin von uns haben wir kennengelernt, als sie über schlimmste Schlafstörungen klagte. Sie hatte im Aktiencrash der Finanzkrise 2008/2009 relativ viel Geld verloren, dann aber nicht verkauft, weil sie hoffte, dass die Aktien wieder steigen würden, und weil sie sich vorgenommen hatte, den Verlust wieder reinzuholen. Das ist ja auch grundsätzlich nicht falsch – Anleger erzielen mit der sogenannten »Buy and Hold«-Strategie meistens die besten Renditen. Wir haben mit dieser Mandantin lange darüber gesprochen, dass ihre Sorgen um ihre Geldanlage ihre Gesundheit nicht beeinträchtigen sollten, dass Gesundheit doch höchste Priorität habe. Wir haben dann daran gearbeitet, ihre hohe Aktienquote sukzessive und unter Berücksichtigung der Gegebenheiten an den Aktienmärkten zu senken. Sie hat akzeptiert, dass eine so hohe Aktienquote für sie – vielleicht nur im Moment, vielleicht aber auch grundsätzlich – nicht das Richtige ist.

Andere unserer Mandanten haben mit geschlossenen Immobilienfonds um die Jahrtausendwende Reinfälle erlebt. Gutgläubig investierten sie in Urlaubsresidenzen oder Wohnanlagen. Dabei hatten sie überhaupt nicht verstanden, was das für eine Anlageform ist. Sie investierten, weil der Steuerberater das empfohlen hatte. Der stand auch sehr gut da, als in den ersten Jahren die Steuerrückzahlungen kamen. Doch als sich dann die Wohnungen nicht vermieten ließen und die Urlaubshäuser leer standen, kam der Katzenjammer. Und dass der Anleger bei manchen Fonds im Pleitefall mit seinem persönlichen Vermögen haftet, davon hatten einige unserer Mandanten keine Ahnung.

Besonders traurig war der Fall einer alleinerziehenden Friseurin aus Norddeutschland mit einem behinderten Sohn. Von einem möglichen Steuervorteil, der angepriesen wurde, hatte sie nichts, denn sie zahlte ja ohnehin kaum Steuern! Trotzdem hatte man ihr zwei Steuern sparende Beteiligungen angedreht, eine für 10.000 Euro, eine für 30.000 Euro. Und weil sie das natürlich nicht in der Portokasse hatte, überredete man sie auch noch, ihre Lebensversicherung dafür aufzulösen. Wenn wir solche Geschichten hören, werden wir richtig wütend. Zum Glück gab es hier ein Happy End: Die Frau hat ihren Berater verklagt und auch gewonnen.

Sie haben hoffentlich keine solchen Fehlinvestitionen getätigt. Falls doch: Verschließen Sie nicht die Augen davor. Betrachten Sie Ihre Geld-Säule so, wie sie ist. Die Verluste gehören dazu. Wenn Sie solche Erfahrungen verdrängen, riskieren Sie, die gleichen Fehler immer wieder zu machen.

Frage 4: Welche Geldanlage war besonders erfolgreich?

Ein Freund von uns hat im Aktienboom nach der Finanzkrise richtig viel Geld verdient. Er begann ziemlich genau am Tiefpunkt der Börsen im April 2009 damit, größere Summen in Aktien zu investieren. Sechs Jahre später, im April 2015, kurz bevor die Boomphase zu Ende ging, verkaufte er alles. Da steckte nicht einmal Kalkül dahinter, sondern seine persönlichen Lebensumstände: Er bekam einen Job in Berlin, musste also umziehen und wollte nicht wieder zur Miete wohnen. Also verkaufte er seine gesamten Aktien und konnte so bar eine wirklich schöne Eigentumswohnung in Bestlage finanzieren. Sein Einsatz hatte sich fast verdreifacht und seine durchschnittliche Rendite pro Jahr betrug rund 13 Prozent. Inzwischen ist auch seine Wohnung fast doppelt so viel wert – der Immobilienboom lässt grüßen.

Mit Aktien Geld zu verdienen ist eine feine Sache, und auch so spektakuläre Gewinne wie in der Zeit des Internetbooms bis 2000 oder nach der Finanzkrise sind möglich. Auch nach dem Absturz der Börsen im März 2020 und dem anschließenden steilen Anstieg gab es so manchen, der sich eine goldene Nase verdient hat. Eine weitere Möglichkeit, Geld erfolgreich anzulegen, sind Immobilien. Mancher Besitzer einer Immobilie, zur richtigen Zeit und am richtigen Ort gekauft, kann plötzlich auf ein doppelt so hohes Vermögen blicken.

Wir möchten ausdrücklich darauf hinweisen, dass extrem hohe Renditen meistens Zufallsprodukte sind. Fragen Sie Menschen, die mit hohen Aktiengewinnen prahlen, immer auch nach ihren größten Verlusten. Trotzdem finden

Sie durch die Auflistung Ihrer eigenen Top-Investments heraus, was Sie besonders interessiert und vielleicht auch, welche Anlagen Sie wenig stressen.

Schauen Sie also genau hin: Was waren wirklich gute Anlagen? Was hat die beste Wertsteigerung erfahren? Wo haben Sie hohe Renditen erzielt? Und fragen Sie sich bitte auch, ob Ihr Gewinn ein Zufallserfolg war oder ob Sie ihn geplant hatten. Wenn die Anlage im Wert schwankte – wie kamen Sie damit klar? Kannten Sie sich aus, als Sie die erfolgreiche Aktie erworben haben? Wussten Sie über den Wohnungsmarkt Bescheid, als Sie in die Eigentumswohnung investierten? Oder haben Sie blind, im Vertrauen auf eine Empfehlung, investiert?

Frage 5: Wie bin ich bisher mit meinem Geld umgegangen?

Jetzt schließt sich der Kreis, denn wenn Sie diese Frage beantworten, werden Sie vermutlich auch die anderen Säulen in Ihrem Leben berühren. Jetzt geht es nämlich darum, ob Sie sich überhaupt um Ihre Finanzen gekümmert haben, ob Sie sie immer unter Kontrolle hatten und auch, wie wichtig Ihnen das Geld bisher überhaupt gewesen ist.

Diese Fragen können Sie sich stellen: Haben Sie die Finanzen mit Ihrem Partner besprochen oder ist Geld bisher ein Tabuthema? Waren Sie bequem und haben sich möglichst gar nicht gekümmert? Haben Sie gedacht, dass Sie so gut in Ihrem Job verdienen, dass die paar Euro Zinsen doch »Peanuts« sind? Haben Sie penibel Haushaltsbuch geführt? Leben Sie ständig auf Pump – vom Auto bis zur Wohnzimmereinrichtung?

Zeit für Ihre Antworten

Sie haben gelesen, wie die Fragen des Leitfadens gemeint sind. Sie haben alle nötigen Informationen bekommen, um zu verstehen, was Sie getan und erlebt haben. Jetzt können Sie loslegen. Stellen Sie sich selbst genau diese fünf Fragen aus dem Leitfaden und geben Sie konkrete Antworten darauf.

Hier finden Sie die fünf Fragen noch einmal im Überblick. Nehmen Sie einen Stift und notieren Sie auf einem Blatt Papier Ihre Antworten dazu – oder schreiben Sie sie in Ihren PC.

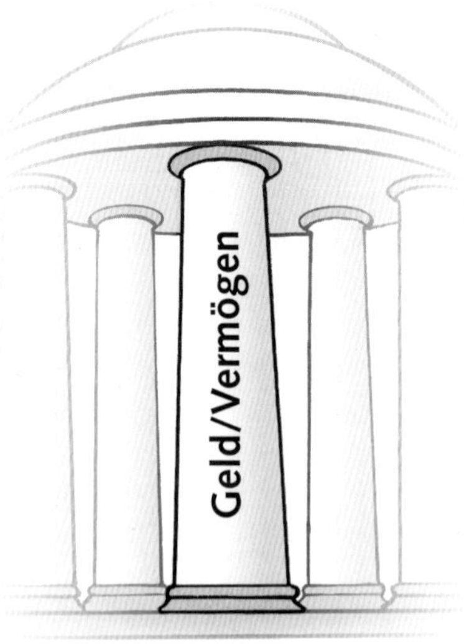

1. Wer hat mich bisher beraten?
2. Wer hat an mir verdient?
3. Habe ich Geld verloren?
   Wenn ja: wo?
4. Welche Geldanlage war besonders erfolgreich?
5. Wie bin ich bisher mit Geld umgegangen?

AUF DEN PUNKT: Ihr Rückblick

Glückwunsch! Sie haben sich mit Ihren fünf Lebensbereichen und ganz speziell mit Ihrer Geld-Säule intensiv beschäftigt. Jetzt halten Sie ein handfestes Resultat in den Händen. Damit gewinnen Sie den Überblick über die Ereignisse, die bisher Ihre Vermögens-Säule geformt haben. Sie können sich nun die Ereignisse und Ihre Erfahrungen jederzeit wieder ins Gedächtnis rufen. Damit haben Sie einen absolut zuverlässigen Ausgangspunkt, um zukünftig souveräner und bewusster mit Ihren Geldanlagen und Konsumwünschen zu hantieren. Die Rückschau ist der erste wichtige Schritt, um zu beurteilen, welche Strategie für die Zukunft zu Ihnen passt.

2 »Aber bei uns hieß es immer …« – Prägungen und Glaubenssätzen auf der Spur

Sie haben sich nun bereits Gedanken gemacht, wie Ihre Geld-Säule aussieht und auch, wer Sie in der Vergangenheit beraten hat und welche Erfahrungen mit Geld Sie gemacht haben. Um zu verstehen, warum Sie vielleicht immer wieder ähnliche Entscheidungen getroffen haben, hilft Ihnen ein Blick auf die Prägungen und Glaubenssätze, die Sie in Bezug auf Geld »abbekommen« haben.

Prägungen bestimmen auch unseren Umgang mit Geld

Eine Prägung liegt nach unserem Verständnis vor, wenn einschneidende Erfahrungen oder nachhaltige Umwelteinflüsse zu tief verwurzelten Verhaltensweisen führen, die fast wie angeboren wirken. In der Alltagssprache versteht man darunter die Auswirkungen aller Umwelteinflüsse auf die Persönlichkeit eines Menschen – also die Sozialisation. Prägungen entstehen durch Erziehung, Lebensstil und Freundschaften, aber auch durch vorgelebte Verhaltensweisen oder durch einschneidende oder regelmäßige Erlebnisse.

Menschen, die in ihrer Jugend Hunger und Armut erlebten, werden durch die Beeinträchtigung von elementaren Grundbedürfnissen eine Prägung auch in Bezug auf Geld erfahren haben. Vielleicht wird Geld zum täglichen Schrecken für sie oder sie leben später in ganz besonderer Dankbarkeit und gehen sehr achtsam mit Geld um.

Falls Sie daraus jetzt schließen, dass Prägungen schockartige Negativerlebnisse sind, und Sie sich vielleicht auch gerade gratulieren, dass Sie so etwas nicht erleben mussten, dann können Sie sich tatsächlich glücklich schätzen – frei von Prägungen in puncto Geld sind Sie aber sicher dennoch nicht. Prägungen können auch ganz anders zustande kommen und müssen keineswegs immer mit negativen Erfahrungen verbunden sein.

Jeder von uns wächst mit Bezugspersonen auf, von denen jede für sich eine individuelle Persönlichkeiten ist. Eltern, Großeltern, Geschwister, Freunde, Erzieherinnen, Lehrer – diese Menschen gehen auf eine sehr persönliche, ganz bestimmte Art mit uns um. Sie prägen uns. Das heißt zum Beispiel: Wenn Ihre Eltern partnerschaftlich miteinander und mit Ihnen umgegangen sind, werden Sie später zu ähnlichem Verhalten in Beziehungen neigen. Wenn Sie in Ihrer Jugend lösungsorientierte Auseinandersetzungen erleben, werden Sie später mit Konflikten besser umgehen können, als wenn Sie als Kind Zeuge oder Beteiligter destruktiver Streitereien sind. Ihre Umgebung prägt Sie außerdem auch im Hinblick auf Ihre Essgewohnheiten, Ihren Umgang mit Ihrem Körper, Ihre Freizeitbeschäftigung. Und auch wie Sie mit Geld umgehen, ist von solchen Prägungen beeinflusst. Prägungen entstehen keineswegs nur durch einzelne Erlebnisse, sondern auch durch einen Gleichstrom von Ereignissen. Durch die Wiederholung immer desselben Verhaltens zum Beispiel.

Unsere Prägungen erfahren wir von Geburt an. In der Psychologie gibt es eine Menge Theorien und Erkenntnisse darüber, welche Persönlichkeitsmerkmale und Verhaltensweisen wann erworben werden, welche Verhaltensweise und Charakterzüge später wieder revidiert werden können und welche nicht. Darüber hinaus gibt es gerade in unserer Zeit eine große Debatte über das Verhältnis zwischen genetischen Dispositionen und Einflüssen aus der Sozialisation.

Die endgültige Klärung dieser weitreichenden Fragen überlassen wir vertrauensvoll der Wissenschaft. Wenn wir Sie in diesem Buch mit dem Thema Prägung konfrontieren, dann geht es darum, dass Sie sich besser kennenlernen und sich klarmachen, wie Sie im Hinblick auf Ihren Umgang mit Geld geprägt sind. Ihr Ziel ist es, aus der Erkenntnis Ihrer Prägungen und der abgespeicherten Glaubenssätze einen souveräneren Umgang mit Ihren Finanzen entwickeln zu können.

Glaubenssatz erkannt, Prägung gebannt

Unsere Kernthese – nicht nur auf das Thema Geld bezogen – lautet: Jeder Mensch kann sich verändern und lernen. Dazu muss er seine Prägungen erkennen, und er kann sich weiterentwickeln, wenn er bewusst mit ihnen umgeht.

Es gibt Prägungen, die zu problematischen Verhaltensweisen führen, aber es gibt natürlich auch solche, die vorteilhaft sind. Einige unserer Mandanten stammen zum Beispiel aus Familien, in denen offen über Geld gesprochen wird. So haben sie sich selbst schon frühzeitig Wissen über Geld angeeignet und von ihren Eltern einiges gelernt. Das sind optimale Voraussetzungen, um stressfrei und erfolgreich mit Geld umzugehen. Wer so geprägt ist, muss sich nicht verändern.

Lassen Sie Ihre Gedanken mal schweifen: Wie gehen Sie mit Geld um? Wie wurden Sie geprägt? Vielleicht sind Sie in einem Elternhaus aufgewachsen, in dem man sparsam lebte, und gehen nun auch selbst sehr sparsam mit Ihrem Geld um. Aber vielleicht hatten Sie auch Eltern, die Ihnen von Anfang an Markenkleidung gekauft haben, vielleicht hatten Sie als Kind immer das teuerste Fahrrad und bekamen zu Ihrem 18. Geburtstag den Schlüssel für ein Auto in die Hand gedrückt?

Ob Sie Ihr Geld sparsam oder verschwenderisch ausgeben, ob Sie ängstlich sind oder spielerisch investieren, ob Sie leichten Herzens Schulden aufnehmen oder sich schon schlaflos wälzen, wenn der Kontostand nicht mehr vierstellig ist: Alles hat damit zu tun, wie Ihr Umfeld Sie geprägt hat. Prägungen entstehen durch Eltern, die ständig über Geld gestritten haben. Durch Freunde, die Druck wegen Markenkleidung ausgeübt haben. Oder durch Familien, in denen Liebe durch Geschenke ausgedrückt wurde.

ÜBUNG: Kommen Sie Ihren Glaubenssätzen auf die Schliche!

Glaubenssätze sind »auf den Punkt gebrachte Prägungen« – Redewendungen oder Aussagen, die Sie so oft gehört haben, dass sie Ihnen quasi »in Fleisch und Blut« übergegangen sind. Oftmals ist Ihnen gar nicht bewusst, dass Sie diese Glaubenssätze verinnerlicht haben und automatisch selbst wiederholen und danach handeln.

Fallen Ihnen spontan Sätze ein, die Ihre Eltern, die Oma oder die Lehrer immer gesagt haben? Das müssen nicht nur solche sein, die mit Geld direkt zu tun haben – überlegen Sie auch, ob es nicht »Standardsprüche« gibt, die Monetäres im weiteren Sinne tangieren.

Gibt es Dinge, die Sie immer wieder verunsichern, wie der Kontostand am Monatsende oder das Jahresgespräch mit Ihrem Finanzberater? Fallen Ihnen dazu vielleicht Glaubenssätze ein, die die Wurzel Ihrer Verunsicherung sein könnten?

Legen Sie eine erste Liste an, ganz ungeordnet und spontan.

Setzen Sie sich mit Ihren Prägungen auseinander

Wenn Sie sich intensiver mit Ihren Prägungen und den dadurch verankerten innerlichen Glaubenssätzen auseinandersetzen möchten, müssen Sie sich mit vier wesentlichen Bereichen befassen. Das sind:

- der Einfluss Ihrer Eltern und Bezugspersonen in jungen Jahren,
- Ihr Ordnungssinn,
- Ihre Neigung oder Abneigung gegen Konsumschulden,
- Ihr Konfliktverhalten.

Wie Prägungen in diesen Bereichen aussehen können und wie sie einzuordnen sind, erläutern wir Ihnen in den folgenden Abschnitten. Wenn Sie dabei selbst über Ihre Prägungen nachdenken, gehen Sie am besten in zwei Schritten vor:

1. Identifizieren Sie zuerst, wie Sie geprägt sind.
2. Ordnen Sie dann ein, ob Sie für den gelassenen und unabhängigen Umgang mit Geld eher günstig oder eher ungünstig geprägt sind.

Das Elternhaus

Eine nicht gerade begüterte Bekannte von uns geriet in die glückliche Lage, plötzlich und unverhofft an eine satte fünfstellige Summe zu kommen. Ihr wurde nicht nur ein ordentlicher Gehaltsbonus ausgezahlt, sondern es zahlte ihr gleichzeitig auch ein alter Freund Schulden zurück und von einer entfernten Verwandten erbte sie ein hübsches Sümmchen. Unsere Bekannte schnappte zuerst nach Luft. Und als sie den Mund wieder zubekam, war ihr erster spontaner Gedanke: »Jetzt kaufe ich mir ein Auto!« Ihr Herz schlug höher. Ein Auto brauchte sie als Großstädterin zwar nicht wirklich, denn die meisten Wege ließen sich leicht mit öffentlichen Verkehrsmitteln oder mit dem Fahrrad erledigen. Aber da waren auch noch die Sommertage, an denen sie abends nicht mal eben schnell ins Schwimmbad fahren konnte, oder die Wochenenden, an denen die Ausflüge mit Kind, Fahrrad und Bahn doch ganz schön anstrengend waren. Ganz zu schweigen von Urlaubszielen auf dem Land, die ohne Auto kaum erreichbar waren. Kurz: Das Auto war Luxus, aber einer, der ihre Lebensqualität wirklich verbessern konnte, befand sie, und kaufte sich einen Kleinwagen.

Wochenlang war sie glücklich und zufrieden, bis sich ihre Eltern zu Besuch ankündigten. Da wurde ihr mulmig: Was würden ihre Eltern dazu sagen, dass sie sich einen Wagen angeschafft hatte? Ihre Eltern hatten ihr immer Vernunft gepredigt. Tausende maßregelnde Kommentare hatten sie von sich gegeben, wenn unsere Bekannte in ihrer Jugend ihr Geld mal wieder für Zigaretten oder Schallplatten ausgegeben hatte. Unsere Bekannte war auch oft am Rande der Pleite. »Du kannst eben nicht Maß halten«, bekam sie dann zu hören. Und nun hatte sie einen beträchtlichen Teil des Geldes für ein Auto »rausgeschmissen«. Unwillkürlich zog sie die Schultern hoch. Sie war erwachsen, aber so ganz prallen die Vorwürfe der Eltern ja auch in späteren Jahren von keinem Menschen ab.

Der Witz an der Geschichte war, dass die Eltern unserer Bekannten es ganz fantastisch fanden, dass sie sich ein Auto gekauft hatte. Offenbar war es den Eltern viel wichtiger, dass der erfolgreiche Mensch heutzutage ein Auto fährt, als Sparsamkeit und Sicherheit. Meine Bekannte musste lachen; ein bisschen über die Eltern und am meisten über sich selbst. Dass sie in ihrem Alter – knapp über 40 – noch solche Gewissensbisse gegenüber den Eltern gehabt hatte und dass diese sich dann als unbegründet herausstellten.

Aber völlig unbegründet waren die unguten Gefühle in Wahrheit ja nicht. Es steckte nämlich die Prägung unserer Bekannten dahinter und der Konflikt, der sich aus dieser Prägung in der Konfrontation mit ihrem aktuellen Bedürfnis nach einem eigenen Auto ergab. Die Eltern hatten ihr beigebracht, im Konsum zurückhaltend zu sein. Sie hatten sie so geprägt, dass sie sich nur mit schlechtem Gewissen etwas gönnte. »Sicherheit hat Priorität", diesen Glaubenssatz hatte meine Mandantin verinnerlicht. Und wenn sie mal gegen diesen Grundsatz handelte, meldete sich sofort ihr schlechtes Gewissen. »Du kannst nicht Maß halten«, tönte es dann wieder in ihrem Hinterkopf.

Merken Sie bei der Lektüre dieses Beispiels, wie die Prägung der Eltern sich auf den Umgang unserer Bekannten mit Geld ausgewirkt hat? In anderen Biografien kann es natürlich ganz andere Prägungen geben. Manche Eltern verlangen gutes Aussehen, andere Eltern wünschen sich, dass ihre Kinder mit Statussymbolen glänzen, wieder andere Eltern setzen Bildung über alles.

ÜBUNG: Was würden Ihre Eltern sagen?

Stellen Sie sich vor, Sie erhalten einen unerwartet hohen Jahresbonus: Was, glauben Sie, würden Ihre Eltern Ihnen raten? Überlegen Sie, bevor Sie weiterlesen.

...

Antworten, die auf eine positive Prägung im Umgang mit Geld schließen lassen, sind:

»Überleg dir in Ruhe, was du mit dem Geld tust«, »Leg was beiseite«, »Gönn dir mal was, Kind«.

Haben Sie solche Sätze im Kopf, wenn Sie an Ihre Eltern denken? Dann haben Ihre Eltern Sie so geprägt, dass Sie sich ziemlich frei überlegen können, was Sie möchten. Ihre Eltern haben keine starren Forderungen an Sie gestellt, sondern Sie ermutigt, selbst herauszufinden, was Sie brauchen und was Sie sich ermöglichen können. Für den Umgang mit Geld ist das eine hervorragende Prägung; lehnen Sie sich entspannt zurück und freuen Sie sich eine Runde.

Antworten, die auf eine schwierige Prägung im Umgang mit Geld schließen lassen, sind:

»Kauf dir endlich mal ordentliche Klamotten«, »Kauf dir endlich ein richtiges Auto, die Nachbarn schauen schon jedes Mal schief, wenn du mit deiner alten Rostlaube hier auftauchst«.

Wenn Sie glauben, dass Ihre Eltern so auf die Nachricht vom Geldregen reagieren würden, dann sind Sie so geprägt, dass Sie Geld für Äußerlichkeiten, Prestige und Anerkennung verwenden. Die Gefahr, die wir dabei sehen, ist, dass Sie das Geld zwanghaft ausgeben und dass Ihr Konsum in keinem Verhältnis zu Ihren Möglichkeiten steht. Zudem verwenden Sie das Geld nicht für sich selbst, sondern für die Erwartungen anderer. Unser dringender Rat lautet: Stopp! Gehen Sie in sich, spüren Sie den Erwartungen Ihrer Eltern nach. Wie genau sehen diese aus? Und macht es Sie wirklich glücklich? Sind das auch Ihre Erwartungen?

Falls Sie genau umgekehrt handeln, nämlich ganz bescheiden leben, obwohl Ihre Eltern es eher üppig liebten, oder die Askese Ihrer Eltern durch einen ausschweifenden Lebensstil konterkarieren, gehen Sie dieser Entdeckung ebenfalls intensiv nach. Ist Ihre Lebensweise nicht vielleicht eine Art Trotzreaktion auf die elterlichen Einflüsse? Wenn Sie sich mit Ihrem Verhalten vor allem von den Eltern abgrenzen, sind Sie vielleicht genauso negativ geprägt wie jene Zeitgenossen, die ihre eigenen Bedürfnisse den Erwartungen der Eltern unterordnen.

Überblick und Ordnung

Markus hielt sich jahrelang für mathematisch eher unbegabt. Zu diesem Selbstbild hatten auch seine Eltern beigetragen. Irgendwann glaubte er selbst, dass er in keinem Fall ein Studium wählen sollte, das irgendwelche mathematischen Ansprüche stellt. Deshalb studierte er erfolgreich Jura und wurde Rechtsanwalt. Für sein Aufbaustudium Finanzökonomie beschloss er, noch mal bei den Grundlagen anzufangen. Wer Gleichungen vorwärts und rückwärts umwandeln kann, kann später auch alles andere. Er kaufte sich ein entsprechendes Arbeitsbuch und – Sie ahnen es sicher schon – Mathe war in seinem Studium zum Finanzökonom kein Problem mehr für ihn.

Ob sie ordentlich oder chaotisch sind, ob sie mathematisch-systematisch oder intuitiv und unstrukturiert handeln, das halten viele Menschen für eine angeborene Eigenschaft, an der sie nichts ändern können. Das ist aber nur selten richtig. In unserer Praxis erleben wir oft, dass unsere Mandanten zwar eine entsprechende Prägung haben, aber sehr wohl etwas verändern können, wenn sie möchten.

Jetzt sind Sie dran:

ÜBUNG: Haben Sie einen Überblick über Ihre Finanzen?

- Wissen Sie, was Sie monatlich brutto verdienen?
- Wissen Sie, was Sie jeden Monat insgesamt ausgeben?
- Was kostet Sie im Jahr Ihr Auto?
- Wie viel bezahlen Sie für die Ausbildung Ihrer Kinder?
- Wie viel Geld haben Sie gerade, wenn Sie alles zusammenrechnen?

Können Sie mehrere dieser Fragen aus dem Stegreif beantworten? Oder innerhalb von fünf Minuten die Antwort herausfinden? Wissen Sie genau, wo Sie nachschauen müssten?

Wenn ja, dann sind Sie positiv geprägt. Ihnen machen Zahlen vermutlich Freude, Sie ordnen und systematisieren gerne, für Sie sind diese Fähigkeiten positiv besetzt und Sie können sich damit identifizieren.

Oder gehören Sie zu der Fraktion, für die Zahlen »nichts sind« und die deshalb Rechnungen ewig liegen lässt und niemals genau hinschaut, was eigentlich los ist auf Konto, Sparbüchern oder im Versicherungsvertrag? Dann schleppen Sie eine ungünstige Prägung mit sich herum und bekommen an dieser Stelle den Auftrag von uns, unbedingt an sich zu arbeiten. Falls Ordnung und Zahlen nicht in Ihr Selbstbild passen, fragen Sie sich doch mal, wie es kommt, dass andere Menschen mit Fähigkeiten auf genau diesen Gebieten es bis zum Nobelpreis schaffen. Denken Sie darüber nach, ob Sie wirklich so chaotisch sind, wie Sie glauben. Wie gehen Sie denn mit Ihren Büchern um? Fliegen die auch alle so unsortiert herum wie die Rechnungen auf Ihrem Schreibtisch? Wissen Sie, wie viele Blusen Sie im Schrank haben? Kennen Sie die Lieblingssongs Ihres Partners? Dann sind Sie offenbar doch in der Lage, zu ordnen und zu systematisieren. Dann wäre es allerdings gelacht, wenn Sie es nicht schaffen könnten, auch Ihre Rechnungen und Kontoauszüge mal abzuheften und sich einen Überblick über Ihre Einnahmen und Ausgaben zu verschaffen. Vielleicht steckt ja auch ein großes Stück Bequemlichkeit hinter dem seit langer Zeit aufgebautem Bild, nicht mit Zahlen und Finanzen umgehen zu können?

Stellen Sie sich Ihren eigenen Vorurteilen gegen sich selbst! Vielleicht können Sie besser systematisieren, als Sie sich bisher selbst eingestehen wollten?

Konsumschulden

Die Beratungen, bei denen wir am ehesten an unsere Grenzen stoßen, sind Fälle, in denen sich jemand verschuldet hat, weil er seine Konsumgelüste nicht unter Kontrolle bekommt. Bei diesem Thema geht es nicht darum, Kredite aufzunehmen, um beispielsweise eine Immobilie zu kaufen. Mit Konsumgütern meinen wir Dinge, die direkt nach dem Kauf an Wert verlieren, weil man sie verbraucht und abnutzt oder sie einfach nicht der Wertanlage dienen – also Waren wie Kleider, Autos, Computer, Möbel.

Manche dieser Dinge braucht man einfach, und dann ist es natürlich völlig in Ordnung, sie zu kaufen. Doch was ist mit den Sachen, die eine Nummer schicker sind, als man es sich eigentlich leisten könnte, oder mit jenen Dingen, die irgendwo vor sich hin stauben oder den Kleiderschrank füllen? Solche Käufe haben in der Regel nichts mit tatsächlichem Bedarf zu tun. Was solche Kaufexzesse auslöst, sind ganz andere Gründe. Langeweile zum Beispiel. Oder Frust, weil der Job öde ist oder die Beziehung kriselt. Andere Menschen treibt der Wunsch nach Anerkennung im sozialen Umfeld in die Läden. Sie leisten sich eine Wohnung, die zu teuer ist, ein Auto, das zu groß ist, oder Klamotten, die sie nicht wirklich bezahlen können, weil sie keine echten Freunde haben, sondern sich in Kreisen bewegen, in denen Konkurrenz und Prestige alles sind.

Dass manche Menschen auf einem dieser Wege in kaufrauschartige Zustände geraten, liegt oft auch an ihrer Prägung. Vielleicht haben die Eltern diese Erwachsenen in ihrer Jugend statt mit Liebe und Zuwendung mit Geschenken zugeschüttet. Oder sie fühlen sich nicht geliebt und versuchen sich dann über Käufe eine Art Ersatzbefriedigung zu verschaffen. Ist übermäßiger Konsum eher an Statuswünsche gekoppelt, dann ist das vielleicht eine Prägung, die im Teenageralter stattgefunden hat. Da geht es um Markenklamotten, um das richtige Outfit, um das richtige Handy oder die richtigen Schuhe. Das hat noch nicht unbedingt etwas mit Geld zu tun, sondern mit Anpassung. Der starke Druck einer Gruppe, mitzumachen, eigene Ansichten zurückzustellen, nicht aus der Reihe zu tanzen, das prägt so manchen Jugendlichen dahingehend, dass er sich später, als Erwachsener, weiter anpassen wird. Dann freilich muss er Geld in die Hand nehmen, um den Erwartungen seiner Umgebung zu entsprechen. Boss-Anzüge statt C&A, BMW statt Renault. Das klingt vielleicht oberflächlich und durchschaubar. Aber stellen Sie sich doch mal jeden Tag im roten Kostüm zu den Kollegen, die nur Dunkelgrau und Dunkelblau tragen. Das werden Sie vielleicht aushalten, aber Sie werden auch merken, dass Sie dafür Kraft brauchen. Und die hat nicht jeder.

Und Sie? **Haben Sie Konsumschulden?**

Wenn Sie jetzt mit einem klaren Nein antworten, dann dürfen Sie sich gratulieren. Das ist wunderbar. Behalten Sie Ihre Abneigung gegen Konsumschulden bei!

Wenn Sie jetzt mit Ja antworten, dann befinden Sie sich zwar in großer Gesellschaft, bekommen von uns aber ein klares, deutliches STOPP! zu hören. Konsumschulden sind ein absolutes »No-Go«. Warum dieses kategorische STOPP? Nun, es ist aus finanzplanerischer Sicht einfach vollkommener Unsinn, sich für Konsumgüter zu verschulden. Angenommen, Sie haben sich gestern ein Notebook gekauft. Eins von diesen schönen glänzenden, mit ganz glatter Oberfläche. Sie können sich sogar drin spiegeln. Zu Hause in der Küche holen Sie es aus Ihrer fast genauso schönen neuen Notebooktasche. Leider haben Sie heute ganz trockene Hände. Das schöne Notebook rutscht Ihnen, weil es so glatt ist, einfach aus der Hand und fällt auf den gefliesten Boden. Das Notebook überlebt den harten Aufprall nicht.

Sie bekommen bei Konsumgütern keinen echten Gegenwert. Das ist der Unterschied zu einem Haus. Dafür verschulden Sie sich zwar auch, aber Sie bekommen einen Wert dafür, der nicht nur bleibt, sondern möglicherweise auch noch steigt. Gegen Gefahren wie Feuer können Sie es versichern. Wenn Sie also finanzielle Probleme wegen Konsumgütern haben, dann lautet unsere eindeutige Anweisung: Schluss damit.

Was es heißt, diesem Rat zu folgen, wissen wir aus eigener Erfahrung. Wir müssen uns auch immer wieder über Erwartungen hinwegsetzen. Wir erlauben es uns zum Beispiel, bei Kongressen mit einem einfachen Smart vorzufahren. Als Finanzberater. Dann stehen wir in der Tiefgarage neben lauter deutschen Oberklassewagen der anderen Kongressteilnehmer.

Aber sollen wir uns deshalb in Unkosten stürzen? Auch günstigere Autos bringen einen von A nach B. Ist »Fahrvergnügen« wirklich so wichtig? Vielen oft noch sehr jungen Fahrern von überdimensionierten Autos würden wir gerne Fragen stellen wie: »Ihre Altersvorsorge steht also schon?«, »Wie viele Zinsen bringt Ihr Auto?« oder »Wie viele Jahre wollen Sie nur für Ihr Auto arbeiten?«.

Als wir in einem Interview in der heimischen Presse mal davon sprachen, »dass man sich nur einmal die am Marktplatz geparkten Autos ansehen müsse, um zu wissen, wohin die Altersversorgung der Deutschen gehe«, ernteten wir nicht nur Zustimmung.

Wir wollen Sie jetzt nicht dazu überreden, sich über alle sozialen Erwartungen hinwegzusetzen. Natürlich dürfen und müssen Sie Geld ausgeben, um die Spielregeln einzuhalten. Lassen Sie also die Flipflops zu Hause, wenn Sie zu einer Konferenz fahren, kaufen Sie sich ordentliche Schuhe. Wenn Sie ein preiswertes Paar finden, das ordentlich genug aussieht: Prima. Wenn Sie Lust auf das teure Paar daneben haben: Auch prima. Aber nur, wenn Sie es sich auch leisten können! Der Knackpunkt ist, dass Sie nicht mehr für Konsum ausgeben, als Sie sich leisten können.

DURCHBRUCH: Machen Sie niemals Konsumschulden!

Setzen Sie sich über die Erwartungen Ihrer Mitmenschen hinweg und konsumieren Sie nur, was Sie sich wirklich leisten können.

Sollten Sie Konsumschulden haben, listen Sie diese genau auf. Wie hoch ist die ausstehende Summe? Welche Raten müssen Sie bedienen? Machen Sie reinen Tisch und dann: Schluss damit!

Konflikte

Über Geld spricht man nicht – das ist ein Glaubenssatz, der sich in den deutschen Köpfen hartnäckig hält. Die meisten Menschen stufen das Thema als zu privat ein und möchten nicht darüber sprechen. Damit gehört Geld zu den am stärksten tabuisierten Themen in vielen Familien im deutschsprachigen Raum – selbst im Freundeskreis ist es geradezu verpönt, andere nach dem Gehalt zu fragen. In kaum einem Bereich schleppen Menschen so lange unausgesprochene Erwartungen mit sich herum und scheuen sich gleichzeitig so ausdauernd, darüber zu sprechen.

In vielen Familien gibt es noch immer eine sehr traditionelle Rollenverteilung, und die lautet: Wer das Geld nach Hause bringt, hat die Macht in der Familie. Herkömmlicherweise ist das der Mann. Nun wird aber diese Rollenverteilung nicht offen diskutiert, sondern sie beeinflusst die Beziehungen unterschwellig. Angenommen, es geht um die Urlaubsplanung. Da will der Mann in Norwegen fischen und die Frau in Spanien an den Strand. Die Frau traut sich aber nicht, selbstbewusst für Spanien zu kämpfen, weil sie ja nicht das Geld verdient hat, von dem der Urlaub bezahlt wird. So ein Konflikt kann zu einer großen Belastung für die Beziehung werden und manchmal auch zu Scheingefechten an anderer Stelle führen. Möglicherweise wird die Frau anfangen, ihrem Mann das Fischefangen madig machen zu wollen.

Wir werden auf solche Spannungen meistens dann aufmerksam, wenn wir Paare beraten, bei denen plötzlich einer zum anderen sagt: »Entscheide du, du hast schließlich das Geld verdient.« Natürlich kommt das auch vor, wenn die Frau mehr verdient als der Mann. Man sollte meinen, solche Paare seien stolz auf sich, aber oft entsteht Frust aus der modernen Konstellation. Der Mann aber findet sich vielleicht nicht in die Rolle hinein, weniger Geld zu haben. Und die Frau ist frustriert, weil sie ursprünglich in einem Mann auch einen Ernährer gesucht hat. Bei anderen Paaren, die die alte Rollenaufteilung pflegen, gibt es andersherum ähnliche Konflikte: Da ernährt der Mann erwartungsgerecht die ganze Familie, ist aber nicht wirklich glücklich damit, sondern hätte eigentlich gerne, dass seine Gattin sich wenigstens einen 450-Euro-Job sucht und sich auch dafür interessiert, wie die Altersvorsorge geplant ist.

Was uns auffällt, ist, dass die jungen Frauen oftmals selbstverständlicher und eigenverantwortlicher mit Geld umgehen. Für die Generation Y ist das sicherlich ein großer Pluspunkt.

Wie ist es bei Ihnen: **Gibt oder gab es bei Ihnen zu Hause Streit um Geld?**

Wenn Sie jetzt mit »Nein« antworten, weil Sie sich mit Ihren engsten Angehörigen über Geld austauschen, ohne dabei zu streiten, dann dürfen Sie sich glücklich schätzen. Denn dann sind Sie so geprägt, dass Sie Geld als Mittel zum Zweck betrachten, nicht aber als Ausdruck von Wertschätzung. Sprechen ja, streiten nein: Bleiben Sie, wie Sie sind!

Wenn Sie die Frage bejahen, weil Sie immer wieder über Geld streiten oder miterlebt haben, wie in Ihrer Familie über Geld gestritten wurde, dann sollten Sie darüber nachdenken, ob Geld für sie mehr ist als nur ein Mittel zum Zweck. Möglicherweise sind Sie so geprägt, dass Geld auch Wertschätzung bedeutet. Sei es, dass man die Leistung eines Ernährers anerkennt, sei es, dass ein Ernährer sein Geld verteilt und das als Liebe versteht. Manchmal ist es ganz einfach, diese Konflikte zu erkennen, weil immer wieder laut darüber gestritten wird. Aber die Sache liegt nicht anders, wenn Geld bei Ihnen ein Tabuthema ist. Dann haben Sie nämlich bloß Angst, den Deckel vom Topf zu nehmen.

Das müssen Sie unbedingt ändern!

Sachlich über Geld zu sprechen, ist eine ganz wesentliche Voraussetzung für finanzielle Unabhängigkeit und für einen gelassenen Umgang mit Geld. Durch diese Gespräche kommen Sie auch Ihren Prägungen in diesem Bereich auf die Spur. Wenn Ihnen Ihr Partner sagt: »Du sagst doch immer, wir müssen mehr sparen«, dann ist das ein guter Anhaltspunkt für Ihre Prägung. Wir stoßen in unseren Beratungen immer wieder auf Probleme, die nur entstanden sind, weil nicht offen über Geld geredet wurde. Andersherum formuliert: Wenn man über Geld spricht, kann man viele Probleme in erstaunlicher Geschwindigkeit lösen.

Nicken Sie jetzt zustimmend mit dem Kopf? Gut! Aber das reicht uns noch nicht. Damit Sie wirklich lernen, offen über Geld zu sprechen und diese Offenheit in Ihren Beziehungen zu verankern, bekommen Sie zum Abschluss dieses

Kapitels die folgende Aufgabe: Testen Sie mit der folgenden Übung, ob Sie sachlich über Geld sprechen.

ÜBUNG: Sprechen Sie über Geld

Suchen Sie sich drei Personen (es darf auch ein Paar oder eine Gruppe dabei sein) und sprechen Sie mit ihnen über Geld. Erklären Sie ganz offen, dass Sie gerade ein Buch lesen, in dem es um Geldanlagen geht, weil Sie mehr aus Ihren Finanzen machen wollen. Sagen Sie auch, dass die Autoren Ihnen die Übung an die Hand gegeben haben, drei Leute zu fragen, wie Sie eigentlich mit Geld umgehen.

Fragen Sie zum Beispiel …

Ihre Eltern: Wie habt ihr euer Haus finanziert? Wie habt ihr meine Ausbildung finanziert? Wie seid ihr über die Runden gekommen, als das Geld noch knapper war?

Sie werden nicht nur eine neue Tür in der Beziehung zu Ihren Eltern aufstoßen und erleben, wie es ist, mal jenseits eines aktuellen Anlasses oder Streits über Geld zu sprechen. Sie werden auch einen großen Schritt in Ihrer Selbsterkenntnis weiterkommen, denn in so einem Gespräch können Sie überprüfen, ob Sie die Prägungen durch Ihre Eltern überhaupt richtig interpretieren. Sie können jetzt noch einmal sortieren: Was habe ich meinen Eltern zuliebe gemacht, was finde ich gut und behalte ich bei, was werde ich verwerfen?

Ihren Partner bzw. Ihre Partnerin: Wie bist du mit deinem ersten eigenen Geld umgegangen? Wie hast du deine Ausbildungszeit überstanden? Wie hast du für deine Kinder und deren Ausbildung vorgesorgt (beziehungsweise: Was wünschst du dir, wie das bei unseren Kindern laufen soll)?

So ein Gespräch kann schwierig werden, vor allem, wenn Sie bisher schon öfter über Geld gestritten haben. Aber wenn Sie versuchen, bei den grundsätzlichen Themen zu bleiben, und wenn Sie sich Kommentare verkneifen und einfach mal zuhören, was Ihr Partner Ihnen erzählt, und nur fragen, ohne gleich Ihre eigenen Ansichten kundzutun, dann haben Sie die Chance, ganz neue Seiten an Ihrem Partner zu entdecken.

Ihre Freunde: Wie sparsam lebt ihr? Wie legt ihr euer Geld an? Wie sorgt ihr für euer Alter vor?

Vielleicht entdecken Sie völlig unbekannte Seiten an Ihren Freunden? Vielleicht bekommen Sie auch neue Tipps? Hören Sie auf jeden Fall genau hin, denn befreundete Paare befinden sich oft in gleichen Lebenssituationen. Denken Sie jedoch daran, dass Ihr Ansinnen, mit Freunden über Geld zu sprechen, in unseren Breitengraden verpönt ist – direkte Fragen nach der Höhe einer Erbschaft oder dem Gehalt gelten als Tabu. Hier müssen Sie die Diskussion behutsam führen.

DURCHBRUCH: Stellen Sie sich den Konflikten und sprechen Sie über Geld!

Finden Sie heraus, welche anderen Konflikte noch an das Thema Geld geknüpft sind, und versuchen Sie, auch diese Probleme zu lösen.

Negative Prägungen und Glaubenssätze auflösen

Wir vermuten, Sie haben beim Lesen des Kapitels einige Ihrer Prägungen und Glaubenssätze aufgespürt. Gerade wenn Sie sich intensiv mit Ihren Eltern, Ihrem Ordnungssinn, Ihrer Einstellung zu Konsumschulden und Ihrem Konfliktverhalten beschäftigt haben, werden Sie Ihren Glaubenssätzen auf der Spur sein.

In den folgenden fünf Schritten zeigen wir Ihnen, wie Sie diese oft hinderlichen Einflüsse überwinden können.

- **Erster Schritt:** Fassen Sie Ihre negativen Prägungen und Glaubenssätze in Worte

  Tragen Sie zunächst noch einmal zusammen, welche eher negativen Prägungen und Glaubenssätze Sie mit sich herumschleppen.
  Sie könnten beginnen mit »Mir passiert immer …« oder »Ich bin eben zu (dumm/unordentlich/…) …«.

  Gehen Sie in sich und spüren Sie Verallgemeinerungen zum Thema Geld auf, die Sie immer wieder äußern, wie »Geld stinkt«, »Eher geht ein Kamel durch ein Nadelöhr, als dass ein Reicher in den Himmel kommt« oder »Geld macht nicht glücklich« – alle diese sind natürlich ebenfalls unvorteilhafte Glaubenssätze.

- **Zweiter Schritt:** Versuchen Sie, den Ursprung jeder Prägung zu ergründen
Wann und durch wen ist die jeweilige Prägung entstanden? Wer hat die Glaubenssätze immer geäußert?

- **Dritter Schritt:** Widerlegen Sie nun die Glaubenssätze, die Sie ändern möchten
Suchen Sie dazu Situationen, die Sie erlebt haben, die zeigen, dass der Glaubenssatz falsch ist. Formulieren Sie den Satz für sich um, sodass er positiv wird. Überlegen Sie, in welchen Situationen Ihre Prägung negative Folgen für Sie hatte, wie es Ihnen besser ergangen wäre.

- **Vierter Schritt:** Formulieren Sie neue Glaubenssätze
Überlegen Sie sich, ob Ihr Leben eine positive Wendung nehmen könnte, wenn Sie den alten Glaubenssatz loslassen und durch einen neuen, positiveren ersetzen. Schreiben Sie Ihre neuen, gewünschten Glaubenssätze auf.

- **Fünfter Schritt:** Gehen Sie aktiv gegen die alten Prägungen an
Nehmen Sie nun im Alltag den Kampf mit Ihren negativen Glaubenssätzen und Ihren durch die Prägung ausgelösten Handlungen auf. Jedes Mal, wenn einer der negativen Gedanken auftaucht, nehmen Sie innerlich Abstand. Halten Sie sich ein Stopp-Schild vor Ihr inneres Auge oder halten Sie gedanklich ein Positiv-Bild hoch.

  Wenn Sie zum Beispiel denken, Sie seien zu unorganisiert, um Ihre Finanzen zu regeln, suchen Sie nach Lebensbereichen, in denen Sie ganz und gar nicht unorganisiert sind. Vielleicht managen Sie ganz fantastisch Ihre Familienaktivitäten. Dann finden Sie eine besonders schöne Erinnerung an ein von Ihnen organisiertes Ereignis und nehmen Sie dies als Gegenbild, sobald Sie vor Ihren Finanzunterlagen sitzen.

Damit sich der neue Glaubenssatz festigt, können Sie auch in einer Art Tagebuch festhalten, wenn Sie es geschafft haben, Ihre alte Prägung abzuschütteln. Mit jedem Ereignis wächst das Vertrauen in Ihren neuen Glaubenssatz.

Manche Glaubenssätze und Prägungen erweisen sich allerdings als sehr hartnäckig; zu tief sitzen Sie schon in unseren Gedanken fest. Für solche »harten Brocken« haben wir eine Auswahl an Hilfsmitteln für Sie zusammengestellt:

WISSEN TO GO: Meditation, Emotionscode und Hypnose für schwerwiegende negative Prägungen und Glaubenssätze

Vielleicht fragen Sie sich gerade, ob Sie wirklich einen Finanzratgeber gekauft haben; Meditation, Hypnose – das klingt doch esoterisch. Und Emotionscode – was soll denn das sein?

Wir halten diese drei Werkzeuge in vielen Bereichen des Lebens für sehr nützlich, denn allen dreien ist gemein, dass sie uns einen Zugang zu unserem Unterbewusstsein ermöglichen. Und gerade bei hartnäckigen Problemen reichen Methoden, die nur mit dem Bewusstsein arbeiten, oft nicht aus. Das ist in etwa so, als würden Sie bei einem Computerproblem immer im laufenden Prozess eine Korrektur vornehmen, aber bei jedem Neustart geht diese wieder verloren. Erst wenn Sie in den Programmcode eingreifen, schaffen Sie es, eine dauerhafte Lösung zu implementieren. So ist es auch mit uns Menschen. Wenn Sie zum Beispiel abnehmen möchten, dann können Sie noch so viele Diäten machen und sich anstrengen – solange Sie in Ihrem Unterbewusstsein nicht hinderliche »Programme« beseitigt haben, wie »Wenn man etwas dicker ist, hat man für schlechte Zeiten Puffer« oder »Solange ich dick bin, machen sich meine Eltern Sorgen um mich«, wird es nichts mit einem dauerhaften Gewichtsverlust werden.

Meditation

Meditation hilft, den »wilden Affen im Kopf« zu beruhigen und den Kopf frei zu bekommen. Auf der Suche, was Meditation genau ist, werden Sie tausend Antworten finden.

Für uns ist Meditation ein Weg, um zu innerer Ruhe und Frieden zu gelangen. Wir versuchen in der Meditation, den alltäglichen Gedankenstrom zu unterbrechen und in die Lücke zwischen den Gedanken zu schlüpfen. Dieser Zustand soll möglichst lange beibehalten werden. Diese völlige Leere birgt unendlich viele neue Möglichkeiten, denn Bewegung entsteht aus der Stille.

Sie unterstützt uns auch dabei, uns von alten Glaubenssätzen und Denkmustern zu lösen und loszulassen. Wir bekommen in der Meditation Zugang zu unserem Unterbewusstsein und können dadurch auch Antworten auf Fragen finden. Testen Sie es. Sie finden im Internet zahlreiche angeleitete Meditationen. Üben Sie ein wenig – das Stillsitzen, die Lücke zwischen den Gedanken zu finden und die Ruhe zu ertragen. Dann können

Sie ganz gezielt auch zum Thema Geld meditieren. Stellen Sie sich am Anfang eine Frage, die Sie beschäftigt, vielleicht, warum Sie einen bestimmten Glaubenssatz nicht loslassen können. Erwarten Sie in der Meditation jedoch keine Antwort »auf Knopfdruck«. Die Antworten kommen meistens mit der Zeit ein wenig durch die Hintertür.

Emotionscode

Eine weitere Methode, negative Glaubenssätze praktisch mit der Wurzel zu beseitigen, ist der Emotionscode. Diese Methode wurde von Dr. Bradley Nelson begründet. Wir finden, das folgende Zitat von Sigmund Freud beschreibt am besten, warum es so wichtig ist, Dinge, die im Unterbewusstsein falsch abgespeichert sind, zu beachten: »Nicht ausgedrückte Gefühle sterben nicht, sie werden lebendig begraben und kommen irgendwann auf unschöne Weise wieder hervor.«

Die meisten negativen Gefühle lässt der Körper kurz- oder mittelfristig wieder los, manchmal jedoch nicht, zum Beispiel dann, wenn etwas Überwältigendes erlebt wurde. Wir erklären es gerne so: Es muss nicht immer etwas ganz Dramatisches sein, manchmal ist das Unterbewusstsein einfach falsch abgebogen. Und das Unterbewusstsein vergisst eben nicht so schnell.

Solche unbewusst eingeschlossenen Emotionen beeinträchtigen Sie – sie können einzelne Organe oder den ganzen Körper dadurch in ein Ungleichgewicht bringen, was zu körperlichen oder emotionalen Beschwerden führen kann. Man würde also dem Unterbewusstsein die Frage stellen, ob es eine eingeschlossene Emotion gibt, die mit dem negativen Glaubenssatz in Zusammenhang steht.

Mithilfe des kinesiologischen Muskeltests kann man diese eingeschlossenen Emotionen aufspüren, die die Ursache mentaler Probleme sind. Sie brauchen nicht tiefergehend aufgearbeitet zu werden, sondern können mit einer spezifischen Magnetanwendung einfach aufgelöst werden. Die Ergebnisse sind häufig verblüffend!

Hypnose

Im Zustand der Hypnose befinden Sie sich in einer ganz tiefen Meditation – insofern ist Hypnose nichts Unheimliches oder Esoterisches. In der Hypnose erreicht man den direkten Zugang zum Unterbewusstsein. Man erlebt eine Hypnose als intensives Entspannungsgefühl, bleibt aber »Herr seiner Sinne«. In einem solchen Zustand können optimal tiefgreifende Veränderungen bewirkt, alte und ungünstige Glaubenssätze ausradiert und neue, positive verankert werden. Hier können Sie gezielt an Ihrer Einstellung zum Thema Geld arbeiten.

Hypnose können Sie sich als eine Art »direktes Mentaltraining« vorstellen. Wie beim Mentaltraining und Meditieren können zum Beispiel neue Verhaltensweisen mental eingeübt und vertieft, Blockaden abgebaut sowie Selbstvertrauen, Motivation und Selbstregulation verbessert werden. Die Ziele einer Hypnose-Sitzung werden in einem Vorgespräch definiert und ausgearbeitet. Anders als beim Mentaltraining, das besonders durch regelmäßiges Üben wirkt, benötigen Sie aber kein langes Training oder Vorkenntnisse.

AUF DEN PUNKT: Ihre Prägungen

Auf dem Weg zur finanziellen Unabhängigkeit sind Sie jetzt an einem Punkt angekommen, an dem Sie den Tatsachen ins Auge blicken. Sie lösen die Nebelwände auf, die Ihnen den Blick auf sich selbst und Ihre finanziellen Probleme verstellt haben. Sie gewinnen immer mehr Klarheit darüber, warum Sie an dem Punkt sind, an dem Sie jetzt stehen, und an keinem anderen. Sie fangen an, über Geld zu sprechen; mit anderen und mit sich selbst. Sie bewältigen Ihre finanzielle Vergangenheit.

Sie entdecken, welche Prägungen in Ordnung sind und an welchen Glaubenssätzen Sie etwas ändern wollen. Und Sie haben Werkzeuge an der Hand, um negative Glaubenssätze zu beseitigen. Für eine finanziell unabhängige Zukunft ist das eine ausgezeichnete Voraussetzung!

3 Reich, unabhängig, frei? – Finden Sie heraus, was Sie eigentlich wollen

Von dem kanadischen Schauspieler Keanu Reeves (Matrix, John Wick) sagt man, dass er einer der wenigen bodenständigen Stars im Filmbusiness sei. Wenn Sie seine Lebensgeschichte bei Wikipedia nachlesen, schaudert man leicht – in Beirut geboren, immer wieder umgezogen, der Vater verließ die Familie, er verlor seine Tochter kurz vor der Geburt, seine Frau starb zwei Jahre später bei einem Autounfall. Wie leicht könnte ein so reicher Schauspieler Geld heute als Kompensation nutzen. Offenbar tut Reeves das nicht – er ist bekannt für sein philanthropisches Engagement, ohne dabei Publicity auf sich zu ziehen. Dass er U-Bahn fährt, wird in der Presse gerne erwähnt, um seine Bescheidenheit zu belegen.

Reeves ist das, was wir sicherlich als reich bezeichnen würden. Doch ist er finanziell unabhängig? Wir denken ja. Er soll seine Schwester mit 5 Millionen Dollar im Kampf gegen Leukämie unterstützt haben, seine Spenden hängt er nicht an die große Glocke, er hat zwar Wohnungen in mehreren Städten, aber keineswegs immer in Bezirken der Superreichen. Es scheint ihm unwichtig zu sein, was andere über ihn denken – er lebt so, wie er es für richtig hält.

Reichtum und finanzielle Unabhängigkeit werden oft verwechselt. Manche Menschen vergessen nämlich, dass das Schöne am Geld das ist, was man damit tun kann. Sie zählen stattdessen die Nullen auf dem Konto und denken nur noch über Zahlen nach. Geld wird bei ihnen zum Selbstzweck, und sie häufen es geradezu zwanghaft an.

Genug Geld statt möglichst viel Geld

Nullen auf dem Konto haben für uns überhaupt keine Bedeutung. Um diese Art von Reichtum geht es bei uns nie. Auch wenn wir uns als Finanzberater ständig mit Geld beschäftigen: Für uns ist es kein Ziel, um jeden Preis so viel Geld wie möglich anzuhäufen, und wir raten das auch unseren Mandanten nicht. Uns geht es um finanzielle Unabhängigkeit. Und das ist etwas anderes als das, was man klassischerweise unter Reichtum versteht.

Finanzielle Unabhängigkeit bedeutet, frei von finanziellen Zwängen entscheiden zu können, was man tut. Es bedeutet, Geld anzusparen, um sein Leben so zu leben, dass es den eigenen Wünschen und Bedürfnissen entspricht – so wie der Schauspieler Reeves. Das Ziel ist dann nicht mehr, möglichst viel, sondern genug Geld zu haben.

Was Sie also in diesem Buch finden, sind Strategien, mit denen Sie das Ziel verfolgen, finanziell unabhängig zu sein. Wir möchten Sie dabei unterstützen, ein Vermögen aufzubauen, das Ihnen ein Leben frei von finanziellen Sorgen ermöglicht. Unser Wunsch ist, dass Sie genug Geld haben, um sich zu leisten, was Sie möchten, ohne über Ihre Verhältnisse leben zu müssen oder nachts schlecht zu schlafen.

DURCHBRUCH: Streben Sie nicht nach Reichtum, sondern nach finanzieller Unabhängigkeit!

Verpulvern Sie Ihre Energie nicht, indem Sie sinnlos Geld anhäufen. Sorgen Sie einfach dafür, dass Sie so viel Geld haben, wie Sie wirklich brauchen.

Natürlich wäre es wunderbar, plötzlich Multimillionär zu sein. Aber wenn sich nicht tatsächlich ein unverhoffter Geldsegen über Sie ergießt, dann kann das Streben nach der ersten Million zu einer ausgesprochen kräftezehrenden Angelegenheit werden. Wozu sollten Sie sich das antun? Wozu sollte beispielsweise jemand, der sich nicht mehr als einen geruhsamen Lebensabend im Eigenheim mit Garten wünscht, Millionär werden? Wieso sollte er sich dem Dauerfrust aussetzen, jahrelang nach dem großen Geld zu streben, wenn er es eigentlich gar nicht braucht?

Wenn Sie also Geld als Mittel zum Zweck betrachten wollen, dann müssen Sie zuerst herausfinden, was Sie wollen, bevor Sie ermitteln können, wie viel Geld Sie brauchen. Es ist unsinnig, irgendeiner anonymen Summe hinterherzujagen. Wer ein Ziel hat, der findet auch einen Weg. Ohne Ziel ist es wie mit einem Navigationsgerät: Es ist schön, dass es eines gibt, es nützt Ihnen aber nur, wenn Sie ein Ziel eingeben. Und es motiviert viel mehr, zu wissen, wofür man sich anstrengt oder spart, als wenn es nur um eine Zahl geht. Vielleicht kennen Sie das vielen Urhebern zugeschriebene Zitat: »Willst du mit jemandem ein Schiff bauen, wecke in ihm die Sehnsucht nach dem Meer.«

Allerdings ist es mit dem Wünschen und Wollen und der finanziellen Unabhängigkeit komplizierter, als es auf den ersten Blick aussieht. Geht es um Reichtum, dann lassen sich schnell die üblichen Merkmale aufzählen: tolles Auto, tolles Haus mit Pool, tolle Kleidung. Sicherlich würden viele Menschen gerne in einen Pool hinter dem Haus springen, wenn man ihnen einen anlegte. Doch im Prinzip ist ihnen der Pool ebenso gleichgültig wie der Privathubschrauber oder die Motorjacht. Sie haben sie noch nie vermisst.

Da wäre zum Beispiel die Freiheit, Nein zu sagen: zu Jobs, die sie nicht mögen, zu Aufträgen, die ihnen nicht liegen. Einer Mandantin von uns ging es so. Sie arbeitete eine ganze Weile in einem Designbüro. Dann wechselte der Chef. Der neue Mann an der Spitze des Büros war jünger und »irgendwie kälter«, wie unsere Mandantin es formulierte. Er pflegte einen distanzierten Führungsstil, was schon gewöhnungsbedürftig war. Aber damit hätte unsere Mandantin nach einer Weile sicher umzugehen gelernt, meinte sie. Wirklich schwierig dagegen war, dass der neue Boss die ganze Linie des Büros änderte. Zwar hatte auch der alte Chefdesigner eher einen sachlichen Stil bevorzugt. Dabei hatten aber immer wieder auch warme, weichere Formen ihren Platz gefunden. Der Neue war viel radikaler. Er wollte nur noch kühle, scharfkantige Entwürfe sehen. Unsere Mandantin konnte sich auf diesen Stil nicht einstellen. Sie mochte ihn persönlich nicht, und sie fand auch keinen professionellen Zugang zu ihm. Die Folge: Ihre Arbeit wurde zur Qual. Ihre Kreativität versiegte. Statt dass ihr Einfälle zuflogen, musste sie sich alles mühselig aus den Fingern saugen. Irgendwann ging sie morgens mit Magenschmerzen ins Büro und verließ es am Abend mit Kopfweh. In dieser Situation entwickelte sie einen echten Herzenswunsch: Sie wollte finanziell so unabhängig sein, dass sie kündigen konnte, ohne gleich zum Sozialamt zu müssen. Unsere Mandantin brauchte also so viel Geld, dass sie ein paar Monate, notfalls ein bis zwei Jahre, überbrücken konnte, bis sie einen neuen Job gefunden hätte. Und zwar einen, der ihr wirklich Spaß machte.

Unsere Mandantin wollte sich ihre Arbeit aussuchen können. Sie wollte das tun, was ihr Spaß machte, und sich nicht des Monatssalärs wegen mit einer ungeliebten Tätigkeit abplagen. Dabei hatte sie nichts gegen Arbeit. Nur sollte es eben der richtige Job sein. Finanzielle Unabhängigkeit war also für unsere Mandantin eine ordentliche Liquiditätsreserve, die es ihr erlauben würde, ein halbes Jahr oder länger ohne regelmäßiges Einkommen klarzukommen.

Ein zweites Beispiel: Wir haben ein Ehepaar beraten, das in der Nähe von München auf dem Land lebte. Die beiden waren Landwirte, aber schon älter. Sie hatten ihren Hof schon an ihre Kinder abgegeben. Jetzt lebten sie in einem Teil ihres Hauses und bewirtschafteten ein Stück Garten. Als wir sie fragten, was sie denn im Monat zum Leben brauchten, rechneten sie nach und kamen auf 1.000 Euro. Da haben wir im ersten Moment nach Luft geschnappt und noch mal ganz genau nachgefragt. Gerade für Münchner Verhältnisse ist das nämlich extrem wenig! Aber die beiden hatten sich nicht vertan. Sie hatten wirklich so niedrige Kosten. Es gab keine abzuzahlende Immobilie mehr und sie hatten keine Miete zu zahlen. Einen beträchtlichen Teil ihres Essens ernteten sie in ihrem eigenen Garten. In dem verbrachten sie auch einen großen Teil ihrer Zeit. Dafür machten sie keine Shoppingtouren und hatten keine teuren Hobbys. Ihre Konsumkosten waren also minimal, und das einzige Extra, das sie sich wünschten, war, den Kindern ab und zu mal etwas zustecken zu können.

Wir definieren finanzielle Unabhängigkeit also so, dass sie der Spielraum ist, den wir brauchen, um so leben können, wie wir möchten. Dieser Spielraum ist individuell unterschiedlich.

Manche Menschen brauchen viel Geld, um finanziell unabhängig zu sein. Sie pflegen teure Hobbys oder möchten noch Angehörige mitversorgen. Andere Menschen haben kaum Konsumwünsche, möchten bloß weniger arbeiten und brauchen insgesamt weniger Geld. Wie die Wünsche im Einzelfall auch aussehen, es hat immer einen großen Vorteil, wenn man sich finanzielle Unabhängigkeit statt Reichtum zum Ziel setzt. Und das heißt: Das Ziel ist erreichbar. Finanzielle Unabhängigkeit lässt sich verwirklichen.

Sie müssen nämlich, wenn Sie finanziell unabhängig sein wollen, keine 1.000 Tipps und Tricks aus der Finanzkiste lernen, Sie müssen nicht über die Schmerzgrenze hinaus sparen, und Sie müssen keine waghalsigen Kapitalanlagen riskieren. Stattdessen müssen Sie herausfinden, was Ihre eigentlichen Wünsche sind, und müssen schauen, dass sie zu messbaren Zielen werden. Dabei werden Sie Prioritäten setzen müssen und dann auch Entscheidungen treffen. Wie viel Geld Sie brauchen, hängt ganz allein von Ihnen und Ihren Entscheidungen ab. Wenn Ihnen ein kleines Haus reicht, dann müssen

Sie sich nicht abstrampeln, um eine Villa zu kaufen. Und wenn Sie doch eine Villa möchten, dann müssen Sie abwägen, ob es andere Ziele gibt, die dem entgegenstehen, und dann entscheiden, welches Ziel Ihnen am wichtigsten ist.

Was bedeutet nun finanzielle Unabhängigkeit für Sie? Halt, jetzt schnell eine Antwort aus dem Ärmel zu schütteln, greift zu kurz. Erstens gibt es Wünsche, die Sie sich vielleicht erst bei näherem Nachdenken eingestehen. Zweitens hängen manche Wünsche miteinander zusammen, andere widersprechen sich vielleicht. Wenn Sie aber eine Finanzplanung entwickeln, die nur auf Wünschen oder halbdurchdachten Zielen beruht, dann riskieren Sie, dass Ihre Strategie bei der kleinsten Schwierigkeit zusammenbricht, weil Sie keine Motivation haben, ein Sparziel zu erreichen, oder weil Sie sich plötzlich dabei beobachten, wie Sie Geld für Bedürfnisse ausgeben, die Ihnen gar nicht bewusst waren.

Sie müssen sich also systematisch und gründlich mit Ihren Wünschen auseinandersetzen, um herauszufinden, wozu Sie überhaupt Geld brauchen. Danach lernen Sie, wie Sie Ihre Wünsche in Ziele verwandeln. Und da es im Leben ein paar Rahmenbedingungen gibt, werden wir uns in einem weiteren Schritt mit den notwendigen Zielen beschäftigen.

Auf geht's!

Ihre ganz persönliche Wunschliste

Stellen Sie sich einmal vor, Sie säßen jetzt in einem Meeting und wären zum Brainstorming aufgefordert. Alle Ideen werden auf den Tisch gepackt, alle Assoziationen ausgesprochen. Ihr Projekt heißt »Wünschen«. Fantasieren Sie einfach einmal hemmungslos drauflos: Was wünschen Sie sich? Worauf haben Sie Lust? Was interessiert Sie?

Lassen Sie nichts aus. Gehen Sie gedanklich Ihre fünf Lebensbereiche durch. Denken Sie darüber nach …

- **was Sie sich gerne mal kaufen würden.**
  Die meisten Menschen haben den einen oder anderen unerfüllten Konsumwunsch. Damit wir uns Ihrer persönlichen Idee von finanzieller Freiheit nähern, ist es gut, damit anzufangen. Denn hier fällt Ihnen sicherlich etwas ein – vom E-Bike bis zum dringend benötigten Winterreifen-Satz. Aber auch eine besondere Reise kann auf Ihrer Wunschliste stehen.

- **wo und wie Sie gerne wohnen würden.**
  Wie wir leben, hat entscheidenden Einfluss auf unsere Zufriedenheit. Während der Corona-Pandemie haben viele Arbeitnehmer im Homeoffice gemerkt, dass ein eigenes Arbeitszimmer mit Tageslicht eine feine Sache wäre – gerade, wenn die Kids Homeschooling machen müssen. Familien wünschten sich nicht nur innen mehr Platz, sondern auch ein Garten stand oben auf der Wunschliste. Vielleicht möchten Sie lieber auf dem Land oder in der Großstadt wohnen.
- **womit Sie sich gerne verwöhnen lassen würden.**
  Von der Haushaltshilfe bis zur Assistentin in der eigenen Firma, vom Saugroboter bis zur Sauna – wenn Sie darüber nachdenken, was Ihren Alltag erleichtern oder verschönern würde, fällt Ihnen sicherlich etwas ein.
- **wie Sie Ihre Familie unterstützen möchten.**
  Den Kindern einen erfolgreichen Start ins Berufsleben zu ermöglichen, ist oft teuer – Studium, Meisterschule oder Auslandsjahr, das alles kostet viel Geld. Viele unserer Mandanten unterstützen ihre Kinder beim Hausbau oder beim Aufbau des eigenen Unternehmens.
- **was Sie noch lernen möchten.**
  Zum einen ist lebenslanges Lernen heute unerlässlich, zum anderen bedeutet es für viele eine große Freude, etwas Neues zu lernen oder etwas Bekanntes zu vertiefen. Vom MBA bis zum Sprachkurs – gerade wenn Sie dafür beruflich eine Auszeit nehmen müssen, ist es unerlässlich, diesen Wunsch auf der Liste zu notieren und seine Umsetzung hier zu planen.
- **was Sie endlich bleiben lassen möchten.**
  Vielleicht gehören Sie zu den vielen Menschen, die ihren Job nicht mögen oder die sich ausbeuten lassen – nicht finanziell, sondern mental. Wenn Mandanten zu uns kommen, die unzufrieden mit ihrer Arbeit sind, sagen wir immer eines: »Aus dem Hamsterrad kann immer nur der Hamster aussteigen.« Setzen Sie dann diesen Wunsch unbedingt auf Ihre Liste.

Fällt Ihnen noch mehr ein? Das ist gut! Lassen Sie sich anregen, und seien Sie ruhig ein bisschen verrückt! Hier geht es weniger um Bescheidenheit als um Ehrlichkeit. Denn mit einer großen Wunschliste gestehen Sie sich ja auch ein, dass Sie diese Wünsche bislang nicht angegangen sind. Doch nun schauen Sie nach vorne. Stellen Sie sich Ihr Innenleben wie eine alte Afrikakarte mit weißen Flecken vor. Entwickeln Sie Forschergeist und entdecken Sie alles in sich. Erschrecken Sie nicht, wenn Sie auf neue Wünsche stoßen, sondern gehen Sie freudig erregt darauf zu und stoßen Sie bis in die hintersten Winkel Ihrer Seele vor.

Sie merken, dass diese Reise nicht darauf abzielt, eine Einkaufsliste zu erstellen. Sondern es geht sehr umfassend darum, wie Sie leben und was Sie tun wollen. Ob Sie viel oder wenig arbeiten möchten, wie intensiv Sie Ihre Kinder unterstützen, das hat auch mit Geld zu tun. Schließen Sie solche Überlegungen deshalb auf keinen Fall aus, sondern nehmen Sie ernst, was Sie für Wünsche in Bezug auf Ihren Lebensstil haben. Vielleicht ist Ihr intensivster Wunsch auch nur, nicht jeden Euro zweimal umdrehen zu müssen, spontan Geld ausgeben zu können? Das ist völlig okay!

Ein Mandant von uns antwortete auf die Frage, was er am liebsten tun möchte, dass er mit dem Jeep durch Marokko reisen möchte. Das habe er auch schon einmal gemacht, aber er täte es gerne viel öfter. In diesem Wunsch steckt also noch ein zweiter, nämlich der Wunsch nach mehr Freizeit. Oder kürzerer Arbeitszeit, oder vorgezogenem Ruhestand. Lassen Sie solche Verzweigungen bitte auch zu, wenn Sie sie aufspüren. Folgen Sie ihnen. Es gibt wirklich keine Beschränkungen! Das Einzige, was wir an dieser Stelle nicht von Ihnen hören möchten, ist: »Ach, das geht sowieso nicht.«

Also: Lassen Sie Ihre Gedanken wild schweifen. Notieren Sie Ihre Wünsche auf einem Blatt Papier. Ganz formlos, eine Ordnung brauchen wir an dieser Stelle noch nicht.

So werden Wünsche zu Zielen

Nach dem Brainstorming sitzen Sie nun vor einer mehr oder weniger umfangreichen Sammlung von Tätigkeiten und Dingen, die Ihnen gefallen. Natürlich müssen Sie nun Struktur in diese Sammlung bringen, wenn Sie am Ende eine Definition Ihrer persönlichen finanziellen Unabhängigkeit erreichen wollen. Sie müssen Ihre Wünsche genau unter die Lupe nehmen, sortieren, abwägen. Denn erst wenn Sie Ihre Wünsche in Ziele verwandelt haben, können Sie diese erreichen.

Was ist der Unterschied zwischen einem Wunsch und einem Ziel?

Wünsche sind ein wenig diffus, manchmal tatsächlich unerreichbar. Wenn sich ein kleines Mädchen zum Beispiel wünscht, Prinzessin zu werden, dann wird es schwer, dass sie sich diesen Wunsch erfüllt. Sie kann natürlich speziell unter

Prinzen der europäischen Königshäuser auf Bräutigam-Schau gehen, doch es wird nur eine Handvoll Prinzen im heiratsfähigen Alter geben, wenn sie alt genug ist. Sie kann selbst wenig beeinflussen. Manche Wünsche sind einfach nicht oder nur extrem schwer erreichbar.

Ziele dagegen können Sie erreichen. Unterziehen Sie Ihre Wunschliste nun einem ersten Realitätscheck. Sind irgendwelche Wünsche dabei, von denen Sie sagen müssen, sie sind einfach unrealistisch? Dann sortieren Sie diese aus. Damit aus einem Wunsch ein Ziel wird, muss es grundsätzlich machbar sein.

Mit jedem weiteren Abschnitt in diesem Buch, mit jeder weiteren Übung werden Sie Wünsche in Ziele verwandeln, prüfen und an Ihrer Strategie zur Umsetzung feilen. Klarheit gewinnen. Aber wir wollen Ihnen auch nichts vormachen. Sie stehen jetzt an dem Punkt, an dem sich zeigt, ob Ihre Veränderungsbereitschaft größer ist als die Energie, die Sie benötigen, um alles beim Alten zu lassen. Je genauer Sie Ihr Ziel formulieren und je konkreter Ihre Umsetzungsstrategie ist, desto eher wird aus einem vagen Wunsch ein erreichbares Ziel.

Gute Ziele sind klar definiert und messbar. Dazu geben wir Ihnen die »Genau-Fragen« an die Hand, damit Sie sehen, wie sich Ihre Wünsche konkretisieren. Ihr Unterbewusstsein kommt besser mit konkreten Anweisungen zurecht als mit diffusen Traumschlössern. Ein konkretes Wunschgewicht oder ein Datum für den Ruhestand sind besser als die Aussage »Ich will abnehmen« oder »Ich will bald aufhören zu arbeiten«.

Unterziehen Sie Ihre Ziele den »Genau«-Fragen

Schauen Sie sich jeden einzelnen Wunsch an und fragen Sie sich: Was genau will ich? Nehmen Sie sich bitte Zeit, um diese Frage zu bearbeiten, die Tücke steckt hier nämlich im Detail. Unser Beispiel vom vorgezogenen Ruhestand – eine der häufigsten Motivationen, einen Honorarberater aufzusuchen – soll Ihnen verdeutlichen, was wir meinen.

Angenommen, auf Ihrem Blatt Papier steht der Wunsch, vorzeitig in Ruhestand zu gehen. Versuchen Sie, den Zeitpunkt zu bestimmen. Wollen Sie mit 55 aufhören? Oder schon mit 50? Oder am liebsten gleich morgen? Egal, welche Entscheidung Sie treffen: Sie sollten sich auch über die Gründe dafür klar werden.

Manche Menschen haben Pläne, die sich nicht ins Arbeitsleben integrieren lassen. Politische oder ehrenamtliche Tätigkeiten zum Beispiel. Vielleicht sind

Sie Ärztin und möchten noch ein paar Jahre in einem Entwicklungsland arbeiten und würden deshalb Ihre Praxis gerne fünf Jahre eher schließen. Oder Sie haben eine Fortbildung zum Mediator gemacht und würden dieses Wissen gerne anwenden, aber Ihr Beruf lässt Ihnen keine Zeit dazu. Wenn Sie solche Gründe haben, sollten Sie noch mal darüber nachdenken, was Ihnen Ihr Job eigentlich bedeutet. Würden Sie ihn vielleicht doch vermissen, wenn Sie ihn ganz aufgäben? Falls ja, überlegen Sie, ob es Zwischenlösungen gäbe. Die Ärztin könnte zum Beispiel die Praxis behalten, aber einen Partner für eine Praxisgemeinschaft suchen und dann jedes Jahr ein paar Monate lang karitativ tätig sein. Der Mediator könnte Teilzeit arbeiten und versuchen, seine Mediationstätigkeit neben dem Job aufzubauen. Solche Lösungen sind natürlich nur anzustreben, wenn Sie feststellen, dass Sie doch mehr an Ihrem Job hängen als zuerst gedacht. Wenn Sie mit einem Ausstieg im Reinen sind, sollte Sie nichts davon abhalten, einen Ausstiegszeitpunkt festzulegen und darauf hinzuarbeiten.

Anders sieht es aus, wenn Sie Ihren Job aufgeben wollen, weil Sie ihn hassen. Das dürfen Sie natürlich, und das ist sicherlich eine häufige Ursache für Ausstiegswünsche. Wir wedeln allerdings in solchen Fällen immer heftig mit der roten Stopp-Kelle und fragen hartnäckig nach: Was wäre denn dann nach dem Job? Könnten Sie sich überhaupt ohne Ihre Arbeit beschäftigen? Sind Sie sicher, dass Pflanzenwässern im Kleingarten Sie über das Wochenende hinaus auf Dauer ausfüllt? Viele Menschen unterschätzen die Leere, die entstehen kann, wenn man kein Geld mehr bekommt für die Dinge, die man tut. Geld ist immer auch eine Art Wertschätzung für verrichtete Arbeit. Es kann einsam machen, wenn das Leben plötzlich nur noch privat ist. Natürlich trifft das irgendwann jeden, der das Rentenalter erreicht, und es ist sicher eine Herausforderung, vor der man nicht weglaufen kann. Sie müssen sich aber fragen, ob Sie sich wirklich schon zehn Jahre früher als nötig ins Privatleben zurückziehen wollen und ob Sie wirklich glauben, dass es Ihnen dabei gut gehen wird. Vielleicht sind Sie dann viel allein, weil Ihre Freunde und Bekannten alle noch arbeiten. Haben Sie das auch bedacht?

Die Alternative wäre, doch noch einmal nach einem neuen Sinn und mehr Freude im Job zu suchen. Sie könnten eine neue Stelle suchen oder in eine andere Abteilung wechseln. Oder Sie verleihen Ihrer Karriere mit einer Fortbildung neuen Schwung. Gehen Sie gründlich in sich, ob das nicht vielleicht die bessere Lösung wäre, als aus Frust heraus alles hinzuwerfen. Frust ist kein guter Ratgeber.

Um Missverständnissen vorzubeugen: Unsere Nachfragen sollen Ihnen keinesfalls Ihre Träume madig machen. Uns geht es darum, dass aus Ihren Träumen handfeste, belastbare Ziele werden. Je genauer Sie Ihre Wünsche hinterfragen, desto ernster nehmen Sie sie. Was oberflächlich wie ein Herunterreden wirkt, ist in Wahrheit eine strenge Prüfung, eben weil wir möchten, dass Sie Ihre inneren Wünsche ernst nehmen und dann auch motiviert verwirklichen. Dazu aber müssen die Ziele später noch strengeren Prüfungen standhalten.

Die »Genau«-Fragen

Lassen Sie sich bei der Prüfung Ihrer Wünsche von den folgenden Fragen leiten. Wir nennen sie die »Genau«-Fragen, weil sie sehr genaue – im Sinne von konkrete – Antworten herausfordern. Nehmen Sie sich also jetzt jeden einzelnen Wunsch, den Sie als grundsätzlich realisierbar eingestuft haben, vor und notieren Sie stichwortartig oder in ein paar Sätzen die Antworten zu den folgenden Fragen.

- **Was genau** möchten Sie erreichen?
  Denken Sie wie oben beschrieben nach: Wo soll das Traumhaus stehen? Wollen Sie wirklich aufhören zu arbeiten?
- **Wann genau** möchten Sie Ihr Ziel erreichen?
  Legen Sie einen Zeitpunkt fest, ab dem Sie ans Mittelmeer umziehen, Ihren Job aufgeben oder auch den nächsten Sprachkurs buchen.
- **Welche genauen Summen** benötigen Sie, um Ihr Ziel zu erreichen?
- **Wie genau** sind Sie festgelegt?
  Gibt es Spielräume, wo könnten Sie Kompromisse machen?
- **Wo genau** möchten Sie sich dann sehen?
  Malen Sie sich aus, wie und wo Sie leben, wenn Sie Ihr Ziel verwirklicht haben. Wie sieht dann ein typisches Jahr oder ein typischer Tag in Ihrem Leben aus? Was wird anders sein als heute?

Wenn Sie alle »Genau«-Fragen gründlich durchdacht haben, dann erst haben Sie aus Ihren Wünschen handfeste, konkrete Ziele gemacht.

Gehen Sie in sich: Finden Sie Ihr Ziel immer noch gut?

Gute Ziele können Sie auch noch auf eine weitere Art und Weise erkennen – nun befinden wir uns wieder auf der mentalen Ebene. Damit Sie Ihre Ziele auch erreichen können, sollten Ihre Ziele Sie motivieren. Wenn Sie daran denken, sollten Sie sofort loslegen wollen.

Nehmen Sie sich Zeit und spüren Sie sich in Ihre Ziele hinein. Sie denken, das klingt ein wenig esoterisch? Nein, es klingt verantwortungsvoll. Sie nehmen sich damit ausreichend Zeit, alle Facetten zu hinterfragen.

Für Sie passende Ziele fühlen sich leicht und stimmig an. Sie denken voller Freude an die ersten Schritte, die Sie gehen, um sie zu erreichen. Nicht stimmige Ziele fühlen sich dunkel, einengend, beängstigend an. Unsere Bitte an Sie ist es, in wirklich jedes Ziel auch hineinzuspüren – ganz fernab der Zahlen, der Machbarkeitsstudie. Wie fühlt sich Ihr Ziel an? Hell, frei, leicht oder schwer, dunkel und unsicher?

ÜBUNG: Hinterfragen Sie Ihr Ziel

Vielleicht haben Sie schon ein wenig mit Meditationen experimentiert. Eine kleine Mini-Meditation zu Ihren Zielen könnte so aussehen:

Sie suchen sich einen ruhigen Platz und sorgen dafür, dass Sie 15 bis 20 Minuten nicht gestört werden. Vielleicht lassen Sie leise Meditationsmusik im Hintergrund laufen. Setzen Sie sich gerade und aufrecht hin – im Schneidersitz oder auf einen Stuhl, die Füße stehen fest auf der Erde (nicht überkreuzt). Achten Sie dabei darauf, dass Ihr Rücken gerade ist. Schließen Sie nun die Augen und konzentrieren Sie sich auf Ihren Atem. Wenn belastende Gedanken kommen, schieben Sie sie wie Wolken weiter, sie sind in Ordnung, aber jetzt brauchen Sie sie nicht. Kommen Sie mit Ihrer Konzentration zurück zu Ihrer Atmung. Wenn sich ein Gefühl der Ruhe einstellt, rufen Sie innerlich Ihr Ziel auf, das Sie bearbeiten. Betrachten Sie es von vielen Seiten. Welche Bilder kommen Ihnen in den Kopf? Welche Farben sehen Sie? Tauchen Störfaktoren auf, wie Menschen, die Ihnen nicht wohlgesonnen sind, Hindernisse oder Ähnliches? Fällt es Ihnen schwer, gedanklich bei Ihrem Ziel zu bleiben? Wenn Sie nach einigen Minuten Ihre Meditation beenden, nehmen Sie zuerst mit geschlossenen Augen wieder Ihre Umwelt wahr, spüren Sie Ihren Atem, hören Sie die Geräusche. Strecken Sie sich und öffnen Sie dann langsam die Augen.

Überlegen Sie nun, wie sich Ihr Ziel angefühlt hat – hell, motivierend, stimmig? Oder haben die negativen Gedanken die Oberhand gehabt? Nicht immer ist man sich nach einer Meditation sofort darüber im Klaren, was das zu bedeuten hat. Die Antworten kommen oft im Alltag oder mit ein wenig Zeitverzug. Sie haben Ihrem Unterbewusstsein so aber die Aufgabe mitgegeben, das Ziel zu hinterfragen.

Werden Sie konkret

Ein paar Ziele aufschreiben, und fertig ist die Lebensplanung – das ist zu einfach, um wahr zu sein. Das Leben ist keine Wundertüte, das wissen Sie längst. Und es wäre ganz und gar unseriös, wenn wir Ihnen vorgaukeln würden, dass das so einfach ginge. Nein, Sie sollen wirklich ernsthafte und taugliche Ziele formulieren.

Deshalb müssen Sie sich nun ins Reich des Notwendigen begeben. Hier warten neue Fragen auf Sie. Wir haben sie die »Was wäre wenn«-Fragen genannt. Sie drehen sich um die Absicherung Ihrer Lebensrisiken, und sie stehen bei allen Finanzkonzepten an allererster Stelle. Anders ausgedrückt: Wenn Sie keine Antworten auf diese »Was wäre wenn«-Fragen haben, werden Sie niemals finanziell unabhängig sein.

Die »Was wäre wenn«-Fragen

Es sind fünf »Was-wäre-wenn-Fragen«, und sie lauten:

- Wer zahlt, wenn ich krank bin?
- Wer zahlt, wenn ich invalide bin?
- Wer zahlt, wenn ich ein Pflegefall bin?
- Wer zahlt, wenn ich einen Schaden verursache?
- Wer zahlt, wenn ich im Ruhestand bin?

Denken Sie bitte gründlich über jede einzelne Frage nach. Egal, ob Sie Geld für Ihr Traumhaus, eine Reise oder für ein Auto ausgeben wollen: Ein Unfall kann Ihnen nicht nur diesen Plan kaputtmachen. Sondern Sie brauchen, wenn Sie Invalide sind, auch die Möglichkeit, bereits investierte Gelder wieder lockerzumachen, um künftig Ihren Lebensunterhalt zu bestreiten.

Und wenn Sie in den nächsten Jahren viel reisen möchten, sollte Ihnen der Spaß nicht jedes Mal vergehen, wenn Sie an die Zeit danach, an das Alter denken.

Es geht also darum, sowohl die Realisierung Ihrer Ziele zu planen als auch die grundlegenden Lebensrisiken abzusichern, mit denen Sie immer rechnen müssen. Wenn Sie darüber nachdenken, sollten Sie die »Was wäre wenn«-Fragen auch in Bezug zu Ihren Zielen setzen. Erwerben Sie zum Beispiel eine Immobilie, könnte diese – unter bestimmten Umständen – ein Baustein Ihrer Ruhestandsplanung sein. Wenn Sie dagegen mit dem Jeep durch die Sahara brettern, ist das Geld hinterher weg.

So schwierig, wie es vielleicht auf den ersten Blick aussieht, sind die Antworten auf die »Was wäre wenn«-Fragen nicht. Eine ordentliche Altersvorsorgeplanung ist keine Zauberei. Übrigens ist das ein Ziel, das oft sowieso schon auf der Wunschliste auftaucht: Das Bestreben, sicherzustellen, dass man später gut versorgt ist, ist glücklicherweise bei vielen vorhanden. Die Zahlung im Fall eines von Ihnen verursachten Schadens lässt sich mittels einer ganz gewöhnlichen Haftpflichtversicherung regeln. Sie müssen sich allerdings überlegt haben, dass Sie Vorsorge für diese Fälle treffen möchten.

Notieren Sie also jetzt mithilfe der »Was wäre wenn«-Fragen, welche Risiken Sie noch abdecken müssen, und ergänzen Sie die Liste Ihrer Ziele entsprechend.

Ihr Fahrplan in die finanzielle Unabhängigkeit

Sie haben jetzt eine Liste erstellt, die alle Ihre Ziele enthält: die Ziele, die Sie aus Ihren Wünschen herausgearbeitet haben, und jene, die Sie als notwendige Ziele erkannt haben. Jetzt geht es darum, Struktur in Ihre Ziele zu bringen.

Eine Zeitschiene für Ihre Ziele

Eine gute Möglichkeit stellt die zeitliche Einordnung dar. Für manche Ziele werden Sie dauerhaft sparen müssen – vielleicht für das Eigenheim –, andere Ziele können Sie sofort erledigen – vielleicht eine notwendige Versicherung abschließen. Diesen zeitlichen Aspekt zu visualisieren, ist eine große Hilfe für den Über- und Durchblick.

Sie können dazu mit einem Zeitstrahl auf Papier und mit bunten Zetteln für die einzelnen Ziele arbeiten, aber auch mit einem Mindmap-Programm. Hier würden Sie den Hauptast als Zeitachse definieren und an diesem Ast die Ziele einordnen. Wählen Sie die Art der Darstellung, die Ihnen an meisten liegt.

ÜBUNG: Eine Zeitschiene erstellen

1. Kurzfristige Ziele

In diese Gruppe schieben Sie alle Ziele, die Sie ab jetzt bis in spätestens drei Jahren realisieren wollen. Dazu gehören oftmals notwendige Anschaffungen und Konsumwünsche. Dazu kann aber auch gehören, eine Berufsunfähigkeitsversicherung abzuschließen (der Schadensfall kann schließlich schon morgen eintreten) oder ein Kind zu bekommen und den Job umzuorganisieren. Auch die Bildung einer Liquiditätsreserve, die Ihnen ermöglicht, einen ungeliebten Job aufzugeben und ein halbes Jahr ohne Einkommen zu überstehen, gehört zu den kurzfristigen Zielen.

2. Mittelfristige Ziele

Hierher gruppieren Sie alle Ziele, die Sie in drei bis sieben Jahren realisieren wollen. Vielleicht ist das der Zeitraum, in dem Sie Ihre Familiengründung planen? Der Kauf einer größeren Wohnung könnte in diese Gruppe passen oder eine Weiterentwicklung in Ihrem Beruf. Zu den mittelfristigen Zielen könnte auch eine Existenzgründung gehören, für deren Vorbereitung man schon eine gewisse Zeit braucht, wenn sie solide sein soll.

3. Langfristige Ziele

Hierher gehört alles, was über sieben Jahre hinausgeht. Also – wahrscheinlich – die Altersvorsorge, der vorgezogene Ruhestand. Und sämtliche Pläne, die Sie für die Zeit schmieden, wenn die Kinder aus dem Haus gehen und Sie nicht mehr zeitlich und örtlich an deren Schulbesuch gebunden sind. Vielleicht ziehen Sie dann aufs Land? Vielleicht reisen Sie dann?

Diese zeitliche Einordnung ist wichtig für Ihren Überblick, wird aber später auch noch eine Rolle spielen für die Wahl Ihrer Anlageform. Es ist ein großer Unterschied, ob Sie eine bestimmte Summe schon im nächsten Jahr brauchen oder erst in zwanzig Jahren.

Für Ihren persönlichen Überblick dürfen Sie, wenn Sie mögen, ruhig noch etwas kreativer werden. Malen Sie sich im wörtlichen Sinne Ihre Zukunft aus. Versehen Sie Ihre Ziele in der Mindmap oder in Ihrem Fahrplan noch mit Farben für die zeitliche Dimension. Und mit kleinen Symbolen, die das Ziel visualisieren. Ein Netz oder ein Fallschirm für die Absicherung, ein Haus oder die Sonne für die Auswanderung gen Süden. Auf diese Weise entsteht – am PC oder auf Papier – eine schöne Collage Ihrer Zukunft. Sie haben es sicherlich schon in vielen Persönlichkeitsratgebern gelesen – jeder Autor betont, wie wichtig es ist, Ziele aufgeschrieben zu haben. Und ja, wir betonen es auch. Denn dadurch werden die Ziele verbindlicher für Sie, Ihr Unterbewusstsein weiß, wo die Reise hingehen soll.

Überlegen Sie auch, ob es Wechselwirkungen gibt. Wenn Sie zunächst noch Konsumschulden tilgen müssen, brauchen Sie noch nicht mit dem Fondssparplan für die Altersvorsorge zu beginnen. Sie können Wechselwirkungen mit einem Pfeil und einem Blitz kennzeichnen – damit Sie immer im Kopf haben, dass hier derzeit ein gewisses Problem besteht.

Wenn Sie in den folgenden Kapiteln Ihre Geldanlagestrategie entwickeln, sollten Sie immer wieder Ihren Zielfahrplan vor Augen haben, um Anlageformen und Ziele optimal aufeinander abzustimmen. Sie können dann auch Häkchen an das jeweilige Ziel setzen, wenn Sie eine Finanzierungsmöglichkeit für das eine Ziel gefunden haben oder es gar erreicht haben.

Wie so ein Zielfahrplan aussehen könnte, sehen Sie etwas weiter unten.

Mentale Unterstützung für Ihre Zielerreichung

Sie werden in den folgenden Kapiteln alles lesen, was Sie zum Erreichen Ihrer Ziele über Geld und Finanzen wissen müssen. Das Fachwissen ist natürlich unabdingbar, denn nur davon, dass Sie Ziele entwickelt haben, sind sie ja nicht erreicht. Das »Machen« ist der nächste große Schritt. Sie können sich aber mental dabei unterstützen, dass Sie in der Phase der Umsetzung dranbleiben und motiviert sind.

Eine sehr nützliche Technik kommt aus dem Mentaltraining. Sie helfen sich und Ihrem Unterbewusstsein, wenn Sie Ihre Ziele visualisieren. Ähnlich wie schon in der kleinen Meditation zu dem Thema, wie die Ziele sich für Sie anfühlen, begeben Sie sich auch hier auf eine Reise nach innen. Ihr Unterbewusstsein ist besonders kurz vor und kurz nach dem Einschlafen aufnahmefähig – das hängt mit der Gehirnwellenintensität zusammen. Wenn Sie sich

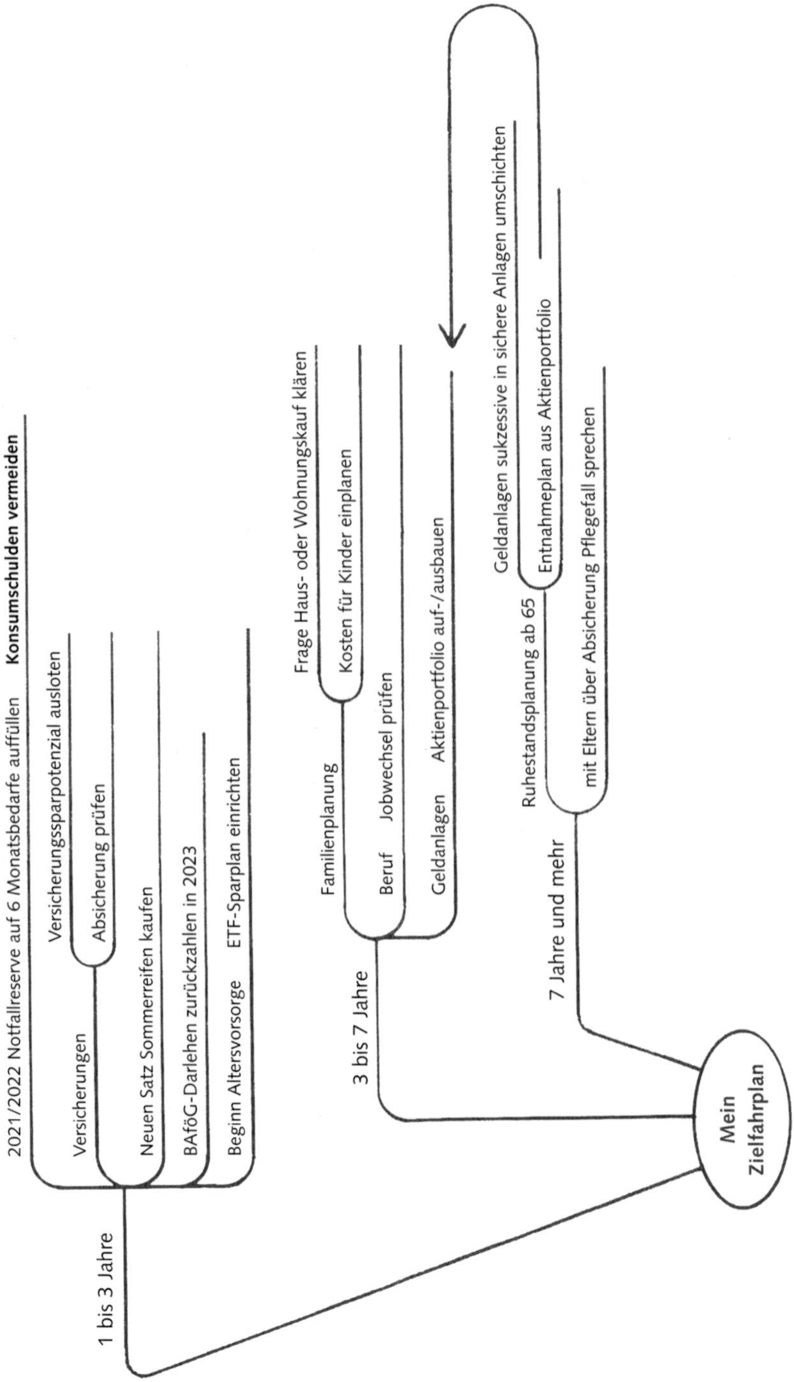
Mein Zielfahrplan
1 bis 3 Jahre
2021/2022 Notfallreserve auf 6 Monatsbedarfe auffüllen
Konsumschulden vermeiden
Versicherungen
Versicherungssparpotenzial ausloten
Absicherung prüfen
Neuen Satz Sommerreifen kaufen
BAföG-Darlehen zurückzahlen in 2023
Beginn Altersvorsorge
ETF-Sparplan einrichten
3 bis 7 Jahre
Familienplanung
Frage Haus- oder Wohnungskauf klären
Kosten für Kinder einplanen
Beruf
Jobwechsel prüfen
Geldanlagen
Aktienportfolio auf-/ausbauen
7 Jahre und mehr
Ruhestandsplanung ab 65
Geldanlagen sukzessive in sichere Anlagen umschichten
Entnahmeplan aus Aktienportfolio
mit Eltern über Absicherung Pflegefall sprechen

also morgens und abends auf eine kleine Reise zu Ihren Zielen begeben, dann unterstützen Sie sich selbst, diese zu erreichen. Denn gemäß dem Gesetz der Anziehung – zum Beispiel bei Rhonda Byrne in »The Secret« eindrücklich beschrieben – ziehen Sie genau das an, was Sie sich vorstellen. Stellen Sie es sich wieder und wieder vor, wie es sein wird, wenn Sie das Ziel erreicht haben, und Ihr Geist denkt: »Jawohl, das klappt!«

Was wir mit dieser etwas vereinfachten Darstellung, wie das Gesetz der Anziehung funktioniert, nicht sagen möchten, ist, dass Sie nichts weiter tun müssen, als sich alles vorzustellen. Ganz im Gegenteil – Ziele erreichen Sie oft auf langen Wegen und auch nur unter Entbehrungen. Da ist Durchhaltevermögen gefragt. Das englische Wort dafür – perseverance – ist gerade dabei, die Management- und Lebenshilfeliteratur zu fluten. Wir beobachten seit Jahren, dass Menschen, die sich ihre Ziele immer wieder vor Augen führen und durchhalten, diese auch leichter erreichen. Einer unserer Mandanten hat sich von uns vor über zehn Jahren ein Altersvorsorgeszenario entwickeln lassen. Das beinhaltet regelmäßig auch eine Hochrechnung des vorhandenen Vermögens – von Jahr zu Jahr. Er hat in den vergangenen Jahren intensiv mit diesem Plan von uns gearbeitet und jedes Jahr sein Vermögen mit dem Plan abgeglichen. Kürzlich bat er nach über zehn Jahren erneut um einen Termin, um den Ruhestand ganz konkret zu planen. Er berichtete, wie ihm der Plan geholfen habe, dranzubleiben und durchzuhalten. Seine Form der Visualisierung war der regelmäßige Abgleich der Zahlen und die Vorstellung, dass er auf seinem Zielpfad gut vorankommt.

Mentale Techniken erleichtern es Ihnen, den eingeschlagenen Weg bis zum Ende konsequent zu gehen. Falls Sie nun denken »Visualisieren, das kann ich ja gar nicht« – es ist ganz leicht. Sportler nutzen diese Mentaltechnik zum Beispiel, um ihre sportlichen Fähigkeiten zu verbessern – sie stellen sich das perfekte Rennen immer und immer wieder vor. In einer Situation, in der sie guten Zugang zum Unterbewusstsein haben, pflanzen sie sich so beispielsweise die optimale Startvorbereitung, den perfekten Start, die korrekte Technik und das Durchhaltevermögen während des Rennens ein. Wenn es im Wettkampf dann darauf ankommt, weiß das Unterbewusstsein genau, was zu tun ist.

ÜBUNG: Visualisierungsübung für Ihre Ziele

Nehmen Sie sich zunächst das Ziel vor, das Sie als das für Sie wichtigste definiert haben. Sie müssen sich nun nicht in die Meditationshaltung begeben, schließen Sie einfach die Augen und atmen Sie dreimal tief ein und aus. Stellen Sie sich Ihr Ziel vor – den Moment, wie Sie es erreicht haben. Malen Sie sich aus, was Sie denken werden, welche Freude Sie empfinden werden, was Sie sehen, fühlen und hören werden. Später, wenn Sie geplant haben, wie Sie das Ziel erreichen, visualisieren Sie auch den Weg dorthin. Momente der Überprüfung (Schulterklopfen nicht vergessen), Momente der Freude, wenn Sie Konsumwünschen zugunsten eines höheren Zieles widerstanden haben. Zwei bis drei Minuten sind völlig ausreichend. Wichtig ist nur, dass Sie regelmäßig Ihre Ziele visualisieren. Es nutzt wenig, wenn Sie sich einmal im Monat für 20 Minuten hinsetzen – Ihr Unterbewusstsein kann viel effektiver damit arbeiten, wenn es immer wieder kurze Impulse bekommt.

AUF DEN PUNKT: Ihre richtigen Ziele

Aus Ihrer Wunschliste haben Sie selbst Ziele entwickelt:

Schritt 1 ist eine wilde Reise in Ihre Träume, auf der Sie sich alles wünschen, was Ihnen einfällt. Brainstormen Sie anhand unserer vorgestellten Liste und den fünf Lebensbereichen.

In **Schritt 2** konkretisieren Sie die Wünsche zu praktischen Zielen. Sortieren Sie die nicht machbaren Wünsche aus. Geben Sie Ihren Wünschen konkrete Daten – mit den »Genau«-Fragen. Spüren Sie nach – sind Ihre Ziele motivierend? Brennen Sie darauf, sie umzusetzen?

In **Schritt 3** ergänzen Sie die Wunsch-Ziele mit notwendigen Zielen. Nutzen Sie dabei die »Was wäre wenn«-Fragen.

Einiges haben Sie gleich aussortiert, anderes genau beschrieben. Ihre Ziele liegen nun auf einem Zeitstrahl und Sie haben vielleicht zum ersten Mal das Gefühl, dass Ihre Finanzplanung eine Struktur bekommen könnte. Sie kennen einige kleine mentale Techniken, um sich die Umsetzung zu erleichtern. Bleiben Sie dran.

4 Prüfen Sie Ihre Ziele und übernehmen Sie die Verantwortung

Kein Mensch ist wie der andere. Das haben schon die Kriminalisten des frühen 20. Jahrhunderts erkannt, als sie damit begannen, Personen anhand ihrer Fingerabdrücke eindeutig zu identifizieren. Auch die Genforschung unserer Tage bestätigt die Erkenntnis der Einmaligkeit jedes Menschen. Deshalb können Sie auch ganz sicher sein, dass der Zielfahrplan, den Sie erstellt haben, ebenso einzigartig ist wie Ihr Fingerabdruck. Würden Sie mit den anderen Lesern dieses Buches zusammen in einem Saal sitzen und Ihre Ziele vergleichen, dann käme eine große Vielfalt an Farben, Symbolen und Anordnungen dabei heraus. Das können wir Ihnen mit so großer Sicherheit sagen, weil wir es in unseren Beratungen und Workshops immer wieder erleben. Natürlich sind nicht die Ziele einzigartig. Es gibt immer Menschen, die sich Häuser an schönen Orten wünschen oder die früher aufhören wollen zu arbeiten, als es die gesetzliche Rentenversicherung vorgesehen hat. Das Gesamtbild unterscheidet sich trotzdem, weil sie die Ziele unterschiedlich anordnen. Manche Menschen möchten zuerst das Eigenheim kaufen. Andere möchten zuerst aus ihrem Beruf aussteigen. Wieder andere siedeln den Erwerb neuer Sprachkenntnisse ganz oben an.

Die Rente mal aus der Nähe betrachtet

Uns ist aber aufgefallen, dass ein Ziel immer dabei ist, und das ist die Altersvorsorge. Sie taucht bei manchen unserer Mandanten bereits als Traum auf und steht dann als Wunschziel ganz oben auf der Liste. Andere Menschen denken gar nicht an sie, solange sie ihren Wünschen nachgehen. Bei ihnen kommt die Altersvorsorge aber irgendwann auch ins Spiel, und zwar spätestens dann, wenn es um die notwendigen Ziele geht.

Die Altersvorsorge eignet sich deshalb ganz hervorragend, um zu demonstrieren, wie Sie Ihre Ziele in der Realität checken. Genau das ist es nämlich, was wir in diesem Kapitel vorhaben: Sie sollen Ihre Ziele mit Ihren Lebensumständen konfrontieren und zu einem wirklich tragfähigen Entschluss kommen.

Sie entscheiden, was Sie realisieren können und wollen und was Sie dafür tun müssen und wollen.

Wenn Sie Ihre Ziele wirklich ernst nehmen, müssen Sie dafür sorgen, dass sie der Realität standhalten. Diese Realität sieht in unserer Gesellschaft für uns alle so aus, dass wir eines Tages aufhören zu arbeiten. Die meisten Menschen folgen dabei dem gesetzlichen Rahmen, gehen also mit 60 bis 67 Jahren in den Ruhestand. Manche Menschen arbeiten noch länger, andere hören schon früher auf. Jeder muss damit rechnen, im Alter nicht mehr so leistungsfähig zu sein. Deshalb stellt sich für uns alle die Frage, wovon wir im Alter leben werden. Früher war das klarer, da sorgte die gesetzliche Rente noch für einen annähernd gleichen Lebensstandard. Heutzutage müssen die meisten Menschen einkalkulieren, dass sie von der gesetzlichen Rente nicht leben können. Entweder ist schon klar, dass die Rente nicht ausreichen wird, oder sie liegt noch in einiger Ferne. In den Zeiten bröckelnder Sozialversicherungssysteme können Sie insbesondere nicht davon ausgehen, dass die Rentenversicherung noch einen wesentlichen Teil Ihrer Lebenshaltungskosten abdecken wird.

Allerdings ist es keine Kleinigkeit, das Alter abzusichern. Es kann sein, dass Sie erhebliche Summen dafür einplanen müssen. Wenn Sie dieser Tatsache nicht von Anfang an ins Auge blicken, werden Sie Ihre finanzielle Unabhängigkeit nie erreichen. Und wenn Sie Ihre Altersvorsorge nicht ganz genau analysieren, dann können Sie böse Überraschungen erleben.

»Ach, ich hör dann einfach ein paar Jahre früher auf zu arbeiten« – das ist leicht dahingesagt. Aber wovon wollen Sie dann leben? Schauen Sie mal genauer hin.

Szenario 1: Ausstieg aus dem Berufsleben mit 58

Angenommen, Sie steigen mit 58 Jahren aus dem Berufsleben aus. Dann müssen Sie, wenn Sie nicht ausreichend hohe sonstige Einnahmen haben, mindestens fünf Jahre lang ohne Einnahmen auskommen können. Alle Zahlungen aus der gesetzlichen Rentenversicherung beginnen für die Geburtsjahrgänge ab 1952 frühestens mit dem 63. Lebensjahr. Einen Rentenbeginnrechner finden Sie auf den Internetseiten der Deutschen Rentenversicherung (www.deutsche-rentenversicherung.de unter dem Suchbegriff »Rentenbeginnrechner«). Hier können Sie mit Eingabe Ihres Geburtsdatums genau ermitteln, ab wann Sie frühestens in Rente gehen können und welche Abschläge Sie dann akzeptieren müssten.

Sie müssen also die fünf Jahre mit anderen Einkommensquellen überbrücken können. Das ist natürlich nicht unmöglich. Vielleicht haben Sie Mieteinnahmen aus einem Immobilienbesitz? Oder Einkünfte aus Kapitalanlagen? Dann schauen Sie aber bitte genau hin: Werfen diese Besitztümer tatsächlich so viel ab, dass Sie jeden Monat mehrere Tausend Euro zur Verfügung haben werden, mit denen Sie Ihre Lebenshaltungskosten decken, Steuern zahlen und vor allem Ihre Versicherungen weiter bedienen, von denen Sie ja noch Geld brauchen für die nächsten 30 Jahre? Falls nicht, besteht noch die Möglichkeit, etwas von Ihrem Kapital einfach aufzubrauchen. Aber: Wenn Sie fünf Jahre lang Monat für Monat vierstellige Summen entnehmen, wie viel wird dann am Ende noch übrig sein für die 30 oder 35 Jahre, die Sie noch vor sich haben, wenn Sie Ihren dreiundsechzigsten Geburtstag gefeiert haben?

»Naja, ich kann ja dann etwas sparsamer leben«, lautet das Patentrezept unserer Mandanten, wenn wir so genau nachbohren. Und das ist ebenso leicht dahingesagt wie die Idee des vorzeitigen Ruhestands. Aber Sie sollten die Ausgabenseite ebenso genau betrachten wie die Einnahmen. Im Alter sparsamer leben: Wie haben Sie sich Ihr Alter denn vorgestellt?

Sicher, wer nicht morgens früh aus dem Haus hetzt und abends erst spät zurückkommt, der hat mehr Zeit, billig einzukaufen. Sie können Sonderangebote studieren und in fünf verschiedene Läden gehen, um überall die Schnäppchen zu ergattern. Sie machen dann auch mehr selbst. Für den undichten Wasserhahn rufen Sie nicht wie früher den Klempner, Sie haben ja Zeit, im Baumarkt einen neuen Hahn zu kaufen und den auch selbst einzubauen. Vielleicht kommt es gar nicht so weit, weil Sie viel mehr Zeit in die Pflege und Wartung Ihrer Besitztümer investieren können. Zum Beispiel entkalken Sie Ihre Wasserhähne jetzt regelmäßig und wechseln rechtzeitig die Dichtungen aus. Sie brauchen außerdem weniger Geld für Kleidung, weil Sie in Ihrer Freizeit natürlich viel legerer herumlaufen. Die Handyrechnung sinkt, und Sie verbrauchen weniger Benzin, weil die täglichen Wege zur Arbeit entfallen.

Aber werden Sie wirklich den ganzen Tag nur Ihr Haus reparieren und den Schnäppchenjäger spielen? Wir glauben das nicht. Unserer Beobachtung nach sind die Rentner von heute viel aktiver und interessierter. Sie gehen ins Theater, ins Kino, besuchen Konzerte, machen Radtouren, entspannen sich in Wellness-Bädern, treiben Sport, besuchen Freunde, reisen. Um nur mal ein paar Aktivitäten aufzuzählen. Und das kostet alles Geld! Von wegen, die Fahrtkosten sinken. Es ist gut möglich, dass Sie sogar mehr Geld für Mobilität ausgeben, wenn Sie erst mal Zeit haben, sich all die Orte anzuschauen, von denen Sie immer geträumt haben. Und wenn Sie jetzt kein Geld mehr für Businessklamotten ausgeben: Rechnen Sie damit, dass Sie stattdessen Sportkleidung, Wanderschuhe oder ein teures E-Bike brauchen. Hobbys kosten! Sie brauchen Material, Sie brauchen ein Musikinstrument, Sie brauchen Tennisschläger.

Und selbst wenn Sie eher der ruhige Typ sind, wenn Sie vor allem genießen werden, dass Sie herumtrödeln können – werden Sie dann nicht mal im Café sitzen und die Zeitung lesen wollen? Oder abends essen gehen? Und was ist mit Kino? Außerdem müssen Sie genau wie Ihre Altersgenossen immer damit rechnen, dass Ihr Gesundheitszustand Kosten verursachen kann. Medikamente, orthopädische Hilfsmittel, Sonderanfertigung bei Kleidung oder Schuhen können einige Kosten verursachen, die nicht mehr komplett von der Krankenkasse übernommen werden. Wenn Sie dafür kein Geld übrig haben, tut das richtig weh.

Sie ahnen sicher schon, was wir sagen wollen: Vergessen Sie die Idee, dass Sie im Alter weniger Geld ausgeben werden. Rechnen Sie lieber damit, dass Sie ungefähr so viel Geld brauchen werden wie jetzt, um zufrieden zu sein. Das ist der Rat, den wir unseren Mandanten geben. Sie können natürlich nicht bis auf den letzten Cent wissen, was Sie später mal brauchen. Aber wenn Sie eine Größenordnung abschätzen möchten, dann gehen Sie einfach von Ihrem jetzigen Verbrauch aus. Abziehen dürfen Sie die monatlichen Summen, die Sie vielleicht noch an Ihre Kinder für das Studium überweisen.

Und dann rechnen Sie hoch, was Sie im Rentenalter brauchen werden. Wir machen es Ihnen leicht und gehen mal davon aus, dass Sie rund 2.000 Euro im Monat verbrauchen. Eine bescheidene Schätzung. Aber aus den 2.000 Euro werden in 20 Jahren knapp 4.000 Euro geworden sein. Das macht die Inflation! Gut alle 20 Jahre verdoppeln sich die Preise, wenn Sie eine Inflation von 3 Prozent unterstellen. Vielleicht haben wir weiterhin eine niedrigere Inflation – bei 2 Prozent Inflation verdoppelt sich der Bedarf in ungefähr 35 Jahren. Aber bleiben wir hier bei den 3 Prozent: Sie werden für Ihren Ruhestand 4.000 Euro brauchen, wenn Sie Ihren heutigen Lebensstandard beibehalten wollen und Ihr Ruhestand heute noch ungefähr 20 Jahre entfernt ist.

Nun müssen Sie weiterfragen: Werden Sie 4.000 Euro Rente bekommen? Wenn ja, ab welchem Alter? Wahrscheinlich kommt Ihnen das fröhliche »Ich arbeite sowieso nicht, bis ich 65 bin« nicht mehr so leicht über die Lippen. Fünf Jahre ohne Rente hatten wir veranschlagt. Sie müssten also jedes Jahr 48.000 Euro irgendwoher nehmen. In fünf Jahren wären das 240.000 Euro. Und nach den fünf Jahren sollte ja auch noch etwas Vermögen da sein, oder können Sie davon ausgehen, dass Sie ab dem dreiundsechzigsten Lebensjahr 4.000 Euro Rente pro Monat bekommen? Und die Inflation wird auch in der Rentenzeit gnadenlos zuschlagen – wenn Sie Mitte 80 sind, werden Sie nach dieser Rechnung dann schon ungefähr 8.000 Euro benötigen.

DURCHBRUCH: Schauen Sie voraus!

Schauen Sie genau hin, was Sie brauchen, wenn Sie ganz normal in Rente gehen, womit Sie rechnen können, und vor allem: womit Sie rechnen müssen!

Szenario 2: Ausstieg aus dem Berufsleben mit 67

Wir schildern Ihnen dazu ein konkretes Beispiel. Unsere Protagonisten sind ein Ehepaar, jetzt beide 42 Jahre alt. Sie möchten mit 67 in den Ruhestand gehen. Das entspricht dem normalen gesetzlichen Alter für ihren Jahrgang. Welche Rentenansprüche haben die beiden? Wir nehmen an, dass die Rente des Mannes nach jetzigem Stand und ohne unterstellte Rentensteigerungen 2.500 Euro betragen wird. Vorausgesetzt, sein Gehalt läuft ungefähr weiter wie bisher, und er zahlt weiter wie bisher in die Rentenkasse ein. Es gibt noch eine betriebliche Rente, die ab dem Zeitpunkt ausgezahlt werden wird, zu dem die gesetzliche Rente beginnt. Diese Betriebsrente beträgt 350 Euro im Monat. Außerdem kommt ab dem Alter von 60 Jahren noch eine private Rentenversicherung mit 120 Euro im Monat dazu.

Die gesetzliche Rente der Frau beträgt nach derzeitigem Stand 1500 Euro. Diese Ansprüche hat sie in der Zeit vor der Kinderpause erworben. Derzeit hat sie keinen Job. Macht alles zusammen 4.470 Euro Rente pro Monat. Das klingt eigentlich nicht schlecht, oder?

Welchen Bedarf hat das Ehepaar? Zurzeit benötigen unsere beiden Protagonisten jeden Monat 3.500 Euro. Unterstellen wir nur eine durchschnittliche Inflation von 1,5 Prozent pro Jahr, werden das in 25 Jahren 5.078 Euro sein. (Noch mal 20 Jahre weiter gedacht sind das übrigens schon fast 7000 Euro. Die beiden sind dann 87 Jahre alt – das ist noch ganz im Rahmen der möglichen Lebenserwartung.) Doch sehen wir uns den Rentenstart an – 4.470 Euro Rente bei 5.078 Euro Bedarf. Und Steuern fallen auch noch an. Bei einem Durchschnittssteuersatz von 20 Prozent blieben nur 3.576 Euro. Die Lücke zum Start beträgt also jeden Monat rund 1.500 Euro.

Nun muss das Ehepaar überlegen: Wie viel Geld brauchen sie, um diese Lücke jeden Monat schließen zu können? Angenommen, sie möchten jeden Monat die Summe von 1.500 Euro entnehmen und das Geld soll so lange reichen, bis sie 100 sind. Als Rendite kann sich das Ehepaar vorstellen, 2 Prozent nach Steuern zu erzielen. Das Vermögen müsste dann rund 435.000 Euro groß sein.

Warum wir bis 100 Jahre rechnen? In 25 Jahren werden die Menschen voraussichtlich noch älter als die Senioren heute. Wir setzen deshalb bei einem ausgefeilten Altersvorsorgeszenario immer ein Alter von 100 Jahren als Ziel an, um zu vermeiden, dass einer unserer Mandanten mit 92 alle freien Mittel verlebt hat und allein auf die gesetzliche Rente angewiesen ist. Wir haben hier der Einfachheit halber keine Inflation im Ruhestand mitberücksichtigt.

Ein hübsches Sümmchen. Unser Ehepaar hat bislang alles Geld in sein Haus gesteckt und ansonsten noch kein Vermögen aufgebaut. Das wird also höchste Zeit! Wenn wir für die verbleibende Sparzeit von 25 Jahren eine erzielbare Rendite von 3 Prozent nach Steuern unterstellen, dann müssten die beiden von nun an jeden Monat rund 970 Euro sparen. Würden sie eine Rendite von nur einem Prozent erzielen, wären es schon 1.275 Euro.

Wenn wir unseren Mandanten so eine Rechnung präsentieren, klappt ihnen regelmäßig die Kinnlade herunter. Kaum jemand ist darauf gefasst, jeden Monat tausend Euro und mehr für das Alter zurückzulegen. Viele unserer Mandanten sehen sich dazu gar nicht in der Lage, oft muss noch ein Haus abbezahlt oder die Ausbildung der Kinder gestemmt werden. Für die meisten ist es ein echter Schock, den Zahlen ins Gesicht zu sehen. Wir erleben es regelmäßig, dass ein 55-Jähriger in unsere Beratung kommt, weil er mit 60 in den vorgezogenen Ruhestand gehen möchte. Wir rechnen dann detailliert aus, wie das gehen könnte. Derzeit hält zumindest die gesetzliche Rentensteigerung fast mit der Inflationsrate Schritt, aber es gab auch Zeiten, in denen das nicht so war. Es muss oft nicht nur eine Lücke gedeckt werden, sondern auch berücksichtigt werden, dass die Lücke im Ruhestand von Jahr zu Jahr größer wird. Sie führt in vielen Fällen zu der Erkenntnis, dass der angehende Ruheständler mit 75 pleite sein wird. Unsere Mandanten haut das manchmal wirklich um. Neulich sagte einer: »Jetzt brauch ich erst mal einen Schnaps.«

Der Zielfahrplan im Realitätscheck

Sieht Ihre eigene Rechnung so ähnlich aus, und sind Sie jetzt auch schockiert? Sicherlich haben Sie schon oft gelesen, dass viele Menschen im Alter mit Einkommenslücken rechnen müssen, dass die gesetzliche Rente nicht reicht und dass die Bundesbürger sich zu wenig um ihre Altersvorsorge kümmern. Vielleicht haben Sie dann immer tief geseufzt und gedacht, ja, stimmt, man müsste mal etwas tun. Aber genau ausgerechnet hatten Sie noch nicht, was Sie erwartet. Ein schwacher Trost, aber immerhin: Sie sind nicht allein. Vielen Menschen geht es ähnlich. Das ist aber kein Grund zu verzweifeln! Die Altersvorsorge fällt für uns in die Kategorie jener Probleme, die man nicht verdrängen darf, sondern pragmatisch und kraftvoll anpacken muss und die sich mit etwas Flexibilität auch lösen lassen.

Je eher Sie damit anfangen, desto einfacher geht das. Wer mit 55 feststellt, dass er den Ruhestand mit 60 nicht finanzieren kann, wird in den sauren Apfel beißen und länger arbeiten müssen. Vielleicht nicht bis 65, aber sicher länger als gewünscht. Wer schon im Alter von 20 Jahren über seine Rente nachdenkt, hat natürlich viel größere Spielräume, um etwas anzusparen. Es gibt also keinen Grund zu verzweifeln. Rechnen Sie aber damit, dass Sie Ihre Ziele modifizieren müssen, die Sie in Kapitel 3 formuliert und im Zielfahrplan festgehalten haben.

Sie sind nämlich schon mittendrin im Realitätscheck Ihres Zielfahrplans. Und wie bei jedem Realitätscheck gehören auch hier schmerzhafte Erkenntnisse dazu. Die Altersvorsorge ist vielleicht der gewichtigste Prüfstand. Aber natürlich gibt es noch andere Fallen.

Wir hatten zum Beispiel einmal ein Ehepaar in unserer Beratung, das von einem schönen Eigenheim träumte. Die beiden hatten einen Obstladen. Sie waren gut organisiert mit ihren Finanzen und hatten schon einen richtigen Sparplan aufgestellt. Wir sollten nun alles überprüfen und optimieren. Irgendwie klappte es nämlich nicht so richtig. Immer wieder war zu wenig Geld übrig, und es wurde zu eng, um alle Sparraten zu bedienen. Des Rätsels Lösung war schnell gefunden: Die beiden hatten ihren Geschäftsertrag zu optimistisch eingeschätzt. Sie waren von einem guten Umsatz ausgegangen, den sie aber nicht jeden Monat erzielten. Wir errechneten daraufhin einen realistischeren Durchschnittswert. Die Folge war, dass der Sparplan zusammenbrach. Unsere Mandanten waren im ersten Moment geschockt. Dann aber überlegten sie, was sie tun wollten. Und sie entschieden sich, ihren Traum vom Eigenheim aufzugeben. Das war zwar schade, aber trotzdem wurde es für sie zum Happy End.

Denn unsere Mandanten fühlten sich wie von einer ungeheuren Last befreit. Die klare Berechnungsgrundlage hatte ihnen zu der Erkenntnis verholfen, dass ihnen das Eigenheim nicht so wichtig war wie ein gefülltes Portemonnaie. Lieber wollten sie sich hie und da kleinere Wünsche erfüllen als jahrelang unter der Knute von Sparraten zu leben, die eigentlich eine Nummer zu groß für sie waren.

Wir lassen unseren Mandanten immer Zeit, den Schock zu verarbeiten, wenn sie feststellen, dass sich ein Ziel nicht so einfach erreichen lässt wie erwartet. Dann prüfen wir ihren Schmerzpegel: Wie weh tut es, ein Ziel aufzugeben, weil der Spielraum nicht reicht? Oder kann man sich an einer anderen Stelle einschränken? Der Realitätscheck hat zur Folge, dass Sie Ihren Zielfahrplan noch einmal überarbeiten müssen. Sie müssen neue Entscheidungen treffen. Welche Ziele behalten Sie bei? Welche Ziele modifizieren Sie? Von welchen Zielen verabschieden Sie sich?

Lohnt es sich, den Gürtel enger zu schnallen?

Es ist gut möglich, dass auch Sie sich im Laufe der Lektüre dieses Buches von einem Ziel verabschieden, wenn Sie merken, dass es Ihnen zu große Opfer abverlangt. 800 Euro im Monat zu sparen, oder 1.000, oder 1.200 Euro – das ist für viele Menschen einfach nicht drin. Das können sie nicht aufbringen. Solche Summen lassen sich auch nicht Monat für Monat zusammenkratzen, indem man seinen Konsum einschränkt. Manche Mandanten zeigen uns eine Aufstellung ihrer Lebenshaltungskosten, und wir stellen fest: Da ist nicht mehr viel zu sparen. Jedenfalls nicht unter den gegenwärtigen Bedingungen. Angenommen, Sie können sich 20 Jahre lang keinen Urlaub und keine Extras mehr leisten, um ein Eigenheim zu finanzieren. Und angenommen, Sie müssen dann, wenn Sie endlich dort leben, auch noch mit einem Minimaleinkommen auskommen. Ist es das wirklich wert?

Das ist keine rhetorische Frage! Sie sollten sie ganz frei beantworten. Gut möglich, dass Sie sagen, nein, ich lasse das lieber mit dem Haus oder der Wohnung, so wie unser Pärchen in dem Beispiel. Oder Sie überlegen, ob Ihnen eine kleinere Wohnung oder ein kleineres Haus reichen könnte. Oder ob Sie eine günstigere Lage finden können. Sie können aber auch sagen: Doch, das Haus ist mir wichtig genug, ich bin bereit, mich 20 Jahre lang stark einzuschränken und auch später mit weniger Geld zurechtzukommen, wenn ich nur dieses Haus kaufen und bewohnen kann. Das mag für andere ziemlich irrational wirken.

Möglicherweise schütteln Ihre Bekannten über Sie den Kopf und finden es idiotisch, so viel für ein Eigenheim auf sich zu nehmen. Egal! Um Vernunft geht es nicht. Sondern um Sie. Sie selbst müssen Ihre eigenen Prioritäten setzen. Erst danach schalten Sie die Vernunft wieder ein und überlegen, wie Sie Ihr Vorhaben am besten realisieren.

Werden die anderen Säulen beeinflusst?

Eine Entscheidung für eine höhere Sparrate kann ganz erheblichen Einfluss auf alle anderen Lebensbereiche haben. Betrachten Sie noch einmal Ihren Monopteros, wenn Sie darüber nachdenken, ob und unter welchen Umständen Sie an einem Ziel festhalten wollen.

Stellen Sie sich ein Ehepaar vor, das jeden Monat 800 Euro ansparen müsste, um sein Wunschziel zu erreichen, ohne die notwendigen Ziele wie Altersvorsorge zu gefährden. Im Alltag einsparen lassen sich bestenfalls 300 Euro. Das Ehepaar muss also etwas in seinem Leben verändern. Die beiden beschließen, dass die Ehefrau ihren Teilzeitjob erheblich aufstockt. Das gelingt auch. Allerdings gibt es da noch die beiden Kinder, die gerade aus der Grundschule in die weiterführende Schule gewechselt sind. Sie sind nun den Nachmittag über sich selbst überlassen, denn eine Betreuung wird für Kinder ihrer Altersklasse in dem Ort, in dem die Familie lebt, nicht angeboten. Die beiden Kinder hängen nun allein zu Hause herum und sehen täglich mehrere Stunden fern. Die Hausaufgaben erledigen sie nur teilweise selbstständig. Wenn die Eltern abends nach Hause kommen, muss fast immer noch etwas gelernt werden. Dann aber sind die Kinder schon müde und überdreht vom nachmittäglichen TV-Konsum. Und die Eltern sind nach einem anstrengenden Arbeitstag auch nicht mehr geduldig genug, um den Stress der Sprösslinge abfedern zu können. Das Familienklima verschlechtert sich für alle Beteiligten, die Stimmung sowieso, und die Frau beginnt unter Schlafstörungen zu leiden. Nach einer Weile stellen sich auch noch gesundheitliche Probleme ein.

Dieses Beispiel zeigt, welche Auswirkungen eine Veränderung an der Geldsäule auf die anderen Säulen im Monopteros haben kann. In diesem Fall verändern sich alle vier anderen Säulen mit: Der Beruf wird wegen des Geldes intensiviert, darunter leidet das Familienleben und schließlich sogar die Gesundheit.

Diese Familie kann sich nun fragen, ob sie wirklich bereit ist, diesen Preis für ihr Ziel zu zahlen. Sie kann aber auch noch mal schauen, ob sie etwas zwischen den Säulen verschieben kann. Beispielsweise könnte sie eine Betreuung für die Kinder organisieren, die jeden Nachmittag zwei Stunden lang ins Haus kommt und dafür sorgt, dass die Kinder ihre Hausaufgaben erledigen. Dann hätte die Familie abends nicht mehr so viel Stress, die Atmosphäre würde sich entspannen, die Kinder wären weniger sich selbst überlassen. Die anderen Säulen kämen wieder ins Gleichgewicht, aber ohne dass die Geldsäule sich wieder ganz zurückentwickeln müsste.

Wo haben Sie noch Spielraum?

Wenn Sie feststellen, dass die Finanzierung Ihres Ziels schwieriger ist als zunächst gedacht, dann lassen Sie bitte nicht den Kopf hängen. Wir erleben leider sehr oft, dass Mandanten oder Teilnehmer unserer Workshops seufzen: »Ach, bei mir klappt das ja sowieso nicht.« Das ist der schlimmste Satz! Denn er klingt so machtlos. Aber in den meisten Fällen ist eigentlich noch gar nicht richtig klar, welche Spielräume es noch gäbe und welche Möglichkeiten eigentlich noch offenstünden.

Zum Beispiel unterschätzen viele Menschen ihre Möglichkeiten auf der Einnahmenseite.

- **Mehr arbeiten**
  Zugegeben, der Tag hat nur 24 Stunden. Wer schon eine Vollzeitstelle hat, kann kaum mehr arbeiten. Aber der Anteil von Frauen, die in Teilzeitjobs verharren, ist noch immer hoch.
- **Länger arbeiten**
  Wenn Sie zum Beispiel Ihre Ruhestandsplanung nicht aufgehen wollen und Sie Ihr Ziel in Gefahr sehen, dann denken Sie doch mal darüber nach, ob nicht im Rentenalter noch ein 450-Euro-Job oder eine freiberufliche Tätigkeit für Sie infrage käme. Immer mehr Menschen werden inzwischen von ihren Arbeitgebern gefragt, ob sie nicht ein wenig weiterarbeiten möchten. Wenn er hilft, einen Lebenstraum zu verwirklichen, ist dieser Gedanke es auf jeden Fall wert, in Ihre Finanzstrategie einbezogen zu werden.
- **Erbe**
  Wenn wir sehen, es wird eng, dann fragen wir unsere Mandanten immer, ob sie noch ein Erbe erwarten. Das erschreckt viele Menschen. Es klingt pietätlos! Wir können den Schreck verstehen. Aber das Ergebnis unserer Frage überzeugt uns, dass es trotzdem richtig ist, sie zu stellen. Viele Mandanten antworten nämlich mit Ja. Ja, sie erwarten noch ein Erbe. Ja,

die Eltern haben Geld, oder die Großeltern, oder die Tante oder der Onkel. Wenn wir dann weiterfragen, wie viel das sein wird, ist nicht jeder richtig informiert. Diejenigen, die sich ein Herz fassen und mal nachfragen, laufen aber oft offene Türen ein bei ihren Verwandten. Sie erinnern sich: Wir hatten Sie schon ermutigt, innerhalb der Familie offen über Geld zu sprechen. Viele Eltern oder Großeltern reagieren jedenfalls ganz glücklich, wenn unsere Mandanten mal nachfragen. Oft stellt sich heraus, dass sie schon lange darauf gewartet haben, unsere Mandanten mal zu unterstützen. Oder zu wissen, dass ihr Geld später wirklich gebraucht wird. Wenn Sie ein Erbe erwarten, kann das Ihre Finanzplanung natürlich erheblich entlasten. Allerdings warnen wir davor, Gelder von anderen fest einzuplanen. Aber wenn sich herausstellt, dass die Eltern ihr eigenes Vermögen selbst dann nicht verleben können, wenn beide Elternteile lange Zeit Pflegefälle werden, darf man natürlich seine eigene Altersvorsorge etwas lockerer planen.

Auch bei den **Möglichkeiten auf der Ausgabenseite** gibt es bei näherem Hinsehen manchmal mehr Sparpotenzial als zunächst gedacht. Auch hier ein paar erste Ideen, später gehen wir noch in einem ganzen Kapitel darauf ein:

- Überprüfen Sie die Kosten Ihrer Bankgeschäfte. Wenn Sie zum Beispiel von der Bank in Ihrem Ort zu einer sehr guten Direktbank wechseln, sparen Sie die monatlichen Kosten für das Girokonto, die Depotgebühren und natürlich auch bei den Kauf- und Verkaufskosten Ihrer Wertpapiere. 200 Euro pro Jahr für das Girokonto, 50 Euro Depotgebühren und gesparte Kaufkosten von 500 Euro – schon haben Sie 750 Euro pro Jahr gespart. Wenn wir unseren Mandanten so etwas vorschlagen, dann seufzen sie manchmal und sagen, aber die Beraterin bei der Bank sei doch so nett. Unsere Gegenfrage lautet dann immer: Ist Ihnen diese Nettigkeit wirklich jedes Jahr 750 Euro wert? Oder ist die Beratung so gut?
- Sparpotenzial findet sich häufig auch bei Versicherungen. Manche braucht man gar nicht. Andere kann man im Internet viel günstiger abschließen. Sicher, Sie müssen so einen Entschluss Ihrem Versicherungsvermittler gegenüber vertreten. Aber vergleichen Sie auch hier bitte ganz rational, welche Kosten Sie einsparen können und ob die Harmonie gegenüber dem Vertreter die Mehrkosten wirklich wert ist.

  Um einmal ein Beispiel einer unsinnigen Versicherung herauszugreifen: Unfallversicherungen mit Prämienrückgewähr. Diese funktioniert folgendermaßen: Der Versicherte erhält die Prämien nach Ablauf der Versicherungs-

dauer zurück, wenn der Versicherungsfall in dieser Zeit nicht eingetreten ist. Das ist doch super, oder? Für dieses Produkt erhalten die Vermittler eine sehr hohe Provision. Entsprechend gerne wird diese Versicherung statt einer normalen Unfallversicherung verkauft. Für die Verbraucher ist es aber ziemlich teuer, denn sie bezahlen vergleichsweise hohe Prämien dafür. Würden sie eine normale Unfallversicherung abschließen und das gesparte Geld gut anlegen, hätten sie am Ende mehr Rendite herausgeholt. Ganz abgesehen davon, dass man selbst die Sinnhaftigkeit einer »normalen« Unfallversicherung hinterfragen darf, wenn man einen Berufsunfähigkeitsschutz hat. Wenn wir sie darauf aufmerksam machen, schlucken manche unserer Mandanten, denn sie haben diese Versicherung bei einem »richtig guten« Freund abgeschlossen. Natürlich ist es dann nicht schön, dem vielleicht gar nicht so guten Freund die Kündigung zu erläutern, aber letztlich geht es um Ihr Geld.
- Zeitungsabos, die Sie nicht mehr lesen, Mitgliedschaften in Vereinen, mit denen Sie nichts mehr verbindet – auch das sind Dinge, die Sie auf Ihrem Weg zur Zielerreichung prüfen können.

Worauf diese Sparvorschläge hinauslaufen, ist, dass Sie an dieser Stelle alle Ihre vermeintlichen Verpflichtungen infrage stellen. Häufig bewegen sich Menschen in Beziehungsgeflechten, die unverrückbar erscheinen. Gerade in kleinen Orten, wo man seiner Bankberaterin und dem Vereinsvorstand auch beim Einkaufen oder auf dem Tennisplatz begegnet, scheint es schwer zu sein, etwas an den Verpflichtungen zu verändern. Doch das sind häufig nur Scheinverpflichtungen, von denen nicht Sie, sondern ausgesprochen einseitig der andere profitiert. Und wenn es um Ihre Träume geht, um Ihre Lebensziele, um Ihre Prioritäten, dann sollten Sie nicht davor zurückschrecken, zu hohe Gebühren infrage zu stellen oder überflüssige Kosten anzusprechen und zu vermeiden.

Sich von Erwartungen der Umgebung zu befreien, gehört tatsächlich zu den größten Herausforderungen für viele Menschen. Schließlich macht die Umwelt ja auch genügend Druck. Jeder hat Ratschläge, jeder weiß es besser.

Auf wen wollen Sie hören?

Was der Mitmensch rät – zum Beispiel, wenn Sie Ihren sicheren Job kündigen und sich selbstständig machen:

Die Eltern: »Kind, du kannst doch nicht deinen sicheren Job aufgeben!«

Der Partner: »Jaaaaa, denke aber auch daran, das ist nicht so einfach …«

Das Kind: »Cool, Mami!«

Die beste Freundin: »Klasse, das eröffnet dir ganz neue Möglichkeiten. Du musst aber richtig ranklotzen. Freie Wochenenden kannst du ab jetzt vergessen!«

Die zweitbeste Freundin: »Endlich hast du mehr Freizeit! Du musst jetzt aber unbedingt mehr Sport machen!«

Die Nachbarn: »Die macht sich selbstständig? Die ist bestimmt rausgeflogen. Sie sollte sich lieber einen anderen Job suchen.«

Eltern befreundeter Sprösslinge aus Kindergarten und Krippe: »Die ist wohl arbeitslos geworden, die Ärmste. Sie sollte sich lieber um ihre Kinder kümmern.«

Der ehemalige Kollege: »Einfach aussteigen, soso. Tja, das täte ich auch gerne. Aber man muss es sich leisten können. Wenn das mal keine Fehlkalkulation ist.«

Die Großmutter: »Ogottogottogott.«

Der Bankberater: »Jetzt müssen Sie aber noch extra vorsorgen. Ich habe da eine Rürup-Rente für Sie, das brauchen Sie als Selbstständige jetzt ...«

Jetzt übernehmen Sie die Verantwortung

Seine Ziele konsequent zu verfolgen, erfordert manchmal harte Entscheidungen. Sich selbst gegenüber, wenn Sie sich für mehr Arbeit oder auch für einen stressigeren Job entscheiden oder Sparmaßnahmen ergreifen. Und Ihrer Umwelt gegenüber, wenn Sie Ihren Partner auffordern, wieder oder mehr arbeiten zu gehen, oder keine Geschäfte mehr mit Ihrem Freund abschließen, weil Sie im Internet viel preiswertere Alternativen gefunden haben. Sie sind nicht mehr nett in solchen Situationen! Und manch einer wird Ihnen das auch übel nehmen. Sie werden gefordert sein, sich auseinanderzusetzen. Sie müssen Konflikte durchstehen und Ablehnung ertragen.

Wenn Sie alles so lassen, wie es ist, dann müssen Sie jetzt keine Träne vergießen, keinen Streit aushalten, nichts durchfechten. Aber wenn Sie alles so lassen, wie es jetzt ist, weil Sie vor Konflikten oder vor den Herausforderungen zurückschrecken, die notwendig sind, wenn Sie Ihre Ziele erreichen wollen, dann können Sie Ihre Ziele vergessen. Und dann weinen Sie nicht jetzt, sondern später. Nämlich dann, wenn es zu spät ist, etwas zu verändern, und Sie feststellen, dass es doch schön gewesen wäre, wenn Sie ein Haus am Meer besäßen.

Oder wenn Sie bedauern, dass Sie jetzt nicht reisen können, weil Ihr Budget zu knapp ist. Reue ist kein schönes Gefühl. Es gibt verschiedene Studien dazu, was Menschen am Ende ihres Lebens am meisten bedauern. Sie finden immer wieder die Antwort »dass ich nicht den Mut gehabt habe, meine Ziele zu verfolgen« oder »dass ich nicht mehr gewagt habe«. Sich im Alter zu wünschen, dass man etwas anders gemacht hätte, dass man seine Ziele konsequenter verfolgt hätte, das ist schade. Denn das können Sie nicht wieder rückgängig machen.

DURCHBRUCH: **Nehmen Sie Veränderungen an!**

Mauern Sie nicht, blockieren Sie nicht, schieben Sie nicht Hindernisse vor, die gar keine sind. Sondern stellen Sie sich den Herausforderungen, die eine Veränderung mit sich bringt.

Die wichtigste Verhaltensänderung an diesem Punkt der Entscheidung ist, dass Sie sich künftig selbst um Ihr Leben und Ihre Ziele kümmern. Man sollte meinen, dass Erwachsene das sowieso tun. Aber viele Menschen verharren eben doch in einem Netz aus den Erwartungen anderer Menschen. Sie möchten niemanden vor den Kopf stoßen und auf keinen Fall unhöflich sein. Sie schämen sich, ihre eigenen Interessen durchzusetzen. Sie glauben, die Ratschläge nahestehender Menschen befolgen zu müssen.

Sie müssen aber, wenn Sie Ihre Ziele erreichen wollen, selbst der Boss in Ihrem Leben werden.

Sie müssen rational entscheiden, wie viel Sie für eine Dienstleistung bezahlen und in welche Produkte Sie Ihr Geld stecken möchten. Der Weg zur finanziellen Unabhängigkeit führt auch über die richtigen Fragen, die Sie stellen, weil Sie selber ein solides Grundwissen haben.

DURCHBRUCH: **Machen Sie sich in Zukunft selbst schlau!**

Eignen Sie sich so viel Wissen an, dass Sie selbst die Verantwortung für Ihre finanziellen Angelegenheiten übernehmen können. Beenden Sie Ihre Abhängigkeit von Versicherungsvermittlern, Bankberatern oder sonstigen Menschen, die an Ihnen offen oder verdeckt verdienen.

Regeln Sie Ihre Geldangelegenheiten selbst

Eine Mandantin von uns hat unseren Coaching-Kurs »Finanzen im Griff« gebucht. Ein halbes Jahr lang wird sie sich so viel Wissen aneignen, dass sie ihre finanziellen Angelegenheiten selbst regeln kann. Sie möchte endlich unabhängig werden von ihrem Bankberater. Schon seit Jahren ärgert sie sich über die hohen Gebühren. Jetzt ist sie entschlossen, die Dinge selbst in die Hand zu nehmen. Sie hat ein Konto bei einer Direktbank eröffnet und wird künftig ihre Geldgeschäfte ganz alleine tätigen. Sie wird in der Lage sein, alle wichtigen Entscheidungen selbst zu treffen. Wenn sie sich für eine weniger rentable Geldanlage entscheidet, wird sie gute Gründe dafür haben. Sie wird nicht aus Unkenntnis handeln, sondern weil sie selbst die Verantwortung für sich und ihr Leben übernommen hat und weiß, was ihr wichtig ist und was sie will.

Andere Mandanten von uns beginnen nach dem ersten oder zweiten Beratungsgespräch, regelmäßig den Wirtschaftsteil ihrer Zeitung zu lesen, oder sie kaufen sich Wirtschaftsmagazine wie zum Beispiel »€uro« oder »Finanztest«. Das sind Zeitschriften, die sich gut für Menschen ohne Fachwissen eignen, um in die Finanzwelt hineinzuwachsen. Beide erklären viel und gut. Sie erscheinen einmal im Monat, sodass man auch wirklich genug Zeit hat, sie durchzulesen. Gehen Sie doch mal in den Zeitungsladen, schauen Sie sich die Zeitschriften an, die auf dem Markt sind, und kaufen Sie sich mindestens einmal im Monat ein Heft, das Ihnen lesbar und interessant erscheint! Melden Sie sich für unseren kostenfreien Newsletter an und bleiben Sie so am Ball, welche Themen gerade wichtig sind.

Sie müssen, wenn Sie finanziell unabhängig sein wollen, unbedingt in der Lage sein, Ihre Geldanlagen zu verstehen. Einem Mandanten rieten wir mal, in einen Rohstoff-ETF zu investieren. Daraufhin schrieb er uns, dass er diese Anlageform nicht wirklich verstehe und er auch gerade nicht die Zeit habe, sich einzuarbeiten. Deshalb wolle er da auch nicht investieren. Wir hätten ja schließlich selbst das Motto ausgegeben, dass man nur in Produkte investieren solle, die man selbst verstanden habe. Das fanden wir großartig! Den Rohstoff-ETF haben wir zwar mit ehrlicher Überzeugung empfohlen. Wichtiger als die Rendite ist aber immer, dass Sie die Fäden in der Hand behalten. Und wenn das dazu führt, dass Sie auch mal eine Investitionsgelegenheit verstreichen lassen – und sei es nur aus Zeitmangel –, dann ist das viel besser, als einen Haufen Anlagen anzuhäufen, von denen Sie die Chancen und vor allem die Risiken nicht kennen. Vielleicht eröffnen Sie zunächst »nur« ein Festgeldkonto. Darüber mögen manche Menschen den Kopf schütteln. Aber das spielt keine Rolle. Denn es geht um Sie und um Ihre finanzielle Unabhängigkeit.

Ebenso dürfen Sie natürlich auch entscheiden, bei Ihrer Hausbank vor Ort zu bleiben und vom Berater überzeugt zu sein. Wichtig ist, dass Sie sicher sind, die richtige Entscheidung zu treffen, und nicht aus irgendeiner nebulösen Verpflichtung oder Bequemlichkeit heraus der Bank treu bleiben. Wichtig ist, dass Sie wissen, was Sie tun. Und dass Sie Ihren Lebenszielen aus dem Zielfahrplan näher kommen. Wenn Sie im Verhältnis zu Ihrem Bankberater der Boss sind, dann spricht nichts dagegen, weiterhin mit ihm zusammenzuarbeiten.

Der Weg zur finanziellen Unabhängigkeit kann ziemlich steinig sein. Sie müssen sich informieren. Sie müssen selbstständig werden. Sie müssen sich einarbeiten. Sie müssen die Verantwortung übernehmen. Eigentlich ist das nichts Neues für Sie. Aus Ihrem Alltag als Konsument sind Sie das längst gewohnt. Bedenken Sie nur mal, wie gründlich Sie sich informieren, wenn Sie einen Autokauf planen. Da lesen Sie auch in Magazinen über die neuesten Tests, vergleichen im Internet, fragen Freunde.

AUF DEN PUNKT: **Ihre finanzielle Verantwortung: »Ich bin schon drin«**

Erinnern Sie sich noch an das Landwirts-Ehepaar, das wir am Anfang dieses Kapitels erwähnt haben? Das Paar, das in der Nähe von München lebt, seinen Hof bereits seinen Kindern übergeben hat und mit 1000 Euro im Monat auskommt? Diesem Ehepaar haben wir geraten, Online-Banking zu betreiben. Wir vereinbarten einen telefonischen Coachingtermin dafür, bei dem wir dem Mann helfen wollten, sich einzuloggen und die wesentlichen Werkzeuge kennenzulernen. Er hatte noch nie Online-Banking gemacht. Wir planten, ihn in allen einzelnen Schritten zu begleiten. Als wir ihn zum vereinbarten Zeitpunkt anriefen, hatten wir uns deshalb auch noch nicht eingeloggt. Das wollten wir ja zusammen machen! Doch wir hatten nicht einmal Luft geholt, da rief er fröhlich in den Hörer: »Ich bin schon drin!« Und als wir ihm erklären wollten, wo er den Wertpapierkauf fände und dass er nun auf die Schaltfläche »Kaufen« klicken müsse, da sagte er: »Das hab ich alles schon, ich brauche jetzt nur noch die Wertpapierkennnummer.« Im gleichen Tempo machte er weiter. Es war alles viel leichter, als er gedacht hatte. Er brauchte unser Coaching eigentlich gar nicht. Als wir ihm eine Woche später erklären wollten, wie er ein Musterdepot anlegen konnte, hatte er das schon selbst erledigt und schickte uns bloß noch den Link, damit wir »mal drüberschauen« konnten.

Dieses Erlebnis hat uns wieder einmal gezeigt, dass es wirklich nicht so schwer ist zu lernen, wie man seine Finanzen selbst in die Hand nimmt. Und Sie hat es hoffentlich auch überzeugt! Denn genau diese Eigenständigkeit müssen auch Sie lernen, wenn Sie finanziell unabhängig werden wollen. Wir sind allerdings überzeugt davon, dass Sie das schaffen, wenn Sie sich ernsthaft dazu entschließen. Das ist die Voraussetzung für jedes Lernen: der Wille, sich Wissen anzueignen.

Wenn Sie finanziell unabhängig werden wollen, müssen Sie jetzt die Entscheidung treffen, Ihr Verhalten zu verändern. Nehmen Sie die Dinge in die Hand. Beschäftigen Sie sich mit jedem einzelnen Cent, den Sie schon besitzen, den Sie noch besitzen wollen und den Sie auszugeben gedenken.

Wenn Sie nichts verändern wollen, können Sie dieses Buch jetzt zuklappen und anschließend im Internet verkaufen oder verschenken. Sie können sich die weitere Lektüre sparen. Ein Finanzdurchbruch setzt nämlich Ihre Veränderungsbereitschaft voraus. Wenn Sie finanziell unabhängig werden wollen, werden Sie vieles ändern müssen. Wir halten nichts von rosa Wolken und watteweichen Umschreibungen. Damit werden Sie nie finanziell unabhängig. Wenn Sie Ihre Ziele erreichen wollen, müssen Sie realistisch sein, konsequent sein und manchmal sehr harte Entscheidungen treffen.

Die Entscheidung, ob Sie das machen oder nicht, müssen Sie jetzt, hier, an dieser Stelle treffen. Alle weiteren Kapitel werden Sie in Ihrer Selbstständigkeit und Ihren Veränderungen auf dem Weg zur finanziellen Unabhängigkeit unterstützen. Wenn Sie sich entschließen, diesen Weg zu gehen.

Weil das hier die Stelle ist, an der Sie sich entscheiden müssen, markieren Sie jetzt genau diese Stelle, mit einem Eselsohr oder einer Hervorhebung. Sie werden dann jederzeit zu diesem entscheidenden Punkt zurückkehren können. Sie werden sich jederzeit ins Gedächtnis rufen können, warum Sie die Neuerungen in Ihrem Leben vornehmen. Vielleicht werden Sie auch zwischendurch unsicher, wenn Sie Ihre ersten Schritte in die finanzielle Selbstständigkeit wagen. Es wird Ihnen guttun, immer wieder zu den Wurzeln der Entscheidung zurückzukehren.

Und wenn Sie jetzt erst mal das Buch beiseitelegen und über alles nachdenken wollen, wissen Sie auch, wo Sie wieder ansetzen können.

Die Sache mit der Markierung haben wir uns übrigens nicht selbst ausgedacht, sondern in einem Buch gefunden, das wir früher unseren Kindern vorgelesen haben. »Die wilden Kerle« heißt die Reihe, und in dem Band »Juli, die Viererkette« bittet der Erzähler die Leser, ihm zu schwören, dass sie ihm glauben. Falls sie sich dazu nicht gleich entschließen können, schlägt er ihnen vor, einen Knick in die Seite zu machen. Dann können sie jederzeit zurückblättern zu der entscheidenden Stelle und den Schwur leisten.

Einen Schwur möchten wir nicht von Ihnen. Aber einen Entschluss!

ÜBUNG: **Legen Sie eine To-do-Liste an. Jetzt!**

Bevor Sie weiterlesen, nehmen Sie bitte einen Stift und ein Blatt Papier und schreiben Sie oben auf das Blatt: »To-do-Liste«. Tun Sie das bitte jetzt sofort. Es kann nämlich gut sein, dass Ihnen beim Lesen der folgenden Kapitel immer wieder spontane Einfälle kommen, die Sie nicht vergessen sollten. Vielleicht haben Sie eine Idee, was Sie mit Ihren Eltern besprechen möchten. Oder wo Sie noch ein Sparbuch versteckt hatten. Oder welche Geldanlage Sie prüfen möchten. Wenn Sie Ihre Lektüre nicht unterbrechen möchten, kann es sein, dass Sie Ihre Idee wieder vergessen. Das wäre schade. Deshalb möchten wir, dass Sie die To-do-Liste neben sich legen und einfach alles notieren, was Ihnen als »zu Erledigendes« durch den Kopf geht.

5 Der Blick in Ordner und Online-Postfächer – Inventur für Ihr Geld

Als wir neulich in unsere Garage fahren wollten, staunten wir nicht schlecht: Da, wo wir parken wollten, standen zwei Wäschekörbe. Mitten in der Garage. Wir stiegen aus und nahmen die Fracht in Augenschein. Die Körbe enthielten lauter Ordner mit allen möglichen Unterlagen eines Mandanten. Die Menge seiner Unterlagen war beeindruckend. Etwa 15 Ordner hatte unser Mandant angeschleppt! Immerhin hatte er sie schon ein wenig geordnet, hatte immer sofort neue Kontoauszüge oder Informationen in den richtigen Ordner eingeheftet. Doch auch Werbung war immer wieder dazwischengeheftet. Nicht wenige Menschen sammeln alles, was mit Geld zu tun hat, lediglich in irgendwelchen Kartons. Diese Unterlagen zu sortieren macht richtig viel Arbeit.

So gehen Sie mit Ihrer Finanzpost um

Doch auch wenn die Unterlagen schon abgeheftet sind, verzweifeln viele Menschen an der schieren Menge der Informationen. Inzwischen nutzen über 85 Prozent der Bundesbürger Online-Banking. Und auch hier kommt in den Online-Postfächern eine Fülle von Informationen und Werbung an. Was sollen Sie davon in Papierform ablegen? Was können Sie löschen? Das Problem der vielen Post hat sich in den letzten zehn Jahren nur verlagert. Entweder es wird alles ausgedruckt und abgeheftet – dann kommt es zu dem »Wäschekorb«-Szenario. Oder das Online-Postfach wird ignoriert. Auch wenn diese Variante umweltschonender ist – sie ist vielleicht noch gefährlicher. Wenn Sie Online-Banking nutzen, ist der regemäßige Blick in das dortige Postfach Pflicht. Wir sind immer wieder erstaunt, wie oft die Online-Post vergessen wird. Wenn ein Festgeld sich automatisch verlängert, wenn Sie nicht bis drei Tage vor Fälligkeit eine entsprechend andere Weisung geben, dann kann das Nicht-Lesen gravierende Folgen für andere Ziele haben. Vielleicht fehlt das Geld dann für den Autokauf oder die Sondertilgung für das Eigenheim-Darlehen. Kurz: Sie können wichtige Dinge übersehen, die Sie dann teuer zu stehen kommen.

Vielen Schreiben – egal, ob in Papierform oder digital – sehen Sie nicht an, ob sie relevant sind oder reine Werbung. Uns begegnen immer wieder Menschen, die wesentliche Schreiben ihrer Versicherungsgesellschaft oder Fondsgesellschaft übersehen haben und dadurch negative Folgen zu spüren bekommen haben. Aus unserer Beratung kennen wir auch diesen Fall: Wenn Sie zum Beispiel die Einspruchsfrist für Ihre Kontenklärung bei der Deutschen Rentenversicherung übersehen, kann es im Ruhestand Monat für Monat um bares Geld gehen.

So verständlich die Unordnung oder das Ignorieren des Online-Postfachs oder die »Aufschieberitis« auch ist – wer finanziell unabhängig sein möchte, muss seine Unterlagen im Blick und sie geordnet haben. Sie müssen Ihre Unterlagen sortieren, das Wichtigste in Ordnern zusammenfassen und dafür sorgen, dass Sie jederzeit wissen oder wenigstens nachschauen können, was Sie haben. Kein Weg führt am Aufräumen vorbei. Und kein Argument der Welt würde rechtfertigen, auch nur einen Tag länger damit zu warten. Denn wenn Sie nicht wissen, was Sie haben, merken Sie nicht, was Sie verlieren. Bösen Überraschungen sollten Sie keine Chance geben.

Einige Unterlagen sollten Sie in Ordnern ablegen. Girokontobelege des aktuellen Jahres, Jahresdepotauszüge, Verträge, Standmitteilungen der Lebensversicherungen. Dazu stellen wir Ihnen in diesem Kapitel ein System vor. Online-affine Menschen haben keine physischen Ordner, sondern Ordner auf dem Laptop oder PC – das ist natürlich genauso gut.

Wer grundsätzlich lieber mit Papier arbeitet, sollte sich aber speziell bei Sparplänen überlegen, ob er wirklich jeden 100-Euro-Kauf ausdrucken möchte. Wir empfehlen Ihnen, solche Unterlagen nur online auf dem PC oder aber auf einem Stick mit dem Titel »Geld« abzulegen. Das spart eine Menge Platz und schont die Umwelt.

Noch ein kleiner Tipp: Die Online-Archive Ihrer Bank halten die Post einige Jahre für Sie bereit. Sie können also noch einiges nachholen, falls nötig. Wenn Sie aber eine Bank wechseln, dann wird damit auch der Zugang zum Postfach gekappt. Sehen Sie vorher noch einmal alles durch und laden Sie sich relevant aussehende Schreiben auf einen Stick, den Sie Ihrem Ordner beifügen.

Ein Ordnungssystem für Ihre Finanzen

Stellen Sie sich vor, Sie lesen in der Zeitung etwas darüber, dass Lebensversicherungen keine so gute Geldanlage sind. Dann wäre es doch gut, wenn Sie mit einem Griff den richtigen Ordner gezogen und gecheckt haben, ob Sie mehr als eine Lebensversicherung haben, wie viel Geld Sie dafür ausgeben und welche Rendite Sie erwarten können. Wenn Sie einmal so ein System entwickelt haben, werden Sie nie wieder so viel Mühe mit Ihren Finanzen haben wie bisher. Weil Sie alles schneller finden und weil Sie Ihre Informationen besser einordnen können.

Und so schwer ist das auch gar nicht! Wir stellen Ihnen ein System mit sechs Sparten vor. Im Idealfall passt alles in sieben Ordner, manchmal werden Sie vielleicht zwei oder drei Ordner pro Sparte benötigen, manchmal können Sie etwas zusammenfassen. Wenn die Ordner anfangen überzuquellen, gehen Sie sie durch und heften alte Unterlagen in sieben Ordner mit dem gleichen Titel, aber dem Zusatz »alt« ab. Und die eine oder andere Werbung entsorgen Sie dann auch noch gleich. Das ist eine Ordnung, die wir Ihnen aus langer eigener Erfahrung empfehlen. Sie ist schlank und gut verständlich und Sie wissen immer, wo Sie etwas einsortieren beziehungsweise finden können.

Diese sieben Sparten sind

- Liquidität und Wertpapiere
- Immobilien
- Alles zur Rente
- Sonstige Geldanlagen
- Rohstoffe
- Darlehen
- Versicherungen

Sie erfahren jetzt, was sich hinter diesen Sparten-Überschriften verbirgt und was Sie dazu abheften müssen. Anschließend sehen Sie, wie Sie nach dem Ordnen schriftlich festhalten können, welche Werte Sie in welchem Bereich heute haben. Diese aktuellen Werte nennt man auch Verkehrswert. Das ist genau die Summe, die Sie bekämen, wenn Sie »morgen« Ihre Anlage auflösen würden.

Liquidität und Wertpapiere

Unter »Liquidität« fassen Sie alle Gelder zusammen, über die Sie jederzeit unbeschränkt verfügen können. Außerdem sortieren Sie hier Ihre Unterlagen über sämtliche Sparkonten, Festgelder und Termingelder ein. Schließlich gehören auch Ihre Wertpapiere hierher. Im Einzelnen sind das also:

- **Das Girokonto:**
  Heften Sie unbedingt alle Kontoauszüge ab. Nicht nur wegen der Übersicht, sondern auch, weil öfter Zahlungsein- und -ausgänge auf dem Girokonto dem Finanzamt gegenüber als Zahlungsnachweis dienen und auf Papier vorgelegt werden müssen. Das gilt auch, wenn Sie Online-Banking betreiben und die Auszüge online einsehen, aber in der Regel nicht sehr weit zurückverfolgen können. Für die längerfristige Archivierung empfiehlt sich deshalb doch die Papierform. Wenn Sie viele Buchungen haben, legen Sie sich für die Girokontoauszüge des aktuellen Jahres einen Klarsichthefter mit der Jahreszahl an. Wir empfehlen, jede Buchung abzuhaken und den Beleg in einer Klarsichthülle zu hinterlegen. Sie können einen Fehler gemacht haben, die anderen können Fehler gemacht haben. Wir beobachten das für unsere Familie – jedes Jahr gibt es irgendwann eine so große Fehlbuchung, eine Doppelüberweisung unsererseits, eine fehlende Erstattung von anderer Seite oder Ähnliches. Außerdem sehen Sie so vielleicht den Jahresbeitrag für den Verein XY, aus dem Sie schon lange austreten wollten, und nehmen die Buchung dann als Anlass, die Kündigung nun endlich zu erledigen.

- **Tagesgeldkonten:**
  Auf diesen lässt sich gut Geld parken, das Ihre Notfallreserve sicherstellt. Das Geld wird etwas verzinst und ist trotzdem schnell und vollständig verfügbar. Außerdem ist die Kontoführung gebührenfrei. Tagesgeldkonten bei Direktbanken bieten Ihnen in der Regel noch einen geringen Zins, während Sie bei Hausbanken oft schon ein Verwahrentgelt zahlen müssen. Manche Menschen eröffnen mehrere Tagesgeldkonten, um für bestimmte Zwecke Geld anzusparen. Wie auch immer Sie das handhaben, auch von Tagesgeldkonten sollten Sie alle Auszüge abheften.

- **Sparbücher und Banksparprodukte:**
  Sparbücher sind zwar keine empfehlenswerte Geldanlage, aber wenn Sie noch irgendwo eines finden, gehört es in diesen Ordner. Ebenso wie die

Festgeldbestätigung oder der Sparvertrag, den Sie monatlich mit Ratenzahlungen bedienen. Das kann auch der Bausparvertrag sein oder der Sparplan, den Sie abgeschlossen haben, um die vermögenswirksamen Leistungen vom Arbeitgeber zu bekommen. Sollten Sie irgendeines dieser Produkte besitzen, vermerken Sie bitte sofort auf Ihrer To-do-Liste, dass diese Sparformen noch einmal kritisch mit Ihrem neuen Wissen durchleuchtet und auf »Zieltauglichkeit« geprüft werden müssen!

- **Steuerrücklagen, Steuerguthaben**
  Das ist Geld, das Sie entweder ansparen, um größere Steuerforderungen bezahlen zu können, oder das Ihnen das Finanzamt noch zu zahlen hat. Das betrifft vor allem die Freiberufler und Selbstständigen unter Ihnen. Am einfachsten ist es, für eine Steuerschuld ein separates Tagesgeldkonto anzulegen.

- **Privatdarlehen**
  Wenn Sie jemandem Geld geliehen haben, haben Sie eine Forderung gegen diese Person. Vielleicht bekommen Sie es formvollendet in regelmäßigen Raten zurück. Vielleicht haben Sie es auch ohne jede Schriftform einem Freund in die Hand gedrückt. Grundsätzlich ist eine schriftliche Fixierung solcher Darlehen unbedingt zu empfehlen!

- **Wertpapierdepot**
  Es enthält alles, was Sie an der Börse handeln können. Das sind zunächst die Aktien einzelner Unternehmen. Sie erkennen sie am Unternehmensnamen. Dann finden Sie hier Ihre Anteile an Wertpapierfonds, also Fonds, deren Manager mit dem Geld von Ihnen und anderen Anlegern Aktien, Anleihen oder Immobilien kaufen und verkaufen und Ihnen – hoffentlich – damit einen Gewinn in Form von Wertsteigerungen oder Ausschüttungen bescheren. Leider herrscht eine für den Laien zunächst verwirrende Begriffsvermischung in diesem Bereich. Fonds, die in Anleihen, also festverzinsliche Wertpapiere investieren, heißen »Rentenfonds«. Diese haben aber nichts mit Altersrenten zu tun, denn »Rente« ist in der Fachsprache nur ein anderes Wort für ein festverzinsliches Wertpapier. Daneben gibt es börsengehandelte Indexfonds (englisch: ETF für Exchange Traded Fund). Auch diese legen breit in Aktien, Anleihen oder Immobilien an, allerdings werden die einzelnen Werte nicht von einem Fondsmanager ausgesucht, sondern orientieren sich an einem Index wie zum Beispiel dem DAX oder Dow-Jones-Index, die Sie sicher aus

den Nachrichten kennen. Wenn Sie unsicher sind, ob Sie einen Aktien-, Renten- oder Immobilienfonds (oder einen ETF) besitzen, können Sie im Internet auf den Seiten Ihrer Bank die Wertpapiernummer des fraglichen Fonds eingeben und sich anschauen, um was für einen Fonds es sich handelt.

Im Wertpapierdepot liegen außerdem noch Anleihen. Sie erkennen sie meistens daran, dass im Titel die Höhe des Zinskupons steht oder das Land, das die Anleihe ausgegeben hat. Wenn die Anleihe von einem Unternehmen begeben wurde, steht der Unternehmensname dabei.

In vielen Depots finden sich auch Zertifikate. Die einfacheren Zertifikate bilden einen Aktienindex ab, zum Beispiel den DAX oder den EuroStoxx. Andere Zertifikate sind komplizierter und nur dann empfehlenswert, wenn Sie gerade eine klare Meinung besitzen, wie sich der jeweilige Anlagemarkt entwickeln wird. Wann immer Ihnen eine Anlage vorgestellt wird, die mit vielen Bedingungen wie: »Wenn der Index das macht, passiert dieses, und sonst wird die Entwicklung abhängig sein vom Faktor y«, dann lassen Sie lieber die Finger davon. Finden Sie aber solche Zertifikate mit dem Zusatz »Bonus«, »Discount«, »Express« oder Ähnliches in Ihren Unterlagen, vermerken Sie direkt auf Ihrer To-do-Liste, dass Sie hier noch nachforschen müssen, in was genau Sie eigentlich investiert haben.

Für Ihr Wertpapierdepot bekommen Sie mindestens einmal im Jahr eine Übersicht über den Bestand zugesandt. Heften Sie diese ebenfalls ab.

Immobilien

In diesen Ordner kommen alle Unterlagen, die Häuser, Grundstücke oder Wohnungen betreffen, die Ihnen gehören oder an denen Sie beteiligt sind. Das sind:

- **Das selbst genutzte Haus oder die selbst genutzte Eigentumswohnung**
  Ein Haus, in dem Sie wohnen, zählen wir nicht zu den Kapitalanlagen, denn Sie besitzen dieses ja nicht, um es mit Gewinn zu veräußern. Der Entschluss, ein Eigenheim zu erwerben, ist immer etwas sehr Persönliches und fast nie von Renditegesichtspunkten getragen.

Ein Hinweis am Rande: Die Werbung der Banken und Bausparkassen, die Ihnen vorgaukeln, dass Sie mit einem Eigenheim »mietfrei im Alter wohnen«, geht etwas an der Realität vorbei. Die meisten Menschen kaufen ein Haus oder eine Wohnung, wenn sie um die 30 sind. Das Eigenheim geht dann folglich auch in

Rente, wenn diese Menschen in Rente gehen – und dementsprechend ist dann eine Kernsanierung fällig. Kalkulieren Sie bei einem Eigenheim gedanklich diesen Faktor mit ein. Also ordnen Sie Ihre Unterlagen so, dass Sie erkennen können, wie hoch die laufenden Kosten sind, welche Renovierungen und Reparaturen noch auf Sie zukommen können. Nehmen Sie solche Ausgaben ernst. Ein Eigenheim verursacht gehörige Kosten!

Aus unserer Beratungspraxis wissen wir, dass es oft schwierig ist, ein Haus oder eine Wohnung dann zu verkaufen, wenn man es möchte. Der alte Ausspruch der Immobilienfachleute, dass es drei Kriterien gibt, die den Wert einer Immobilie bestimmen, lautet: »Die Lage, die Lage und die Lage.« Auch wird der Wert, den viele Eigentümer ihrem Heim zubilligen, oft zu hoch angesetzt, weil man »doch so viel selbst gemacht« oder »gerade den neuen blauen Teppich verlegt« hat. Blaue Teppiche und unprofessionelle Handwerkerleistungen finden viele potenzielle Käufer aber eher unvorteilhaft.

- **Die Eigentumswohnung oder das Haus, das Sie vermieten**

  Zu den Unterlagen über das Objekt kommen jetzt noch die Informationen zum Mieter. Zahlt er pünktlich und zuverlässig? Lassen Sie aber auch hier nicht außer Acht, dass Sie Kosten haben, und ordnen Sie Ihre Unterlagen dementsprechend. Am besten listen Sie die Kosten alle einmal in einer richtigen Übersicht auf oder nutzen die Aufstellung vom Steuerberater. Verursacht die Immobilie viele Extra-Nebenkosten wie Anwaltsgebühren und hohe Versicherungskosten? Gibt es in der Hauseigentümergemeinschaft Probleme? Wenn Ihnen irgendetwas auffällt, dem Sie noch mal nachgehen möchten, notieren Sie es auf Ihrer To-do-Liste.

  Wichtig ist bei vermieteten Immobilien auch die Zehnjahresfrist. Wenn Sie eine Immobilie zehn Jahre besitzen, ist nach dieser Zeit ein Veräußerungsgewinn steuerfrei. Der Veräußerungsgewinn ist der Unterschied zwischen dem Verkaufserlös und den Anschaffungskosten. Es macht also meist keinen Sinn, im Jahr 8 oder 9 einen Verkauf anzuleiern. Auch sind die Darlehen meistens für zehn Jahre fest, eine frühere Ablösung würde eine Vorfälligkeitsentschädigung auslösen.

- **Anteile an einem Immobilienfonds**

  Hier sind sowohl die offenen als auch die geschlossenen Immobilienfonds gemeint. Ein geschlossener Immobilienfonds enthält nur die Anteile an einer bestimmten oder an wenigen ausgewählten Immobilien, zum Beispiel an einem Bürohochhaus oder einem Verbund von Gewerbehöfen. Wenn genügend Geld zum Kauf der Immobilien eingesammelt wurde, werden keine neuen Anleger mehr hinzugenommen – der Fonds wird geschlossen –, daher der Name. Offiziell heißen sie heute »Alternative Investmentfonds«, man nennt sie auch »Beteiligungen«. Die Anleger sind dann auf lange Zeit in dieser Anlage »gefangen«, ein Zweitmarkt, an dem Sie diese Beteiligungen verkaufen können, existiert zwar, jedoch ist dieser oftmals nicht sehr liquide. Ein offener Immobilienfonds investiert dagegen in viele verschiedene Immobilien und ist in die Rechtsform eines sogenannten offenen Investmentfonds verpackt. Der Anleger kann börsentäglich seinen Anteil über die Börse zurückgeben und unter Einhaltung längerer Kündigungsfristen auch an die Fondsgesellschaft. Das sichert ihm eine weitaus höhere Flexibilität als bei einem geschlossenen Immobilienfonds. Sie sind offenen Immobilienfonds bereits in der Kategorie »Liquidität und Wertpapiere« begegnet, denn offene Immobilienfonds erscheinen als Position in Ihrem Wertpapierdepot. In Ihrer Bilanz, die Sie gleich erstellen, sollten Sie diesen Fonds aber unter der Kategorie »Immobilie« buchen – auch wenn Sie die Anlageninformation im Wertpapierordner abgelegt haben.

Alles zur Rente

In diese Sparte sortieren Sie alles ein, was mit Ihrer Rente zu tun hat. Die meisten Anlagen hier sind Versicherungsprodukte. Wir zählen in diese Kategorie:

- **Die gesetzliche Rentenversicherung oder die entsprechenden Anwartschaften einer Versorgungskammer**
  Wissen Sie, wie hoch Ihre Ansprüche sind? Die Rentenversicherungsträger verschicken regelmäßig entsprechende Informationen. Wenn Sie Fragen haben, machen Sie einen Termin bei einem Rentenberater und prüfen Sie dabei gleich, ob der Versicherungsträger alle Zeiten erfasst hat, in denen Sie Ansprüche erworben haben. Sie können auch online auf der Seite der Deutschen Rentenversicherung eine Kontenklärung beantragen. Dieser Vermögenswert hat übrigens keinen Verkehrswert, denn Sie können die Rente in der Regel nicht auflösen oder zurückkaufen.

- **Ihre betriebliche Altersvorsorge**
  Es gibt fünf verschiedene Durchführungswege für die betriebliche Altersvorsorge – Pensionskasse, Pensionszusage, Direktzusage, Unterstützungskasse

und Direktversicherung. Sie haben als Arbeitnehmer ein Recht darauf, einen dieser Wege nutzen zu können. Ihr Arbeitgeber entscheidet jedoch, welchen Weg er anbietet. Wenn er nichts Spezielles anbietet, können Sie eine Direktversicherung bei jeder beliebigen Gesellschaft abschließen. Der Arbeitgeber muss bei neuen Abschlüssen 15 Prozent dazugeben – schließlich spart auch er Sozialabgaben. Für bereits laufende Verträge muss er ab 2022 15 Prozent dazuzahlen. Informieren Sie sich bei Ihrem Arbeitgeber, was möglich ist. Fragen Sie, ob es eine Informationsbroschüre gibt. Ob eine betriebliche Altersvorsorge für Sie Sinn macht, müssen Sie jedoch genau abwägen. Die Abschlusskosten und oft hohen laufenden Verwaltungskosten fressen oft den Zuschuss vom Arbeitgeber wieder auf. Außerdem müssen Sie im Ruhestand Krankenversicherungsbeitrag auf die betriebliche Altersvorsorge zahlen, sofern Sie nicht privat versichert sind. Positiv ist aber, dass seit 2020 die ersten gut 160 Euro Rente davon verschont bleiben.

Einmal im Jahr sollten Sie eine Mitteilung vom Versorgungsträger über den Stand Ihrer Vorsorge erhalten. Wenn Ihr Arbeitgeber für Sie die betriebliche Altersvorsorge bezahlt, ist es sehr wichtig für Sie, dass Sie wissen, ab wann Ihre Ansprüche unverfallbar sind! Das heißt, ab wann Sie Ansprüche auf eine Rentenzahlung auch dann behalten, wenn Sie das Arbeitsverhältnis beenden. Das ist wichtig, wenn Sie den Job wechseln möchten. Eventuell lohnt es sich, mit der Kündigung eines Arbeitsverhältnisses noch etwas zu warten!

Wenn Sie eine Zusage in Form einer Rente von Ihrem Arbeitgeber haben, dann gibt es auch hierfür wie für die gesetzliche Rente keinen Rückkaufswert. Der Verkehrswert ist also null. Trotzdem ist diese Zusage für Sie wertvoll – Sie erfassen diese nur einfach bei Ihren Rentenanwartschaften.

- **Ihre Riester- oder Ihre Rürup-Rente**

Das sind die beiden Vorsorgeformen, die der Staat mit Zulagen oder Steuerbegünstigungen fördert. Auch hier gibt es regelmäßige Informationen über den Kontostand, die Sie am besten der Reihe nach abheften. Bei der Riesterrente müssen Sie zudem immer wieder kontrollieren, ob Ihr jährlicher Beitrag noch den für die Zulagen erforderlichen Prozenten Ihres Jahreseinkommens entspricht. Für den Rückkaufswert gilt hier das Gleiche wie für die meisten Formen der Altersvorsorge – er hat keine Aussagekraft, weil die Verträge im Prinzip nicht rückkaufbar sind. Die Rentenansprüche notieren Sie sich für Ihre Rentenberechnung!

- **Ihre private Renten- und Lebensversicherung**
  Auch bei Renten- und Lebensversicherungen erhalten Sie einmal jährlich eine aktuelle Information über die Versicherungssumme oder die Rentenleistung, die am Ende ausgezahlt wird. Während die garantierte Versicherungssumme konstant bleibt – es sei denn, Sie haben eine Dynamik vereinbart –, steigen die Überschüsse, die erwirtschaftet wurden und Ihnen dann nicht mehr gestrichen werden können, von Jahr zu Jahr. Außerdem haben die private Renten- und Kapitallebensversicherungen einen Rückkaufswert. Das ist der Betrag, den Sie ausbezahlt bekämen, wenn Sie die Versicherung jetzt kündigen würden – also der Verkehrswert. Inzwischen weisen die meisten Versicherungen den Rückkaufswert auf dem jährlichen Anschreiben aus.

Sonstige Geldanlagen

- **Wertvolle Sachgegenstände**
  Vielleicht haben Sie in der Garage einen Oldtimer mit beträchtlichem Wiederverkaufswert stehen? Oder hängt an Ihrer Wand ein wertvolles Gemälde? Solche Werte sollten Sie auch in diesem Ordner vermerken und jährlich überprüfen, welchen Verkaufswert Sie ihnen beimessen können. Auch für die Versicherung – hier benötigen Sie unter Umständen eine spezielle Versicherung für Wertgegenstände – ist eine solche Dokumentation sehr nützlich, am besten mit Kopie im Schließfach mit Fotos und Kaufbelegen. Brennt Ihr Haus ab, bekommen Sie sonst vielleicht große Probleme nachzuweisen, dass Sie ein teures Gemälde besaßen. Ihr »normales« Auto zählen wir nicht zu Ihrem Vermögen – es ist ein Gebrauchsgegenstand und keine Wertanlage.

- **Unternehmensbeteiligungen**
  Vielleicht sind Sie stiller Teilhaber an einem kleinen Betrieb oder betreiben eine Gesellschaft bürgerlichen Rechts? Allerdings ist es schwierig, den Marktwert herauszufinden. Sie müssen sich fragen, was Ihnen wohl jemand zahlen würde, der Ihren Anteil übernähme. Auch Ihr Steuerberater kann Ihnen vielleicht eine Einschätzung geben.

- **Geschlossene Fonds**
  Vielleicht haben Sie in der Vergangenheit zum Beispiel Container gekauft. Diese werden über eine bestimmte Laufzeit an jemanden vermietet. Oder Sie investierten in Windräder, Schiffe oder Flugzeuge. Solche Fonds können

Sie nicht einfach über die Börse verkaufen. Der Zweitmarkthandel ist immer noch sehr eingeschränkt, genau wie bei den schon erwähnten geschlossenen Immobilienfonds. Beispielsweise unter der Internetadresse www.zweitmarkt.de können Sie nachsehen, ob Ihre Beteiligung dort gehandelt wurde. So können Sie ein Indiz für den Verkehrswert bekommen.

Für die Zukunft raten wir Ihnen, von geschlossenen Fonds abzusehen – oftmals kommt nicht das heraus, was den Anlegern versprochen wurde.

Rohstoffe

In diese Sparte gehören:

- **Physische Rohstoffe: Münzen und Barren**
  Wenn Sie Münzen oder Barren in Gold, Silber oder Platin besitzen, legen Sie die Kaufunterlagen oder die Liste mit den Beständen ab. Sie können im Internet (beispielsweise unter www.proaurum.de oder www.degussa-goldhandel.de) herausfinden, zu welchem Kurs Ihre Münzen und Barren aktuell gehandelt werden, und sollten diese Kursinformationen in regelmäßigen Abständen aktualisieren.

- **Rohstoffzertifikate und -fonds/ETFs**
  Sie können zum Beispiel ein Zertifikat über eine bestimmte Menge Öl, Getreide oder Metall kaufen. Es gibt auch Zertifikate und Fonds, die einen Rohstoffindex abbilden. Bei den meisten Menschen füllen die Rohstoff-Anlagen keinen Ordner – lassen Sie sich an dieser Stelle also nicht verwirren. Wenn Sie – noch – keine Rohstoffe haben oder nur einen ETF auf einen Rohstoffindex, dann heften Sie das bei Ihren Wertpapieren ab oder nehmen in diesem Ordner einen Extra-Reiter für die Rohstoffanlage dazu. Wenn es Sie aber beim Lesen schon interessiert hat, vermerken Sie das gleich auf der To-do-Liste.

Darlehen

Hier sortieren Sie alle Kredite ein, die Sie aufgenommen haben. Die meisten Menschen finanzieren ihr Wohneigentum mit einem Darlehen. Aber natürlich kann man auch für einen Kunstgegenstand ein Darlehen aufnehmen. Unterteilen Sie diesen Ordner in:

- **Darlehen für die Vermögensverwendung**
  Das sind die Kredite, die Ihnen helfen, auf der anderen Seite wieder Vermögen aufzubauen.

- **Konsumschulden**
  Dazu gehören Raten fürs Auto oder die neue Küche, ebenso wie ein Konsumentenkredit aus einer Phase der chronischen Geldknappheit oder das Minus auf dem Girokonto. Sie wissen schon: Konsumschulden sind ein absolutes No-Go. Und dennoch nehmen manche Menschen solche Kredite auf. Und müssen, bis der Kredit abgezahlt ist, natürlich damit leben. Also gehören diese Kredite zwar nicht in die Strategie, wohl aber in die Inventur.

Versicherungen

Wenn wir schon dabei sind, die Finanzen zu ordnen, gehören auch all die anderen Versicherungen geordnet. Über Versicherungen für die Altersvorsorge haben wir schon gesprochen – aber was ist mit der Haftpflicht- und Hausrat-, der Kfz- und Berufsunfähigkeitsversicherung? Nehmen Sie für jede Versicherung einen Reiter und ordnen Sie alles dazu ein – das neueste Schreiben immer ganz oben. Später wollen Sie hier ja noch Sparpotenzial entdecken, und so haben Sie gleich alles vorbereitet.

Tauchen Sie tiefer in Ihre Anlagen ein

So, das war ein ziemlich wilder Ritt durch die Welt Ihrer Finanzen. Gut möglich, dass Ihnen jetzt der Kopf schwirrt. Gut möglich, dass Sie jetzt wieder diesen Reflex verspüren, die Ordner zuzuklappen und alles in die Ecke zu werfen. Da ist dieses Gefühl, dass Sie sowieso nie verstehen werden, was sich hinter all den unbekannten Fremdwörtern verbirgt, und dass es alles viel zu viel ist. Genau an diesem Gefühl scheitern viele Menschen immer wieder, wenn sie versuchen, Ordnung in ihr Finanzchaos zu bringen. Lassen Sie sich trösten: Sie sind nicht allein mit diesem Gefühl der Überforderung. Aber lassen Sie sich nicht entmutigen: Mindestens ebenso viele Menschen schaffen es, ihre Finanzen in den Griff zu bekommen. Also können auch Sie es schaffen. Sie brauchen keine übermenschlichen Fähigkeiten, sondern lediglich etwas Energie und Ausdauer. Und Sie müssen systematisch vorgehen. Das ist gar nicht so schwer.

Ganz wichtig ist zunächst, dass Sie sich Zeit nehmen. Sie müssen Ihre Unterlagen nicht an einem Tag sortieren. Und auch nicht alle auf einmal. Gehen Sie lieber alles in Ruhe nacheinander durch. Befassen Sie sich einzeln mit Ihren Ordnern. Beginnen Sie zum Beispiel mit dem ersten Ordner, den Sie mit »Liquidität und Geldanlage« beschriftet haben. Darin müssen Sie die Unterlagen für Ihr Girokonto abheften. Das fällt den meisten Menschen leicht, weil sie sowieso schon ihre Girokontoauszüge sammeln und abheften. Außerdem lassen sich Girokontoauszüge leicht verstehen.

Schwieriger kann es werden, die Auszüge Ihres Wertpapierdepots zu verstehen. Ein paar Hinweise über verschiedenen Anlageformen, die oft darin enthalten sind, haben Sie schon erhalten. Reicht Ihnen das nicht aus? Blicken Sie durch Zahlen und Begriffe trotzdem nicht durch? Können Sie einfach nicht nachvollziehen, was sich hinter einzelnen Bezeichnungen verbirgt oder was das für ein Fonds ist, den Sie da haben? Sie können auf jeder beliebigen Direktbank-Homepage die Kennnummer einer Depotposition (entweder die 6-stellige Wertpapierkennnummer oder die ISIN [sie beginnt mit zwei Buchstaben, dem Länderkürzel]), die neben dem Namen abgedruckt wird, eingeben und erhalten eine Übersicht (Factsheet) zu diesem Wertpapier. Sie können dann nachlesen, ob es sich um eine Aktie, eine Anleihe, einen Fonds oder ETF handelt, und finden dort viele weitere Informationen.

Das Ziel ist, dass Sie Ihr Vermögen verstehen und ausrechnen können, welchen Charakter Ihre Anlagen haben und wie viel sie wert sind. Diese Fragen können Sie sich zu jedem Wertpapier stellen:

- Wie viele Anteile oder Stücke besitzen Sie und zu welchem Kurs werden sie zurzeit auf dem Markt gehandelt?
- Was für ein Unternehmen ist das, von dem Sie Aktien haben? Finden Sie heraus, in welcher Branche und auf welchen Märkten es agiert, und wie sich der Kurs seiner Aktien in den letzten Jahren entwickelt hat.
- Was haben Sie für Fonds? Wie sind si e zusammengesetzt? Wie haben sie sich in den vergangenen Jahren entwickelt?
- Welchen Index bilden Ihre ETFs oder Zertifikate ab? Was sind sie aktuell wert, und wie haben sie sich in den vergangenen Jahren entwickelt?
- Was für Anleihen haben Sie? Wann sind sie fällig, und welche Summe haben Sie dann zu erwarten?
- Sie können Ihr Depot nach der genauen Überprüfung nach den Anlageklassen aufteilen. Zählen Sie alle Rentenfonds und Renten-ETFs zusammen, alles, was mit Aktien zu tun hat, und vermerken Sie sich, ob offene

Immobilienfonds oder Edelmetall-Zertifikate dabei sind. Ihr Depotauszug zeigt Ihnen den Marktwert – im Jahresverlauf können Sie sich diesen online bei Ihrer Bank tagesaktuell anzeigen lassen. Außerdem können Sie einen ersten Eindruck davon gewinnen, was für ein Depot Sie haben. Enthält es überwiegend Aktien oder Aktienfonds, dann ist es wachstumsorientiert. Wenn Sie eher Rentenfonds und Anleihen haben, sind Ihre Anlagen eher sicherheitsorientiert. Möglicherweise haben Sie jetzt immer noch einzelne Posten in Ihrem Depot, die Sie nicht verstehen. Selbst wenn Ihnen jemand erklärt, was sich dahinter verbirgt, fühlen Sie sich vielleicht überfordert, den entsprechenden Markt oder Index dauerhaft im Auge zu behalten. Das ist völlig okay! Unser Rat lautet: Trennen Sie sich von diesem entsprechenden Produkt. Wenn es irgendwie geht, achten Sie dabei aber auf die Marktsituation.

DURCHBRUCH: Behalten Sie nur die Anlagen, die Sie verstehen!

Nehmen Sie sich die Freiheit und trennen Sie sich von allen Anlagen, die Sie nicht mit angemessenem Aufwand beurteilen können. Halten Sie nur die Produkte, deren Marktentwicklung Sie wirklich verfolgen können.

Wenn Sie keine Lust haben, sich so ausführlich mit Finanzprodukten zu befassen, dann sollten Sie sich Ihren persönlichen Spielraum bewahren. Konzentrieren Sie sich auf Produkte, die Sie verstehen, und sorgen Sie dafür, dass Sie die einfacheren Anlageformen sinnvoll nutzen. Halten Sie sich die schwierigen Produkte vom Leibe. Sonst sind Sie am Ende überfordert und verlieren die Nerven, und Ihr Plan, finanziell unabhängig zu werden, gerät in Gefahr. Vergessen Sie nie: Es geht immer um Ihren persönlichen Weg zur finanziellen Unabhängigkeit. Sie müssen entscheiden, wie viel Wissen Sie sich aneignen wollen.

Manchmal kommen Menschen in unsere Beratung, weil sie eine größere Summe anlegen wollen. Ganz verlegen »beichten« sie uns dann, dass sie das Geld bis jetzt auf dem Tagesgeldkonto geparkt haben. Diese Mandanten sind ziemlich überrascht, wenn wir sie dafür loben. Aber wir finden das wirklich gut! Denn Geld auf dem Tagesgeldkonto zu parken, wenn man nicht weiß, was man damit tun soll, ist das Beste, was man tun kann. Es bringt – derzeit nur wenig – Zinsen, die etwas die Inflation ausgleichen, und ist jederzeit verfügbar. In aller Ruhe kann man sich über Alternativen informieren. Das ist allemal besser, als gehetzt irgendeine Anlageform auszusuchen, die man nicht richtig versteht, und später festzustellen, dass man eigentlich noch viel bessere Möglichkeiten gehabt hätte.

Ordnen Sie also nicht nur die Unterlagen an die richtige Stelle im betreffenden Ordner, sondern gehen Sie jedem Produkt, das Sie haben, auf den Grund. Sortieren Sie aus, was Sie nicht haben wollen. Wir haben Ihnen ja schon an einigen Stellen, an denen es unserer Erfahrung nach noch mehr »Forschergeist« bedarf, den Hinweis auf die Notiz in der To-do-Liste gegeben. Entrümpeln Sie Ihren Bestand! Wenn Sie in Ihrem Depot ein Zertifikat finden, das Sie nicht verstehen, besprechen Sie mit Ihren Bankberater, wann Sie es verkaufen. Oder erledigen Sie das online gleich selbst. Wenn Sie mehrere Girokonten haben und diese nicht benötigen, kündigen Sie. Überweisen Sie das Geld gleich auf ein Tages- oder Festgeldkonto. Falls Sie noch keins haben, eröffnen Sie eins. Es trennen Sie nur wenige Mausklicks von einem Direktbank-Konto.

Ihre Vermögensbilanz: Wie viel Geld haben Sie?

Wenn Sie alles sortiert, geordnet und abgeheftet haben, dann geht es los: Jetzt können Sie Ihr Geld zählen und Ihre Vermögensbilanz erstellen.

Gehen Sie Ordner für Ordner durch und rechnen Sie zusammen, wie viel Geld Sie haben. Wo es nicht direkt auf dem Konto- oder Depotauszug steht, fragen Sie sich: Was würde mir der Markt zahlen, wenn ich meine Anteile morgen verkaufen könnte?

- Was bekämen Sie auf dem Markt für Ihren geschlossenen Immobilienfonds oder für Ihre Eigentumswohnung?
- Was würde man Ihnen für Ihren Oldtimer zahlen?
- Was bekämen Sie für Ihre Beteiligungen?

Ein Beispiel für eine Bilanz sehen Sie in der nachfolgenden Abbildung. Sie können Ihre Anlagen nach diesem Schema ebenfalls erfassen.

Bilanz zum 31.12.

Aktiva in Euro		in %
1. Liquidität und Wertpapiere	**52.300**	**10,11%**
Liquidität	9.800	
Girokonto	4.000	
Tagesgeldkonto	5.800	
Festverzinsliche Anlagen	19.500	
Bausparvertrag	6.000	
Rentenfonds	1.500	
Festgeld	12.000	
Aktieninvestments	23.000	
Aktienfonds und ETFs	20.000	
Einzelaktien	3.000	
2. Immobilien	**420.000**	**81,19%**
Eigenheim	300.000	
vermietete Immobilien	110.000	
geschlossener Immobilienfonds	10.000	
3. Alles für die Rente	**35.000**	**6,77%**
Kapitallebensversicherung	15.000	
Rentenversicherung	20.000	
4. Sonstige Geldanlagen	**0**	**0,00%**
5. Rohstoffe	**10.000**	**1,93%**
Goldmünzen	10.000	
Summe der Aktiva	517.300	100,0%

Sie listen in Ihrer Bilanz ebenfalls alle Bestandteile Ihres Vermögens auf. Sie müssen dann nur noch die ermittelten Summen eintragen. Sie haben dabei Platz für die absoluten Zahlen, und Sie können, wenn Sie alles ausgefüllt haben, noch ausrechnen, wie viel Prozent Ihres Vermögens der jeweilige Posten beträgt.

in Euro	in %	Passiva
6. Fremdkapital (Verbindlichkeiten)	**300.000**	**58,0%**
Darlehen Eigenheim	225.000	
Darlehen vermietete Immobilie Eigentumswohnung	75.000	
7. Eigenkapital (Nettovermögen)	**217.300**	**42,0%**
Summe der Passiva	517.300	100,0%

Auf der linken Seite stehen die Aktiva – die Vermögensverwendung. Damit ist das Geld gemeint, das Sie besitzen. Und sie stellen dar, was Sie mit dem Geld heute tun – wie Sie es verwenden. Die rechte Seite zeigt, wo das Geld herkommt – die Vermögensherkunft. Passiva ist das Fachwort dafür. Entweder Sie haben sich das Geld geliehen, also Kredite aufgenommen, oder es ist Ihr Eigenkapital, und das berechnen Sie so:

So berechnen Sie Ihr Eigenkapital (Nettovermögen):

Sie addieren alle Summen, die Sie auf der Aktiva-Seite ermittelt haben. Davon ziehen Sie nun die Summe ab, die Sie auf der Passiva-Seite unter Fremdkapital ermittelt haben. Das Ergebnis ist Ihr Eigenkapital!

Diese Darstellung entspricht der professionellen betriebswirtschaftlichen Bilanzierung, ist aber für viele Menschen ungewohnt. Wichtig ist, dass auf beiden Seiten unter dem Strich die gleiche Summe steht! Wenn Sie Ihren Vermögensstand bisher immer so gerechnet haben, dass Sie die Schulden von den Vermögenswerten abgezogen haben, müssen Sie jedoch nicht komplett umdenken, sondern nur Ihre Sortierung ein kleines bisschen verschieben.

Die Ordnung auf diesem Bilanzformular entspricht der Ordnung, die wir Ihnen für Ihre Ordner empfohlen haben. Sie haben also wieder die gleichen Sparten, nur die Sachversicherungen und die Rentenbausteine, die Sie nicht verflüssigen können, tauchen hier nicht auf. Sie können für jeden Posten den entsprechenden Ordner aufschlagen und die einzelnen Posten durchgehen. Blättern Sie ruhig noch mal zurück und gehen Sie die Vermögensklassen ein zweites Mal durch.

Erinnern Sie sich beispielsweise an unsere Worte zum Eigenheim? Wenn Sie nur Ihr Anlagevermögen betrachten möchten, füllen Sie das Formular einmal mit Eigenheim und einmal ohne aus. Wenn Sie das Eigenheim herauslassen, dürfen Sie auch die Schulden für das Eigenheim weglassen. Das heißt aber nicht, dass Sie das Eigenheim gedanklich in die Ecke schieben – einen so wichtigen Vermögensposten müssen Sie besonders gut beachten. Auslaufende Zinsbindungen sind immer ein guter Termin, um zu überdenken, wie es mit dem Eigenheim und der Finanzierung weitergehen soll. Die Finanzplaner haben für das Eigenheim einen Grundsatz, der lautet: So viel Eigenkapital wie möglich, so viel Fremdkapital wie nötig. Vielleicht können Sie ja ein Festgeld zur jährlichen Sondertilgung verwenden?

Und Sie klopfen sich jetzt bitte mal ganz fest auf die Schulter. Sie haben ein großes Stück Arbeit erfolgreich bewältigt! Sie haben jetzt alle Ihre Unterlagen aufgeräumt – Sie haben es geschafft.

Die Stunde der Wahrheit – werten Sie Ihre Bilanz aus

Auf diese Ordnung können Sie für den Rest Ihres Lebens bauen. Alles, was Sie künftig mit Ihrem Geld tun, können Sie in die Ordner einheften, die Sie jetzt angelegt haben. Und Sie wissen auch, wie Sie es in Ihre Bilanz einbeziehen. Damit haben Sie den Anfang gemacht, sich das für Sie notwendige finanztechnische Wissen anzueignen.

Der nächste Schritt auf Ihrem Weg zur finanziellen Unabhängigkeit ist, nun aus Ihrer Bilanz die richtigen Schlüsse zu ziehen. Dazu rechnen Sie jetzt noch die prozentualen Werte aus, die Sie in jeder Sparte neben den absoluten Summen eintragen können.

Mit Tortendiagrammen zu mehr Übersicht

Rechnen Sie also für jede der fünf Sparten auf der Seite der Aktiva aus, welchen prozentualen Anteil sie an der Gesamtsumme hat. Ist beispielsweise Ihr Eigenheim 200.000 Euro wert und belaufen sich Ihre Aktiva auf 400.000 Euro, dann hat Ihre Immobilie einen Anteil von 50 Prozent (200.000 Euro/400.000 Euro) Ihres Aktivvermögens. Das Gleiche machen Sie auf der Seite der Passiva.

Nun zeichnen Sie drei Tortendiagramme. Mit einem Tabellenkalkulationsprogramm wie Excel können Sie dies natürlich auch einfach am PC erledigen.

Zeichnen Sie für die Aktiva zwei Tortendiagramme. Das erste bildet ab, wie Sie Ihr Vermögen verwenden, wenn Sie Ihr Eigenheim in die Rechnung mit einbeziehen. Zeichnen Sie also den Prozentwerten entsprechend in den Kreis ein, wie groß der Anteil Ihrer Immobilien ist, wie groß der Anteil Ihres Wertpapierdepots ist, welche Anteile die übrigen Sparten einnehmen. Im zweiten Tortendiagramm machen Sie das Gleiche noch mal, lassen aber Ihr Eigenheim weg – da wollen Sie ja wohnen und es nicht verfrühstücken. Wenn Sie kein Eigenheim haben, erübrigt sich selbstredend das erste Diagramm, dann zeichnen Sie nur das zweite.

Nun haben Sie schon einen Eindruck davon, wie Sie Ihre Geldanlagen aufgeteilt haben. Wo steckt das meiste Geld? Und entspricht das eigentlich Ihren Wünschen und Ihrer Einstellung zum Risiko? Wenn Ihr Aktienanteil recht hoch ist, dann können Sie sich fragen, ob Ihnen das eventuell zu riskant ist. Oder umgekehrt, ob Sie lieber etwas mehr Geld in riskantere, aber auch renditeträchtigere Anlagen investieren wollen, falls der Anteil festverzinslicher Spareinlagen und Immobilien sehr hoch ist.

Zeichnen Sie jetzt das dritte Kuchendiagramm: Hier bilden Sie das Verhältnis zwischen Eigenkapital und Fremdkapital ab. Das Eigenheim ist in dieser Berechnung mit einbezogen. Jetzt schlägt die Stunde der Wahrheit: Dieses Diagramm zeigt am deutlichsten, wo Sie stehen und was Sie sich noch leisten können!

In der nachfolgenden Abbildung sehen Sie die drei Tortendiagramme für unsere Beispiel-Bilanz. In dem Tortendiagramm ohne Eigenheim haben wir den Bereich »Liquidität und Wertpapiere« zusätzlich in die einzelnen Anlageklassen dort unterteilt.

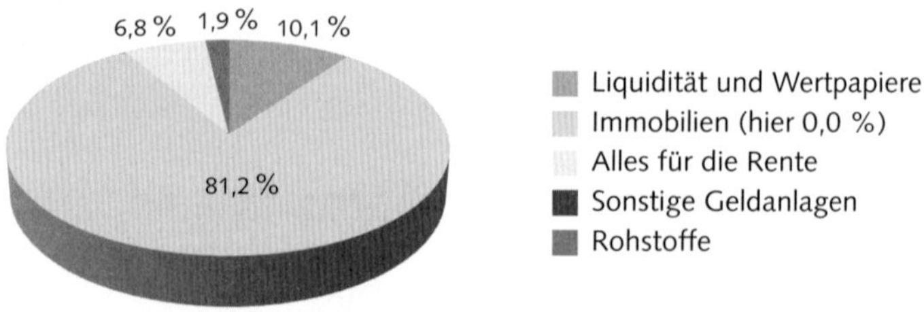

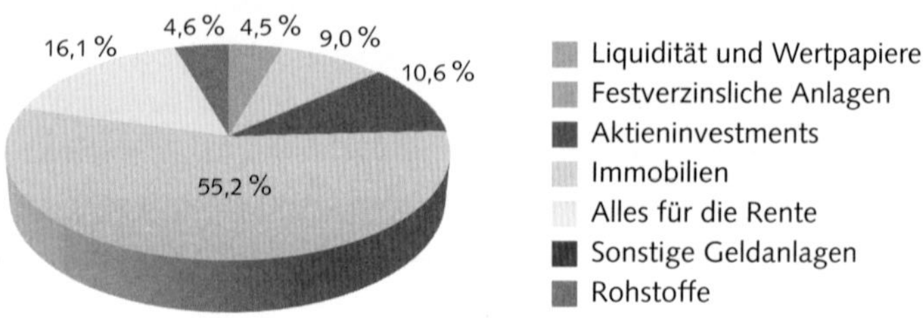

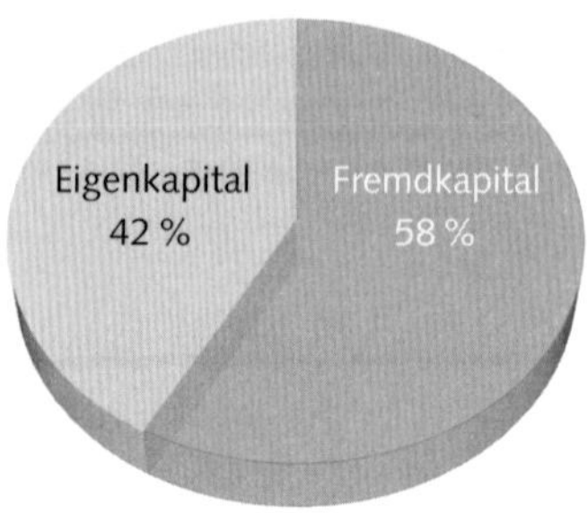

Einige von Ihnen werden sehen, dass sie relativ viel Eigenkapital haben. Das ist natürlich erfreulich. Die Aufgabe, die dann auf Sie zukommt, ist, Ihre Geldanlagen immer wieder zu prüfen und gegebenenfalls zu optimieren. Ihr Zielfahrplan gibt Ihnen wertvolle Hinweise, ob Ihre Anlagen zweckmäßig sind. Sind die Ziele in weiter Ferne, können Sie risikoreicher anlegen, als wenn Sie bereits in wenigen Jahren Kapital benötigen. Die Faustregel, die Sie im Hinterkopf haben können, lautet: Je näher Ihr Ziel, umso mehr sichere Anlagen benötigen Sie, je mehr Zeit Sie haben, umso renditeträchtigere und damit auch schwankungsreichere Anlagen dürfen Sie haben.

Einige von Ihnen werden allerdings spätestens mit dem dritten Kuchendiagramm der Tatsache ins Auge blicken müssen, dass es einen großen Anteil Fremdkapital aufweist. Sie haben viele Schulden! Möglicherweise erschrecken Sie jetzt. Vermutlich wissen Sie längst, dass Sie in den roten Zahlen sind. Aber vielleicht haben Sie jetzt zum ersten Mal ausgerechnet, wie verschuldet Sie tatsächlich sind und wie Ihr Verhältnis zwischen Eigenkapital und Fremdkapital aussieht. Und irgendwie hatten Sie die Lage aus dem Bauch heraus besser eingeschätzt, als es jetzt die Zahlen zeigen.

Was nun? Unser Rat lautet: Geben Sie nicht auf, lassen Sie die Schultern nicht hängen, sondern packen Sie es an. Wenn Sie zu viel Fremdkapital in Ihrer Bilanz haben, dann sorgen Sie eben jetzt dafür, dass sich daran etwas ändert. Sie können jetzt zwar noch nicht über Geldanlagen nachdenken, und vielleicht frustriert Sie das. Aber Sie haben es ja selbst in der Hand, daran etwas zu verändern. Sie können versuchen, Ihr Einkommen zu optimieren, und nach Einsparmöglichkeiten suchen. So lassen sich die Schulden vielleicht schneller abbauen. Sie können auch einmal analysieren, ob Ihre Kredite optimal gestaltet sind. Zahlen Sie überall den niedrigstmöglichen Zinssatz oder lässt sich da noch was machen? Ließe sich vielleicht das eine oder andere Darlehen zu Ihren Gunsten umschichten?

Nehmen Sie sich jetzt erst einmal Zeit, Ihre Bilanz zu bewerten. Denken Sie darüber nach, wo Sie stehen und was Sie ändern wollen, bevor Sie in den nächsten Kapiteln lesen, welche Möglichkeiten Sie haben, Ihre Finanzen zu optimieren.

Passen Ihre Anlagen und Ziele zusammen?

Ihre Bilanz soll Ihnen nicht nur Zahlen und Abbildungen liefern. Sie soll auch zum Ausgangspunkt für Ihre finanzielle Unabhängigkeit werden. Deshalb müssen Sie die Zahlen in Bezug setzen zu Ihren persönlichen Voraussetzungen und zu Ihren Zielen und Werten.

Beantworten Sie in der folgenden Übung bei Ihrer Bewertung die folgenden drei Leitfragen. Sie werden Ihnen helfen, die richtigen Schlussfolgerungen zu ziehen.

ÜBUNG: Bewerten Sie Ihre Bilanz

Frage 1: Wie passt meine Vermögensverteilung zu meinem Zielfahrplan?
Angenommen, ein wichtiges Ziel für Sie ist, im Alter Ihren Kindern nicht auf der Tasche zu liegen. Dann passt es richtig gut, wenn zu Ihren Aktiva Anlagen gehören, die Ihnen laufende Erträge sichern, wie zum Beispiel vermietete Immobilien und private Rentenversicherungen. Andersherum wäre es schlecht, wenn Sie nur wenige Hundert Euro an Liquidität hätten, aber Ihr Ziel wäre, finanzielle Durststrecken überbrücken zu können.

Frage 2: Wie passt meine Verteilung zu meinem Umgang mit Geld?
Wenn Sie viele Einzelaktien haben, aber wenig Spaß am Börsenteil der Zeitung, dann sind die Einzelaktien nicht das Richtige für Sie. Ein ETF wäre dann besser, denn hier müssen Sie sich nicht so oft kümmern.

Frage 3: Wie passt meine Vermögensaufteilung zu meinen Werten?
Schauen Sie, wo Ihr Geld hingeht. Wenn Sie Pazifist sind, aber aus dem väterlichen Erbe noch Aktien an Rüstungsbetrieben halten, dann werden Sie sich kaum wohlfühlen mit Ihrem Depot. Zeit, dies zu ändern!

Inzwischen denken Sie vielleicht längst nicht mehr nur über Ihr Geld nach. Das ist gut so! Das Geld ist eben, wie schon festgestellt, kein Selbstzweck. Sondern es steht immer im Zusammenhang mit dem Leben selbst. Viele unserer Mandanten ordnen gleichzeitig mit ihren Finanzen auch andere Bereiche ihres

Lebens. Sie bringen ihr Haus in Ordnung, machen ein Testament, sie klären offene Fragen mit ihren Eltern, sie trennen sich von Ballast. Manchmal ist eine Lebenskrise wie die Trennung vom Partner der Auslöser dafür, auch die Finanzen in Ordnung zu bringen. Schließen Sie jetzt nicht daraus, dass Ihnen das alles viel zu weit geht. Sehen Sie es lieber positiv. Es ist eine Herausforderung, aber Sie werden neue Möglichkeiten für sich und Ihr Leben entdecken. Eine unserer Mandantinnen sagte einmal zu uns: »Ich dachte, mit Ihnen spare ich Zeit. Aber in Wirklichkeit widme ich mich jetzt viel intensiver dem Thema Finanzen als je zuvor, bei mir hat ein richtiger Bewusstseinswandel eingesetzt.« Denken Sie immer daran, dass Sie jetzt Ihren Zielen so nahekommen wie vielleicht nie zuvor in Ihrem Leben.

AUF DEN PUNKT: Ihre Finanzübersicht

Ja, jetzt ist sie fertig – Ihre persönliche Bestandsaufnahme. Auch wenn Sie vielleicht noch nicht alle Geldanlagen en detail verstehen, so haben Sie die perfekte Basis für die Erreichung Ihrer Ziele gelegt. Sie wissen genau, wo Sie stehen. Sie haben sogar schon geschaut, wie es um Ihr Eigenkapital bestellt ist und wie sich die Anlagen auf die verschiedenen Anlageklassen verteilen.
Erste Rückschlüsse können Sie schon ziehen: Wenn Sie bald Gelder benötigen, sind Aktien eher schlecht – zu groß die Gefahr, dass Schwankungen an der Börse dann eine Umsetzung unmöglich machen. Ist eines Ihrer Ziele aber die Altersvorsorge, dann sind die aktienbasierten Anlagen hier erste Wahl.

6 Wege zu mehr Geld – so optimieren Sie Ihre Einnahmen

Manche von Ihnen stehen nach der Bilanzierung ihres Vermögens vielleicht besser da, als sie dachten. Andere haben möglicherweise unangenehmen Wahrheiten ins Auge geblickt. Für Sie alle stellt sich nun als nächste Aufgabe, in mehreren Schritten nach Möglichkeiten zu suchen, wie Sie Ihre Einnahmen und Ausgaben optimieren können.

In diesem Kapitel geht es vor allem um die Einnahmenseite und damit um die Möglichkeiten, jeden Monat und Jahr für Jahr einfach mehr Geld zu bekommen. Oft sind es kleine Änderungen, die viel bewirken. Es gibt manchmal Wege, das Einkommen zu erhöhen, die man auf den ersten Blick gar nicht erkennt. Denn entweder braucht man etwas Fantasie oder die Maßnahmen sind so simpel, dass man sie leicht übersieht. Auf den folgenden Seiten werden Sie einige Anregungen finden, wie Sie Ihre Lebensgewohnheiten so verändern können, dass Sie mehr finanziellen Spielraum gewinnen. Dabei geht es nicht um harten Verzicht oder um eisernes Sparen. (Darum – aber nicht ausschließlich darum – geht es im nächsten Kapitel.) Das bedeutet jedoch nicht, dass Sie sich jetzt einfach bequem zurücklehnen können – im Gegenteil: Sie sollten jetzt ganz genau auf Ihr Geld und Ihr Leben schauen und alle Möglichkeiten, Ihre Einkünfte zu verbessern, einer gründlichen Prüfung unterziehen.

Optimieren Sie Ihr Erwerbseinkommen

Wenn Sie Ihr Einkommen optimieren wollen, gibt es im Wesentlichen drei Wege:

- Sie können versuchen, sich besser für Ihre Arbeit bezahlen zu lassen.
- Sie können mehr und anders arbeiten.
- Sie können Ihre Effizienz und Effektivität erhöhen, also mit vergleichbarem Einsatz mehr Werte schaffen.

Wenn Sie als Angestellter Ihr Einkommen optimieren möchten, können Sie natürlich gleich morgen zu Ihrem Arbeitgeber gehen und um eine Gehaltserhöhung bitten. Wenn Sie Erfolg haben, gratulieren wir Ihnen. Oftmals müssen Sie bei Gehaltserhöhungen etwas langfristiger planen. Sätze wie »Alles ist so teuer geworden – die Kinder …« lieben Chefs nicht besonders. Bewährt hat es sich, mit dem Nutzen zu argumentieren, den Sie für das Unternehmen bringen. Das gilt auch für Selbstständige im Verhältnis zu ihren Kunden – argumentieren Sie nur über den Nutzen. Wir hören da einige schon klagen: »Das ist in meiner Branche nicht durchsetzbar.« Sie werden sehen, was alles durchsetzbar ist, wenn Sie wirklich gut und davon überzeugt sind, dass Sie es wert sind. Ja, vielleicht müssen Sie dazu noch mehr Fachwissen haben oder Ihr Geschäftsmodell noch verändern. Wir haben Ihnen nicht versprochen, dass es leicht wird. Arbeiten Sie, ob angestellt oder selbstständig, mit schriftlichen Jahresplänen und Mehrjahresplänen. Was möchten Sie beruflich erreichen? Was benötigen Sie dafür noch? Möglicherweise ist Ihr Ziel der Expertenstatus, den Sie in Ihrer Firma aber nur bekommen, wenn Sie eine bestimmte Zusatzausbildung absolviert haben. Ihr erster Schritt wäre die Anmeldung, die Klärung der Unterstützung dafür durch das Unternehmen und dann die Fortbildung selbst. Nach dem Abschluss lässt sich dadurch ein Gehaltsgespräch mit Argumenten unterfüttern, warum es nun eben mehr sein sollte.

ÜBUNG: Gehen Sie in die Offensive!

Formulieren Sie Ihren Nutzen für Kunden oder Chef, um mehr Honorar oder mehr Gehalt zu erzielen. Erstellen Sie eine Liste mit allen Argumenten. Gehen Sie das Gehaltsgespräch gedanklich durch. Visualisieren Sie den Ablauf des Gesprächs. Checken Sie vielleicht sogar Ihren Marktwert durch eine Bewerbung bei einem anderen Arbeitgeber. Bewegen Sie sich in jeder Hinsicht »runter vom Sofa«.

Um Ihre Lebensgewohnheiten hin zu mehr Aktivität und damit letztlich mehr Einkommen zu verändern, brauchen Sie weniger Sachkenntnis als vor allem Mut und Entschlossenheit. Dabei geht es nämlich darum, eingefahrene Vorstellungen infrage zu stellen. Bringen Sie den Mut auf, den lieb gewonnenen Trott zu verlassen! Hier ein paar Anregungen dazu:

- **Viel Arbeit ist ganz natürlich – arbeiten Sie genug?**
  Der Mensch ist ein ausgesprochen aktives Wesen, und zwar durch die gesamte Geschichte der Evolution. Die »Freizeitgesellschaft« ist dagegen ein junges Phänomen. Wir beobachten seit einigen Jahren den Trend dazu, dass viele Menschen das Wort »Work-Life-Balance« hin zum Wort »Life« verschieben: Es wird weniger gearbeitet mit dem Argument, dass das Gehalt ja auch so reiche. Es werden Sabbaticals genommen, wo wir uns bei Ansicht der Zahlen fragen, wie das denn mit der Hausfinanzierung weitergehen soll.

  Menschen haben sich historisch stets so entwickelt, dass sie immer ihre Kräfte voll entfalten wollten. Fragen Sie sich also ruhig einmal, ob Sie eigentlich genug arbeiten. Sicher, es gibt Angestelltenverhältnisse, die strengen tarifvertraglichen Bestimmungen unterliegen. Aber das ist immer weniger die Norm. Sprechen Sie doch einmal mit Ihrem Arbeitgeber darüber, ob Sie nicht mehr Aufgaben übernehmen – und dafür mehr verdienen – können. Und wenn Sie selbstständig sind, dann hinterfragen Sie kritisch, ob Sie wirklich genug Aufträge akquirieren oder der Wunsch nach möglichst viel Freizeit Sie nicht manchmal weniger aktiv sein lässt, als Sie es könnten.

- **Über einen Nebenjob nachdenken**
  Wir wissen, Nebenjobs haben immer noch einem schlechten Ruf. Das klingt so nach Geldnot, als ob jemand anders kaum über die Runden käme. Außerdem ist es angeblich ungesund. Doch solange Ihr Familienleben nicht zusammenbricht und Sie noch ausreichend zum Schlafen kommen, sollten Sie nicht nur über Ihre Arbeitszeit nachdenken, sondern auch über Ihr Einkommen. Wenn Sie ein Ziel vor Augen haben, das Sie unbedingt erreichen möchten, dann machen Sie noch einen zweiten, vielleicht kleineren Job! Auch die Familienverträglichkeit lässt sich oft besser gestalten als zunächst gedacht. Ohnehin verändert sich das Arbeitsleben hin zu projektbezogener Arbeit, bei der Menschen im Laufe ihres Berufslebens mehr unterschiedliche Dinge tun als früher. Die meisten Menschen haben aber auch mehr als ein Talent – deshalb kann ein Nebenjob auch eine große Bereicherung und innerlich sehr befriedigend sein. So kennen wir etwa einen Musiker, der nebenbei Internetseiten programmiert, und einen Autor, der in der öffentlichen Verwaltung gearbeitet und nebenbei Bücher übersetzt hat.

- **Zu zweit doppelt verdienen**
  Wirtschaftlich gesehen ist es eigentlich immer unsinnig, wenn ein gut ausgebildeter erwachsener Mensch nicht arbeiten geht. Normalerweise erweitert

sich der finanzielle Spielraum ganz enorm, wenn beide Partner einen Job haben. In den letzten zehn Jahren haben sich die Kinderbetreuungsmöglichkeiten in Deutschland deutlich verbessert. Aber noch immer hören wir das Argument: »Von meinem Gehalt bleibt ja nichts übrig, das frisst die Steuer auf.« Das ist falsch. Am Ende eines Jahres werden beide Erwerbseinkommen zusammengezählt, und daraus ergibt sich die Steuer. Es ist nur so, dass der eine Partner mehr vorauszahlt als der andere, wenn Sie die verbreitete Lohnsteuerklassenverteilung 3/5 wählen. Es wäre kurzsichtig, aufgrund eines solchen Argumentes vor einem Wiedereinstieg in den Beruf zurückzuschrecken!

Blicken Sie doch über diese aktuelle Phase hinaus, wenn Sie sich Gedanken machen. Es sind nur wenige Jahre, in denen die Kosten der Kinderbetreuung zu stemmen sind. Noch immer übersehen viele Frauen, dass sie nach der Kinderphase noch viele Jahre vor sich haben, in denen sie gut arbeiten könnten, aber weniger verdienen werden, wenn die Kinderpause zu lange gedauert hat. Wer jahrelang aus dem Job aussteigt, hat es anschließend schwer, wieder eine gute Stelle zu finden. Rechnen Sie doch mal über fünf oder zehn Jahre hoch, was Sie an Vermögen haben, wenn Sie zu Hause bleiben und die Kinderbetreuung sparen, oder was Sie aufbauen können, wenn Sie arbeiten gehen und am Anfang die hohen Betreuungskosten in Kauf nehmen.

- **Zu Hause arbeiten**

Die Corona-Pandemie hat einen Trend beschleunigt – den Trend zum Homeoffice. Wo früher Männer und Frauen darum kämpfen mussten, einen oder mehrere Tage von zu Hause aus zu arbeiten, drängen heute Arbeitgeber schon in diese Richtung. Mischlösungen, die auch den persönlichen Kontakt zu Chef und Kollegen ermöglichen, werden die Zukunft sein. Gerade wenn Sie wegen der Kinder oder eines pflegebedürftigen Angehörigen nicht den ganzen Tag außer Haus sein können, dann könnte Homeoffice eine Lösung bieten.

- **Auch als Rentner noch arbeiten**

Die heutigen Rentner sind fit und interessiert und haben noch eine Lebenserwartung von 20 bis 30 Jahren. Was also spricht dagegen, auch im Rentenalter noch einen 450-Euro-Job anzunehmen, wenn es die Gesundheit zulässt? Oder freiberuflich zu arbeiten? Nichts. Die letzten Jahre im »Ruhestand« zu verbringen, ist ein Klischee! Das stammt aus Zeiten, als Menschen nach jahrzehntelanger »Maloche« in den Fabriken einfach körperlich ausgezehrt waren. Wir müssen uns darauf einstellen, mehr Abwechslung und fließende Übergänge im Berufsleben zu haben. Nach neuesten statistischen Erhebungen war der arbeitende Anteil der Bevölkerung noch nie so hoch wie heute – und die Möglichkeiten zu arbeiten werden immer vielfältiger. So arbeiten beispielsweise immer mehr Ingenieure oder Manager, die sich noch vor 20 Jahren mit 60 in ihr Haus am Tegernsee zurückgezogen hätten, bis weit über 70 als Berater oder Mentoren. Machen Sie es doch ähnlich, egal, aus welchem beruflichen Umfeld Sie stammen – vielleicht hält es Sie umso fitter, verjüngt Ihre Kontakte und macht Ihnen eine Riesenfreude.

- **Kreativ sein**
  Jobs sind in Ihrer Wohngegend vielleicht rar, mancher, der gerne mehr arbeiten würde, findet nicht so leicht die passende Tätigkeit. Vielleicht kommen Sie weiter, wenn Sie ein bisschen Fantasie entwickeln. Überlegen Sie, was Sie jenseits Ihres Berufs gerne machen. Wenn Ihr Hobby mit Sport zu tun hat, könnten Sie einen Übungsleiterschein machen und andere Menschen in der Bewegung anleiten. Wenn Sie gerne und gut musizieren, könnten Sie Musikunterricht erteilen. Wenn Sie sich mit dem Internet gut auskennen, können Sie ältere Menschen beim Umgang damit schulen. Vielleicht können Sie aber auch eine Tätigkeit, die Sie angestellt ausüben, nebenbei auch noch freiberuflich anbieten. Lassen Sie Ihrer Kreativität freien Lauf, halten Sie Augen und Ohren offen. Sie werden sehen, früher oder später bietet sich eine Gelegenheit, Ihr Einkommen aufzubessern.

  Auf solche Ideen kommen Sie nur, wenn Sie sich erlauben, die eingefahrenen Gleise zu verlassen. Lösen Sie sich aus Ihrem Alltagstrott. Stellen Sie radikal Ihre bisherigen Annahmen über das, was geht oder nicht geht, infrage.

DURCHBRUCH: Geht nicht? Gibt es nicht!

Verharren Sie nicht in vorgefertigten Meinungen, kleben Sie nicht an irgendwelchen Vorurteilen. Stellen Sie vorbehaltlos Ihre Gewohnheiten infrage!

Und wenn Sie neue Ideen haben, nehmen Sie sie ernst. Informieren Sie sich, probieren Sie sie aus. Es geht schließlich um niemand anderen als um Sie selbst. Das sind Sie sich schuldig!

Einfache Möglichkeiten zur Einkommensoptimierung

Worauf wir Sie jetzt noch aufmerksam machen möchten, sind die vielen Möglichkeiten, Ihr Einkommen zu optimieren, ohne dass Sie große Schritte gehen müssen. Gerade als Angestellter gibt es einige Möglichkeiten, die auch für Ihre Chefs im Vergleich zu einer »normalen« Gehaltserhöhung vorteilhafter sind. Nun denken Sie vielleicht, Ihr Arbeitgeber wüsste über alles Bescheid und würde Ihnen schon mitteilen, wenn es eine solche Möglichkeit gäbe. Das ist aber unserer Erkenntnis nach meistens falsch. Viele Menschen überschätzen ihre Arbeitgeber diesbezüglich vollkommen. Gerade in kleineren und mittleren Betrieben herrscht Unkenntnis über geldwerte Alternativen zur Gehaltserhöhung.

- **Vermögenswirksame Leistungen**
  Ein Standardinstrument, von dem Sie profitieren, sind die vermögenswirksamen Leistungen. Erfragen Sie bei Ihrem Arbeitgeber, ob und in welcher Höhe er diese zahlt. Die vermögenswirksamen Leistungen sind für viele Branchen in Tarifverträgen ausgehandelt worden und stehen als Anspruch entweder dort oder direkt in Ihrem Arbeitsvertrag. Für alle anderen gilt: fragen.

  Sie schließen dann einen VL-Vertrag ab, auf den anschließend Ihr Arbeitgeber jeden Monat etwas einzahlt. Diese Zahlungen bewegen sich zwischen 6,65 Euro und 40 Euro. Wenn Ihr Arbeitgeber nicht die volle Summe von 40 Euro bezahlt, können Sie den Betrag bis dahin aufstocken. Der Vertrag läuft über insgesamt sieben Jahre, sechs Jahre zahlen Sie ein und ein Jahr ruht der Vertrag. Sie können zwischen einer Lebensversicherung, einem Banksparplan, einem Bausparvertrag oder einem Fondssparplan wählen. Bei den letzten beiden erhalten Sie, wenn Sie bestimmte Einkommensgrenzen nicht übersteigen, noch eine Zulage vom Staat. Es besteht auch die Möglichkeit, mit den VL-Leistungen die betriebliche Altersvorsorge zu bedienen. Welche Anlageform zu Ihnen passt, das werden Sie nach dem Lesen dieses Buches sicherlich gut einschätzen können. Pauschale Aussagen dazu gibt es keine!

  Für Menschen mit geringem Einkommen besteht die Möglichkeit, bei Bausparverträgen und Aktienfondssparplänen die Arbeitnehmersparzulage über die Steuererklärung zu beantragen. Der Staat unterstützt Sie dann noch ein zweites Mal.

- **Sachzuwendung statt Gehaltserhöhung**

  Wenn Sie in die Gehaltsverhandlung mit Ihrem Chef einsteigen möchten, ist es gut, wenn Sie neben der Vorstellung von einigen Hundert Euro mehr pro Monat auch etwas vorschlagen können, wovon auch er profitiert. Wenn Ihre Gehaltserhöhung in Form einer Sachzuwendung wie zum Beispiel einem Warengutschein oder Tankgutschein, einem Gesundheitskurs oder der Übernahme von Kinderbetreuungskosten gezahlt wird, dann spart auch Ihr Arbeitgeber Sozialabgaben. Auch eine Zuwendung zum Jobticket oder ein Dienstfahrrad sind steuerfrei.

  Allerdings hat der Arbeitgeber einigen Aufwand damit. Auch müssen einige Sachzuwendungen zusätzlich zum Lohn gezahlt werden, damit sie steuerfrei sind (Kinderbetreuung, Gesundheitskurse, Gutscheine). Nutzt ein Arbeitgeber jedoch für alle Mitarbeiter diese Möglichkeit, lohnt sich der Aufwand sicherlich, denn das Unternehmen schafft so auch ein Mitarbeiterbindungsinstrument.

  Achtung bei Gutscheinen: Hier gibt es eine Freigrenze von 44 Euro. Wird diese auch nur um einen Cent überschritten, muss alles versteuert werden. Ab 2022 steigt diese auf 50 Euro. Schöpfen Sie Ihren Gutschein in einem Monat nicht aus, können Sie diesen nicht in den Folgemonat übertragen.

  Das sind natürlich schöne Möglichkeiten, aber wir möchten auch eine kritische Anmerkung dazu machen. Sie sparen zwar hier die Sozialabgaben, erwerben damit im Umkehrschluss aber auch keine Anwartschaften für die Rente. Damit sind solche Zuschüsse und Gutscheine immer nur ein Bonbon. Nicht mehr und nicht weniger.

- **Selbstständig mehr Geld haben**

  Wenn Sie selbstständig sind, haben Sie unter Umständen mehr selbst in der Hand als ein Arbeitnehmer. Um Ihre Einkommenssituation zu verbessern, haben Sie verschiedene Stellschrauben.

  Von der Akquise bis zu den Ausgaben, von der Preisgestaltung bis zu Ihren Mitarbeitern – oftmals ist die Optimierung Ihres Unternehmens – und sei es noch so klein – eine Mammutaufgabe. Letztlich können Sie es aber in Ihrem Betrieb oder Ihrer Praxis genauso machen, wie wir es jetzt für die privaten Finanzen machen. Stellen Sie alles auf den Prüfstand. Ermitteln Sie den Istzustand – nur wer seine Zahlen kennt, kann fundierte Entscheidungen treffen.

  Aus unserer Beratungspraxis möchten wir Ihnen ein paar typische Probleme von Selbstständigen nennen, die – wenn sie vermieden werden – die Konten rasch füllen:

- Zu spät gestellte Rechnungen. Gerade in Handwerksbetrieben werden Rechnungen oft einfach viel zu spät gestellt. Setzen Sie sich im Kalender dafür einen Zeitblock oder suchen Sie sich eine Bürokraft, die das übernimmt.
- Nicht eingetriebene Rechnungen: Man kennt sich, man trifft sich abends in der Kneipe. Wer mag da schon an die offene Rechnung erinnern? Nur – Sie sind nicht die Wohlfahrt. Legen Sie sich ein System zu, wann Sie freundlich erinnern und ab wann Sie mahnen.
- Nachgiebigkeit im Preis: Geld ist immer auch der Ausdruck von Wertschätzung. Was nichts kostet, ist nichts wert. Legen Sie sich bei Verhandlungen ein dickeres Fell zu. Wie Sie in Preisverhandlungen auftreten, hat viel mit Ihrem Selbstbewusstsein zu tun. In genau dem Moment, in dem Sie davon überzeugt sind, dass Sie diesen oder jenen Preis verlangen können, strahlen Sie das auch aus. Das gilt übrigens genauso für die Gehaltsverhandlung im Angestelltenjob.
- Zu teures Marketing: Wir schlucken immer, wenn wir sehen, was viele Selbstständige für Werbung ausgeben. Natürlich können Sie Ihre Homepage professionell erstellen lassen – aber ein Baukastensystem für ein Zehntel des Preises bringt meist genauso viele Kunden. Sie können natürlich teure Anzeigen buchen, doch Kundenanfragen schnell zu beantworten, ist auch eine sehr effektive Art und Weise, Kunden zu gewinnen und zu behalten.
- Zu schlechte Betreuung der Bestandskunden: Ein Kunde, den Sie schon einmal gewonnen haben, ist für Sie immer günstiger als der neu zu gewinnende Kunde. Also kümmern Sie sich um ihn. Wie oft haben wir schon Restaurants früher als geplant verlassen, weil niemand kam, um das zweite Getränk aufzunehmen. Unsere Mandanten bedanken sich oft für die schnelle Beantwortung ihrer Fragen. Wir geben Bestandsmandanten Vorrang vor allem. Unsere Regel lautet: Binnen eines Arbeitstages bekommt jeder seine Rückmeldung, und sei es mit dem Hinweis »Fertig bis zum …«. Das bedeutet aber auch, dass wir erst den Schreibtisch verlassen, wenn jeder seine Antwort hat. Der gute Nebeneffekt ist, dass, wenn einmal eine technische Panne oder ein Notfall passiert, die Mandanten sich von allein noch einmal melden, nach dem Motto »Da ist sicher was schiefgegangen, wollte noch mal fragen …«. Verärgert ist keiner.

Vielleicht kommt Ihnen beim Lesen der Gedanke, dass das alles Tipps sind, für die man keinen teuren Unternehmensberater benötigt, sondern auf die man mit ein wenig Ruhe und gesundem Menschenverstand selbst kommen kann. Und da haben Sie recht. Dennoch machen es nur wenige ...

Lassen Sie sich keine Vorteile entgehen

Schön, wenn Sie mehr arbeiten und dadurch mehr Geld auf Ihr Girokonto fließt. Fast genauso schön ist, Vorteile in Anspruch zu nehmen, damit Sie mehr von Ihrem Geld behalten können. Dazu zwei Beispiele:

- **Die Welt der Rabatte betreten**
  Unternehmen können die eigenen Produkte oder Dienstleistungen mit Rabatt an ihre Mitarbeiter abgeben. Der Kostenvorteil ist bis zu 1.080 Euro im Jahr steuerfrei. Natürlich profitieren Sie davon nicht in jedem Fall. Wenn Ihr Arbeitgeber ein Zulieferer der metallverarbeitenden Industrie ist und Zahnräder herstellt, werden Sie kaum davon profitieren, dass Sie Zahnräder billiger beziehen können – was sollen Sie mit Zahnrädern? Aber bei Unternehmen, die Produkte für Endverbraucher herstellen, lohnt sich der Mitarbeiterrabatt für die Beschäftigten durchaus. Zum Beispiel können Banken ihren Angestellten die Kontoführungsgebühren erlassen. Das kann mehr als hundert Euro Ersparnis im Jahr bedeuten. Manche Buchhandlungen bieten ihren Mitarbeitern Rabatte auf Bücher. Sehr beneidet werden immer wieder Angestellte von Reiseveranstaltern oder Fluggesellschaften, die deutlich günstiger fliegen oder Urlaub machen können. Stefanies Cousine beispielsweise war so immer wieder auf den Kreuzfahrtrouten dieser Welt unterwegs. Auch Angestellte anderer Verkehrs- und Reiseunternehmen können verbilligte Mitarbeitertickets bekommen.

  Viele Unternehmen schließen mit anderen Firmen Vereinbarungen ab, die beinhalten, dass ihre Mitarbeiter die Produkte oder Dienstleistungen des Partnerunternehmens verbilligt in Anspruch nehmen können. Manchmal gibt es auch Gutscheine, zum Beispiel für Restaurants in der Umgebung des Firmenstandortes, in denen die Mitarbeiter vergünstigt zu Mittag essen können.

  Solche Listen hängen allerdings nicht in jedem Unternehmen offen aus, sondern müssen manchmal erfragt werden. Sie sollten davor keine Scheu haben. Auch das Intranet bietet diese Informationen häufig. Rabatte sind kein bisschen exotisch, sondern ganz normal. Es ist deswegen auch keinesfalls unverschämt, wenn Sie eine entsprechende Aktion anstoßen, falls Ihr Arbeitgeber so etwas tatsächlich noch nicht anbietet. Oft hat er sich nicht bewusst dagegen entschieden, sondern ist einfach noch nicht auf die Idee gekommen, sich darum zu kümmern.

Egal, ob Sie angestellt sind oder selbstständig: Durchforsten Sie mal die Angebote der Verbände und Vereine, in denen Sie Mitglied sind. Viele Berufsverbände und Gewerkschaften kooperieren mit Dienstleistern wie Reisegesellschaften, Autovermietern oder der Deutschen Bahn und können ihren Mitgliedern so attraktive Rabatte anbieten. Auch Vereine wie beispielsweise Mietervereine haben solche Angebote. Sie finden sie oft auf deren Homepages im Internet. Andernfalls rufen Sie an und fragen Sie direkt nach. Auch hier gilt: Keine falsche Scheu, es ist nicht ehrenrührig, solche Rabatte in Anspruch zu nehmen, sondern im Gegenteil eine weit verbreitete Serviceeinrichtung in vielen Organisationen.

- **Kinderbetreuungskosten steuerlich absetzen**
  Sie können die Kosten für die Betreuung Ihrer Kinder voll von der Steuer absetzen, vom ersten Euro an. Das Finanzamt erkennt zwei Drittel der Betreuungskosten, jedoch maximal 4000 Euro je Kind und Jahr, an.

  Wenn Sie die Kosten geltend machen und ausrechnen wollen, wie viel Steuern Sie sparen werden, beachten Sie noch die Details. Anerkannt werden nämlich nur die reinen Betreuungskosten. Nicht abgesetzt werden können Kosten für die Verpflegung, Nachhilfestunden, Musikunterricht oder Sporttraining. Unser Finanzamt ließ sich alles immer ganz genau vorlegen – auch wenn sich weder Betreuungseinrichtung noch Kinderanzahl geändert hatten. Eine saubere Dokumentation der Belege lohnt sich und spart viel Arbeit.

Die gewinnbringende Organisation Ihrer Geldanlagen

Sie wissen schon aus den vorangegangenen Kapiteln, dass Ihre Geldanlagen ganz unterschiedlich sind, je nachdem, bei welcher Bank Sie Ihre Wertpapiere deponieren und Ihre Konten führen. Es gibt bei gleichen Produkten große Unterschiede in Zinssatz und Rendite. Sie können also durch eine geschickte Auswahl Ihrer Bankverbindung und Ihrer Geldanlagen Ihr Einkommen erhöhen.

- **Schieben Sie Ihr Geld auf Tagesgeldkonten**
  Sie wissen bereits, dass es sinnvoll ist, Geld auf dem Tagesgeldkonto zu parken, wenn Sie eine gewisse Summe zu Ihrer Verfügung haben wollen. Auf dem Girokonto werden keine Zinsen gezahlt, und das Geld verliert durch die Inflation an Wert. Seit einiger Zeit fallen auch für viele Privatkunden Negativzinsen an. Oftmals sind aber die ersten 100.000 Euro noch von den negativen Zinsen verschont. Manche Banken nennen Negativzinsen »Verwahrentgelt«. Das macht es auch nicht besser – minus 0,5 Prozent bedeuten bei 100.000 Euro 500 Euro Kosten pro Jahr.

  Bei Tagesgeldkonten gibt es keine Gebühren, dafür aber bei Direktbanken noch einen kleinen Zins. Hier sollten Sie vergleichen, ob Sie genug Zinsen bekommen. Nehmen wir an, Sie haben bislang 100.000 Euro auf dem Girokonto geparkt und diese werden ab sofort komplett »verzinst« – mit minus 0,5 Prozent. Bei der Direktbank erhalten Sie plus 0,2 Prozent. Ihr Gewinn ist dann nicht nur 200 Euro, sondern 700 Euro (200 Euro Zinsen zuzüglich 500 Euro gespartem Negativzins). Die Eröffnung eines Tagesgeldkontos über das Internet samt der nötigen Identifizierung Ihrer Person dauert nicht länger als eine Stunde. Ein netter Stundensatz allein im Jahr eins. Da Sie über das Tagesgeldkonto keine weiteren Zahlungsbeziehungen aufbauen, können Sie es leicht wechseln. Wenn Sie Lust haben und sicher sind, dass Sie am Ball bleiben, üben Sie sich ruhig ein wenig im Konto-Hopping.

  Lesen Sie sich aber unbedingt immer das Kleingedruckte durch, wenn Sie ein attraktives Angebot sehen. Viele Banken locken mit höheren Zinsen, knüpfen aber bestimmte Bedingungen daran. Meistens sind die Angebote befristet, und danach unterliegt Ihr Geld einem durchschnittlichen Zinssatz. Manchmal gelten die höheren Zinsen nur für eine Summe von 5.000 oder 10.000 Euro, und jeder Euro darüber wird viel niedriger verzinst. Gerade bei befristeten Angeboten müssen Sie aufpassen, um rechtzeitig zu kündigen und Ihr Geld wieder auf ein neues, ertragreicheres Konto zu transferieren.

- **Festgelder prüfen**
  Kontrollieren Sie auch regelmäßig, ob die Zinskonditionen für Ihre Festgeldkonten dem entsprechen, was der Markt bietet. Im Internet finden Sie viele Vergleichsrechner dafür, zum Beispiel auf www.test.de/zinsen oder www.biallo.de/festgeld/. Wenn Sie merken, dass Sie anderorts mehr bekommen für Ihr Geld, wechseln Sie.

  Für Ihre Tages- und Festgelder eignen sich die in Deutschland inzwischen verbreiteten Zinsportale. Hier eröffnen Sie einmal eine Kundenbeziehung und können dann ohne weiteren Aufwand bei allen dort hinterlegten Banken anlegen. Das Zins-Hopping wird damit zum Kinderspiel.

- **Sparverträge prüfen**
  Wenn Sie alte Sparverträge mit von Jahr zu Jahr steigendem Bonus oder alte Bausparverträge finden, kündigen Sie diese nicht vorschnell, sondern prüfen Sie die Rendite. Lassen Sie sich dabei nicht vom Bonus oder Zinssatz blenden, sondern berücksichtigen Sie auch die Kosten – bei Bausparverträgen werden inzwischen hohe jährliche Gebühren verlangt (nicht immer zu Recht). Stellen Sie jedoch fest, dass die Rendite unterhalb von Tages- und guten Festgeldkonditionen liegt, dann trennen Sie sich von diesen Produkten und erhöhen so Ihre jährlichen Zinseinnahmen.

  Bausparverträge – vielleicht gekoppelt mit VL-Leistungen – kann man derzeit oft liegen lassen. Die Zinsen sind bei Verträgen der vergangenen Jahre mit 0,5 Prozent derzeit besser als der Tagesgeldzinssatz. Wenn keine zu hohen Gebühren anfallen und vielleicht noch ein Bonus fällig wird, dann ist das derzeit ein ordentliches Sparprodukt. Bleiben Sie besonders dann hartnäckig bei Ihrem Vertrag, wenn die Bausparkasse Sie zu Umschichtungen oder Auszahlungen drängt. Das zeigt meist, dass der Vertrag im derzeitigen Marktumfeld attraktiv ist. Den Darlehensteil werden Sie aber vermutlich aktuell nicht verwenden – die Zinsen dort sind einfach zu hoch.

Vertrauen Sie sich

Wir können im Leben sehr viel erreichen, aber die meisten Menschen schöpfen ihr Potenzial nicht annähernd aus. Das liegt weder an den äußeren Umständen noch an den Fähigkeiten – sie können sich einfach nicht vorstellen, dass sie mehr verdienen, mehr leisten, etwas erfinden oder ihren Traumjob ergattern.

Denken Sie an all die großen Erfindungen – es waren meistens keine Zufallstreffer, sondern das Ergebnis dessen, was sich jemand vorgestellt hat. Und diese Personen waren nicht immer von ihrer Umwelt als Genie anerkannt. Nehmen Sie Thomas Edison: Er galt als sehr schlechter Schüler, und doch hat er bedeutende Dinge wie die Glühbirne erfunden. Elon Musk glaubte, dass es möglich ist, eine Autobatterie mit mehr als 500 Kilometer Reichweite zu bauen, die Biontech-Gründer glaubten daran, einen wirksamen Corona-Impfstoff zu finden. Alles, was geschaffen wurde, war zunächst in den Köpfen von irgendwem. Und was ist in Ihrem Kopf?

Nun müssen Sie keine bahnbrechenden Erfindungen als Ziel ausgeben, aber Sie können an Ihrem Selbstvertrauen arbeiten, damit Ihr Unterbewusstsein Sie optimal unterstützt, Ihre Ziele zu erreichen. Vielleicht macht Ihnen das Gehaltsgespräch Sorgen oder die Verhandlungen mit Kunden, wenn Sie selbstständig sind. Eine optimale Vorbereitung unterstützt Sie in Ihrem Gespräch. Natürlich haben Sie alle fachlichen Erläuterungen und Begründungen parat – das ist die Basis, und Sie sind exzellent vorbereitet. Zusätzlich aber bereiten Sie sich auch mental auf das Gespräch vor. Wir arbeiten hier wieder mit der Visualisierungstechnik.

ÜBUNG: Selbstvertrauen stärken

Arbeiten Sie mit Visualisierungen und der Zetteltechnik an Ihrem Selbstvertrauen.

Spielen Sie das Gespräch vorab durch. Was werden Sie für eine Kleidung tragen? Wo wird das Gespräch stattfinden? Welches Ziel genau wollen Sie erreichen? Wer wird alles dabei sein? Was müssen Sie mitbringen? Womit könnten Sie überraschen? Notieren Sie sich alles, schreiben Sie sich ein Drehbuch – so detailliert wie möglich. Dann gehen Sie die Situation im Geiste immer wieder durch. Sie können Ihre Visualisierung in der Meditationshaltung oder beim Joggen durchführen. Wenn die Zeit reicht, wiederholen Sie diese Visualisierung ein paarmal. Und dann vertrauen Sie auf Ihr Unterbewusstsein.

Direkt vor dem Gespräch nutzen Sie dann eine unter Sportlern weit verbreitete Technik, die Zettel-Technik: Überlegen Sie sich vorher, welche Eigenschaft Sie für dieses Gespräch oder die Situation am meisten benötigen. Vielleicht ist es Mut oder Selbstvertrauen oder vielleicht auch Konzentration. Schreiben Sie dieses Wort auf einen imaginären Zettel, legen Sie ihn in Gedanken auf den Boden und stellen Sie sich mit einem Schritt auf diesen Zettel. Schließen Sie dann die Augen und spüren Sie in das Wort hinein. Würden wir Sie beobachten, würden wir vielleicht sehen, wie Sie unmerklich die Schultern straffen, sich aufrichten und leicht lächeln. Probieren Sie es aus.

Noch einmal zurück zu Edison: Er sagte über seine Fehlversuche auf dem Weg zur Glühbirne, er sei nicht 1.000-mal gescheitert, sondern er kenne jetzt 1.000 Wege, wie man keine Glühbirne baut. So ist es auch mit Ihren Finanzen. Vielleicht klappt nicht alles sofort, möglicherweise müssen Sie auf dem Weg zu Ihren Zielen Korrekturen vornehmen. Vielleicht sehen Sie es dann wie Edison: Sie sind nicht ein-, zwei- oder zehnmal gescheitert – Sie kennen jetzt nur so und so viele Wege, wie es nicht funktioniert.

AUF DEN PUNKT: die Optimierung Ihres Einkommens

Mehr Geld am Ende eines Monats auf dem Konto – das hätte wohl jeder gerne. Sie haben in diesem Kapitel eine Menge Anregungen gelesen, wie Sie Ihre Einnahmen verbessern können: im Job, bei der Steuer, über Zulagen vom Staat oder mit Ihren Geldanlagen. Wir sind sicher – für jeden war etwas dabei. Mit den mentalen Techniken bauen Sie das nötige Selbstvertrauen auf, schwierige Gespräche zu meistern. Und mit alldem kommen Sie den einzelnen Zielen aus Ihrem Zielfahrplan näher.

7 Hart oder lehrreich? – Mehr Geld durch Verzicht

»Das Geld fließt mir einfach durch die Finger« ist eine Klage, die wir immer wieder hören. Da hat man sein Konto zu einer günstigeren Bank umgezogen, hat Kredite umgeschichtet und fährt jetzt mit dem Jobticket ins Büro. Trotzdem bleibt am Ende des Monats nicht die Geldsumme übrig, die man sich erhofft hat. Immer wieder ist das Konto schon am 25. des Monats leer. Also überweist man sich 500 Euro vom Tagesgeldkonto und nimmt sich vor, sie nächsten Monat ganz bestimmt zurückzuüberweisen. Aber im nächsten Monat sieht es nicht besser aus. Das Geld fließt und fließt. Aber wohin bloß?

Sie müssen wissen, was Sie ausgeben

Bevor wir unseren Mandanten zu diesem Problem irgendeinen Rat erteilen, fragen wir sie immer, ob sie eigentlich wissen, wie viel Geld sie im Monat verbrauchen. Und das fragen wir Sie jetzt auch: Wie hoch sind Ihre monatlichen Ausgaben?

Etliche unter Ihnen beantworten diese Frage vermutlich so wie manche unserer Mandanten: Sie wissen es nicht. Sie können eine sehr grobe Schätzung abgeben, wenn Sie ein regelmäßiges Gehalt bekommen, und am Kontostand sehen, ob das jeden Monat aufgebraucht wird oder nicht. Viele wissen auswendig, was sie jeden Monat an Miete bezahlen oder wie hoch ihr Handytarif ist. Aber schon wenn wir fragen, wie hoch die Kosten fürs Wohnen insgesamt sind, heben sie die Schultern: Den Schritt, mal Miete, Strom, Wasser und Versicherungen zusammenzurechnen, haben sie nie getan. Dann fehlt ihnen natürlich der Überblick darüber, wo das Geld hingeht. Was ist schuld daran, dass nie etwas übrigbleibt? Sind es irgendwelche Sonderausgaben fürs Auto oder zu teure Geschenke? Oder kauft das Fräulein Tochter zu oft Schuhe? Völlig im Dunkeln bleibt dann, wo man noch sparen könnte.

Der erste Schritt, um weiteres Sparpotenzial aufzuspüren, ist also, dass Sie herausfinden, wo Ihr Geld eigentlich bleibt.

Welche Fixkosten haben Sie?

Wenn Sie schon zusammengerechnet haben, welche Fixkosten Sie im Monat haben, dann schauen Sie bei dieser Gelegenheit einmal nach, ob Sie Ihre Aufstellung jederzeit griffbereit haben und ob sie überhaupt noch aktuell ist. Sie können diesen Schritt auch überspringen, denn er hat genau das zum Ziel: eine jederzeit griffbereite und übersichtliche Aufstellung Ihrer Kosten, und das haben Sie ja dann schon getan.

Wenn Sie noch nicht zusammengerechnet haben, ist es am einfachsten, wenn Sie sich Ihre Kontoauszüge vom letzten Jahr vornehmen und heraussuchen, was regelmäßig abgebucht wird. Monatlich dürften das Miete und Darlehen sein, Sparverträge, Stromkosten, Telefongebühren, Abonnements und Versicherungen. Schreiben Sie alle Kosten auf, bei denen immer die gleiche Summe abgebucht wird. Wichtig ist, dass Sie die Auszüge eines kompletten Jahres, also von zwölf Monaten, durchsehen, denn manche Kosten zahlen Sie nur einmal pro Jahr als Jahresbeitrag. Die Haftpflichtversicherung zum Beispiel, die Hausratversicherung, die Autoversicherung, Mitgliedsbeiträge für Vereine oder auch das Jahresticket im öffentlichen Nahverkehr. Da kommen noch beträchtliche Summen zusammen, die Sie nicht unterschlagen dürfen, wenn Sie Ihre Kosten realitätsgetreu ermitteln wollen.

Diese Fixkosten können Sie nun als Gesamtsumme pro Jahr zusammenzählen und durch zwölf teilen. Auf jeden Fall sollten Sie am Ende wissen, wie hoch Ihre Fixkosten jeden Monat sind und wofür Sie sie ausgeben. Vielleicht unterteilen Sie sie in Sparten wie »Wohnen, Auto, Sparen/Vorsorge, Beruf, Freizeit, Kinder«. Das variiert natürlich, je nachdem, wie Sie leben und welche Kosten bei Ihnen anfallen.

ÜBUNG: Ermitteln Sie Ihre fixen Kosten

Rechnen Sie Ihre fixen Ausgaben zusammen. Notieren Sie alles, was regelmäßig anfällt. Jährliche oder vierteljährliche Ausgaben können Sie entsprechend aufteilen. Ordnen Sie die regelmäßigen Kosten gleich ein wenig – was kosten Wohnen, Mobilität und Hobbys?

Und was brauchen Sie sonst noch?

Im nächsten Schritt ermitteln Sie Ihre variablen Kosten.

Die variablen Kosten sind alle Ausgaben, die Sie unregelmäßig tätigen. Ihre Lebensmitteleinkäufe gehören dazu, Bücher, Kleidung, Schuhe, Restaurantbesuche, Kino, Theater, Benzin, die neue Waschmaschine, das neue Handy, Autoreparaturen, der Schneider, das Eis im Sommer, der Cappuccino an der Tankstelle und so weiter. Diesen Ausgaben kommen Sie am besten mit einem Haushaltsbuch auf die Schliche. Darin notieren Sie alles, was Sie ausgeben. Am besten lassen Sie sich für alles, was Sie bezahlen, einen Kassenbeleg geben, den Sie zu Hause zur Abrechnung verwenden. Dann übersehen Sie nichts.

Unsere Tochter Silvia und Stefanie Kühn hatten vor einiger Zeit ein gemeinsames Interview für Silvis YouTube-Kanal »Clever Money«. Die Journalistin sagte auf unseren Tipp, ein Haushaltsbuch zu führen: »Ich dachte, das ist so ein typischer Finanzberatertipp, den in Wahrheit niemand durchhält.« Nach unserer Erfahrung nutzen aber mehr Menschen ein Haushaltsbuch, als man denkt – und die, die es machen, managen ihr Leben deutlich zielgerichteter. Haushaltsbücher können Sie in Schreibwarenläden kaufen. Sie können auch eine Tabelle in Ihrem PC anlegen oder auf einem Blatt Papier. Es gibt auch PC-Programme für die Haushaltsführung oder entsprechende Apps fürs Smartphone. Sorgen Sie auf jeden Fall dafür, dass Sie Ihre Ausgaben in übersichtliche Sparten unterteilen. Schreiben Sie in einer Spalte auf, was Sie für Lebensmittel ausgeben, in der nächsten Spalte notieren Sie Ihre Ausgaben für Kleidung und Schuhe. Weitere Spalten könnten für Gesundheitsausgaben sein, für Restaurantbesuche, für Fahrtkosten, für kulturelle Aktivitäten, für Snacks unterwegs, für Spielzeug für die Kinder. Ihnen fallen sicherlich noch weitere Sparten ein. Wenn Ihnen die Sortierung schwerfällt, können Sie auch am Anfang erst mal alle Ausgaben durcheinander aufschreiben und sie später ordnen, wenn Sie etwas genauer sehen, welche Sparten zu Ihren Ausgaben passen.

Sie werden feststellen, dass diese Ausgaben von Woche zu Woche und von Monat zu Monat schwanken. Deshalb sollten Sie das Haushaltsbuch mindestens drei Monate lang führen, um verlässliche Zahlen zu bekommen. Vielleicht gewöhnen Sie sich sogar daran und führen Ihr Haushaltsbuch gerne. Andernfalls werten Sie es nach drei Monaten aus, ändern Sie Ihr Kaufverhalten, wenn Sie zu dem Schluss kommen, dass das nötig ist, und kontrollieren Sie danach nur noch jene Ausgaben, die Sie reduzieren wollen. Wenn das gut funktioniert, müssen Sie nichts mehr aufschreiben. Sobald Sie wieder mehr ausgeben, als Sie möchten, sollten Sie Ihre Ausgaben wieder notieren.

Vielleicht fallen Ihnen schon in der ersten Woche Ausgaben auf, an die Sie gar nicht gedacht hatten, als Sie rätselten, wo jeden Monat Ihr Geld bleibt. Führen Sie Ihr Haushaltsbuch trotzdem drei Monate lang weiter, damit Sie sicher sein können, wirklich allen Ausgabefallen auf die Spur zu kommen.

Gerade die variablen Ausgaben zeigen Ihnen, ob Sie Ihr Geld im Griff haben. Uns suchte vor einigen Jahren eine Mandantin auf, die das Gefühl hatte, sie gebe jeden Monat zu viel Geld aus. Sie führte auf unseren Rat ein Haushaltsbuch. Es brachte ihr viel Klarheit über die Struktur Ihrer Ausgaben – wie viel kostete die schöne Wohnung, was ging für Versicherungen drauf. Vor allem führte es ihr aber vor Augen, dass ihre Konsumausgaben zu hoch waren. Sie wusste es eigentlich schon lange. Aber dadurch, dass sie plötzlich sah, was sie für Restaurantbesuche und Kleidungskäufe ausgab, konnte sie nicht mehr daran vorbeischauen. Sie konnte nicht von heute auf morgen die Ausgaben komplett reduzieren – waren sie doch eine Art Kompensation. Aber Schritt für Schritt stellte sie ihre Gewohnheiten um.

ÜBUNG: Legen Sie ein Haushaltsbuch an

Ob über eine App, in Excel oder auf Papier – los geht es.

Identifizieren Sie Ihr Sparpotenzial

Wenn Sie das geschafft haben, können Sie sich an die umfassende Analyse machen. Das Vorgehen ist vom Prinzip her ganz einfach: Sie identifizieren große Ausgaben und überprüfen, ob diese Ausgaben wirklich nötig sind oder ob Sie ganz oder teilweise auf sie verzichten können (und wollen). Die Sparmöglichkeiten, um die es dabei geht, lassen sich in vier Gruppen einteilen:

1. Einfach und schmerzlos sparen
2. Clever und smart: Ihre Geldanlagen optimieren
3. Etwas Spaß muss weg: Ihre Cashfresser identifizieren
4. Harte Einschnitte vornehmen

Einfach und schmerzlos sparen

Hier durchforsten Sie vor allem Ihre fixen Ausgaben.

- **Versicherungen**
  Fast für alle Versicherungen gibt es Vergleichsrechner im Internet. Jagen Sie Ihre Daten da mal durch. Sie werden teilweise erhebliche Unterschiede feststellen! Wenn es keinen Vergleichsrechner gibt, können Sie auch mal nach Testergebnissen suchen und dann beim Testsieger ein unverbindliches Angebot anfordern.

  Wenn Sie feststellen, dass Sie andernorts besser fahren, sollten Sie vor einem Wechsel allerdings noch prüfen, ob es eine Rolle spielt, wie lange Sie schon bei Ihrem Versicherer sind. Berufsunfähigkeitsversicherungen, Rechtsschutz, Wohngebäudeversicherungen und private Krankenversicherungen sollten Sie nicht vorschnell kündigen. Da profitieren Sie in der Regel von einer längeren Versicherungsdauer. Letzte Gewissheit erhalten Sie hier nur durch ein persönliches, auf Sie zugeschnittenes Angebot. Wenn die Leistungen gleich sind, die Preise Ihrer bestehenden Versicherungen aber höher, gibt es nur einen Rat: Wechseln Sie!

  Es sei denn, Sie haben sehr gute Erfahrungen mit der Schadensregulierung und dem Berater Ihrer alten Versicherung gemacht. Eine unkomplizierte und kulante Abwicklung im Schadensfall wiegt kleinere Kostennachteile durchaus auf. Es ist also eine Frage der Abwägung, ob Sie in so einem Fall wechseln.

- **Kreditkarten**
  Was haben Sie eigentlich für eine Kreditkarte, und was zahlen Sie dafür im Jahr? Inzwischen ist es eigentlich kein Problem mehr, kostenlose Kreditkarten zu bekommen, an denen Sie auch keinen Haken befürchten müssen. Die Gebühren für die Karten zahlen nämlich die Händler, wenn Sie etwas damit kaufen. Luxuskarten für über hundert Euro pro Jahr lohnen sich in der Regel nicht. Die Gebühren werden durch Zusatzangebote wie Versicherungen gerechtfertigt. Sollte Sie das locken, überprüfen Sie bitte, ob Sie diese Versicherungen wirklich brauchen und ob Sie diese separat woanders nicht günstiger bekämen.

- **Handy**
  Der Markt für Mobilfunktarife ist ständig in Bewegung. Allerdings darf man sich auch nicht verrückt machen lassen. Sie sollten in regelmäßigen Abständen überprüfen, ob Sie mit Ihrem Tarif noch in der günstigeren Klasse liegen. Oft gibt es ohnehin Vertragsbindungen über ein oder zwei Jahre. Wenn dann aber die Frist abgelaufen ist, lohnt es sich, die Konditionen zu vergleichen. Statt 70 Euro im Monat zahlen Sie dann vielleicht zukünftig unter 10 Euro.

- **Strom, Gas, Heizöl**
  Öltank-Besitzer gehören sicherlich zu einer aussterbenden Spezies, aber noch gibt es sie. Auch in vielen Mietshäusern sind Öltanks verbaut. Beim Ölkauf steht der Verantwortliche vor der Frage, bei wem und wann er kauft. Es lohnt immer, sich im Internet über den aktuellen Preis zu informieren und dann die örtlichen Versorger anzufragen. So kann man leicht 100 Euro und mehr sparen. Aber auch das Timing spielt eine Rolle. Wenn der Ölpreis wie zum Beispiel im Verlauf der Corona-Pandemie stark fällt, lohnt oft auch ein vorgezogener Kauf mit halbleerem Tank. In dieser Situation darf man übrigens auch den Vermieter bitten, zu prüfen, ob nicht ein Kauf möglich wäre. Diese haben oft kein Interesse, sich Gedanken über den Zeitpunkt zu machen, da die Kosten ja der Mieter zahlt.

  Für Strom und Gas ist der heimische Versorger (die sogenannte Grundversorgung) selten das günstigste Angebot. Nutzen Sie auch hier die Vergleichsportale im Internet. Der Wechsel wird Ihnen leicht gemacht. Der Vergleich der Anbieter für unseren neuen Wohnort im Ammerland ergab eine jährliche Ersparnis von 1.000 Euro. Das Ausfüllen der entsprechenden Unterlagen samt zwei Telefonaten hat ungefähr eine halbe Stunde gedauert.

- **Mitgliedschaften überprüfen**
  Sind Sie wirklich überall aktiv, wo Sie Mitglied sind? Wir kennen das alle: Man tritt in einen Sportverein ein, turnt ein Jahr lang mit und hat dann keine Zeit mehr. Aber um auszutreten, wäre ein Brief aufzusetzen, dann gibt es noch Fristen, und wer weiß, vielleicht möchte man doch irgendwann wieder aktiv werden ... Es spricht nichts dagegen, Vereine durch passive Mitgliedschaft zu unterstützen. Wenn Sie aber Einsparmöglichkeiten für Ihr Budget suchen, dann sollten Sie Karteileichen-Existenzen beenden.

- **Zeitungsabos**
  Lesen Sie Ihre Zeitung wirklich? Oder finden sich bei Ihnen diese Stapel ungelesener Hefte, die Sie irgendwann mal durchgehen wollen, wenn Sie viel Zeit haben, und dann doch ungelesen und veraltet entsorgen? Dann bestellen Sie das Abo ab. Und wenn Sie doch mal Zeit haben zum Lesen, dann gehen Sie zum nächsten Kiosk und kaufen sich ein Einzelheft. Oder Sie machen es sich in Ihrer örtlichen Stadtbücherei gemütlich. Falls Sie dort noch nie gewesen sind, sollten Sie sich mal umschauen. Sie werden staunen, wie viele Zeitschriftentitel Sie dort vorfinden.

- **Verbrauchertests lesen**
  Eine lohnenswerte Investition kann ein Jahresabo der Zeitschrift »Finanztest« sein. Das ist die Zeitschrift, in der die Stiftung Warentest ihre Finanzinformationen und -checks veröffentlicht. Hier bekommen Sie wirklich viele wertvolle Hinweise für Ihre Geldgeschäfte. Gerade wenn Sie jetzt eine Einarbeitungsphase vor sich haben, kann Ihnen »Finanztest« helfen, in das Thema hineinzuwachsen. Das Geld für das Jahresabo werden Sie schnell heraushaben.

Clever und smart: Ihre Geldanlagen optimieren

Ihre Geldanlagen bieten jede Menge Sparpotenzial.

- **Gebühren für Ihr Girokonto überprüfen**
  Die Unterschiede bei den Kosten für ein Girokonto sind beträchtlich. Inzwischen ist es deutlich schwieriger geworden, bedingungslos kostenfreie Konten zu finden. Manche Banken verlangen einen monatlichen Mindestgeldeingang aus Gehalt oder Rente. Hausbanken erhöhen derzeit ihre Gebühren im Halbjahrestakt. Besonders kritisch sind hier die kleinen Positionen – Gebühren für Änderungen von Daueraufträgen, beleghaften Überweisungen, aber auch für die zugestellte Push-Tan. Es wird schwieriger, den Überblick zu behalten. Unsere Faustformel lautet: Haben Sie im vergangenen Jahr mehr als 60 Euro gezahlt, dann schauen Sie sich nach einer neuen Bank um. Der Wechsel erfordert ein wenig Aufwand. Lassen Sie beide Konten einige Monate parallel laufen, damit Sie sichergehen, dass Sie alle Zahlungspartner richtig informiert haben.

- **Wertpapierdepot optimieren**
  Wenn Sie ein Depot mit Anleihen, Einzelaktien und Fonds verwalten, können Sie viel Geld sparen, indem Sie die Sache selbst in die Hand nehmen und zu einer Direktbank wechseln. Depotgebühren entfallen bei den meisten Direktbanken komplett. Die Transaktionskosten betragen nur einen Bruchteil von denen einer Hausbank. Wenn Sie bei Ihren Kaufentscheidungen bisher auf Ihren Bankberater vertraut haben und dort zufrieden sind, dann verhandeln Sie mit Ihrer Bank über die Konditionen für das Depot sowie die Kosten für Kauf und Verkauf.

  Auch hier gilt: Sie können den Wechsel sukzessive gestalten. Vielleicht eröffnen Sie ein Depot bei einer Direktbank und richten dort einen kostenfreien Sparplan für einen ETF ein. Das ist technisch wirklich einfach. Sobald Sie sich etwas sicherer fühlen, ziehen Sie dann das bisherige Depot komplett zur neuen Direktbank um. Das ist in Deutschland kostenfrei möglich, da Banken dafür keine Gebühren berechnen dürfen. Sie können so leicht bis zu 1.000 Euro im Jahr an Depotgebühren sparen. Und bei jeder zukünftigen Transaktion sparen Sie bis zu einem Prozent des Anlagewertes!

- **Fonds und ETFs günstig über die Börse kaufen**
  Wenn Sie in Fonds und ETFs investieren, können Sie viele Gebühren sparen, indem Sie sie direkt über die Börse kaufen. Die Art, wie Sie kaufen, ist entscheidend für die Höhe der Kosten.

WISSEN TO GO: So kaufen Sie Fonds und ETFs

Um einen Fonds oder ETF zu kaufen, geben Sie in der Ordermaske Ihrer Bank – oft heißt es »Wertpapier kaufen« – die sechsstellige WKN oder ISIN (längere Nummer mit dem Länderkürzel zu Beginn) ein. Als Nächstes müssen Sie den Handelsplatz auswählen. Hier können Sie neben dem Computerhandel Xetra meist die Regionalbörsen oder den Direkthandel (z. B. Tradegate oder gettex) auswählen. Bei Fonds haben Sie außerdem die Möglichkeit, direkt über die Fondsgesellschaft zu kaufen. Doch Achtung, das kann teuer werden – die Fondsgesellschaften erheben einen Ausgabeaufschlag in Höhe von bis zu 5 Prozent.

Besonders für gemanagte Fonds gilt: Selbst wenn Ihre Bank Sie mit dem halben Ausgabeaufschlag lockt, sparen Sie beim Kauf über die Börse oder den Direkthandel fast die kompletten restlichen 2,5 Prozent.

Bei 10.000 Euro Anlagesumme zahlen Sie so statt 250 Euro / 500 Euro (halber / voller Ausgabeaufschlag) je nach Direktbank zwischen 10 und 80 Euro.

Bei ETFs – das sind die börsengehandelten Indexfonds – gibt es neuerdings auch Ausgabeaufschläge. Sie wurden still und heimlich eingeführt und sorgen nun dafür, dass auch Hausbanken etwas verdienen, wenn ETFs gekauft werden. Bestehen Sie, wenn ein Ausgabeaufschlag erhoben werden soll (meist 3 Prozent), auf einem Kauf über die Börse.

- **Darlehen optimieren**
  Wenn Sie Darlehen für Ihr Eigenheim oder eine vermietete Wohnung haben, sollten Sie immer wissen, wie lange die Zinsbindung noch andauert. Rechtzeitig, bevor diese ausläuft, prüfen Sie, wie hoch die Zinsen für das Verlängerungsangebot und die niedrigsten Konditionen am Markt sind. Wenn Ihre Bank kein attraktives Angebot hat, scheuen Sie sich nicht, einen neuen Darlehensgeber zu suchen. Die Gebühren für die Abtretung der Grundschuld, die dazu nötig ist, halten sich in Grenzen und sind den Zinsvorteil oft wert. Manchmal reicht aber auch schon die Bemerkung, dass Sie wechseln würden, und die Hausbank bessert ihr Angebot noch mal nach. Wichtig für Ihre persönliche Sicherheit finden wir übrigens, dass Sie nie über 100 Prozent verschuldet sind.

DURCHBRUCH: Finanzieren Sie niemals einen Kauf zu 100 Prozent über Kredite!

Sie riskieren, dass Sie für Ihr Darlehen keinen Gegenwert mehr haben, falls beispielsweise der Verkehrswert Ihrer Immobilie aus irgendeinem Grund sinkt. Wenn Sie Ihr Darlehen nicht mehr bedienen können, haben Sie keine Sicherheit und stecken in der Schuldenfalle fest.

Prüfen Sie auch, ob Sie ein Sondertilgungsrecht vereinbart haben. Gerade bei schon einige Jahre laufenden Darlehen mit noch hohem Zinssatz lohnt die Sondertilgung oft, selbst wenn Sie die Zinsen von der Steuer abziehen können. Denn auf der Anlageseite ist es zumindest mit sicheren Anlagen nicht möglich, mehr zu verdienen. Ist eine Sondertilgung erfolgt, sparen Sie ab dem nächsten Moment Zinsen und erhöhen Ihre monatliche Tilgungsleistung ganz automatisch.

- **Verluste abschreiben**
  Wenn sich ein Anlageprodukt als echter Flop erweist, fassen Sie sich ein Herz und trennen Sie sich davon. Ein Mandant von uns hat so eine Erfahrung mit einem Fonds eines großen deutschen Fondshauses gemacht. 5.000 Euro habe er verloren, und er fragte, ob wir glaubten, dass das richtig gewesen sei, dass er verkauft habe. Wir sagten aus echter Überzeugung ja. Denn es hat manchmal einfach keinen Sinn, ein schlechtes Produkt noch ewig mit sich herumzuschleppen. Es gibt beispielsweise Aktienfonds, die auf bestimmte Trends setzen und nach dem Ende des Trends einfach nicht mehr auf die Beine kommen. Viele dieser Fonds werden dann auch zu klein, und die Kosten schlagen zu sehr zu Buche. Manchmal hilft da nur ein Ende mit Schrecken – jedoch immer noch besser als ein Schrecken ohne Ende.

  In manchen Fällen heißt es: Realisieren Sie den Verlust, ziehen Sie einen Schlussstrich und lernen Sie für die Zukunft aus dem Schaden.

- **Lebens- und Rentenversicherungen prüfen**
  Kapitallebensversicherungen sind seit Jahren arg in Verruf geraten. Zu Recht, denn sie sind vergleichsweise unrentabel. Wir sind keine Fans dieser Verträge. Trotzdem raten wir Ihnen, jetzt nicht blind einfach alle Verträge zu kündigen. Es gibt nämlich Verträge, die zu kündigen gar nicht so schlau ist. Das sind diejenigen, die bis zum 31.12.2004 abgeschlossen wurden. Denn bei diesen Verträgen ist die Auszahlung am Ende steuerfrei. Sie können und sollten sich die Rendite einmal berechnen lassen und dann bedenken, dass Sie diese Rendite nach Steuern erzielen. Keine Abgeltungsteuer, kein Solidaritätszuschlag, keine Kirchensteuer. Für beispielsweise 4 Prozent nach Steuern müssen Sie heute eine Rendite von 5,55 Prozent vor Steuern am Markt erzielen – und zwar mit einer vergleichsweise sicheren Anlage, denn die haben Sie ja jetzt mit Ihrer Lebensversicherung auch.

  Daher unser Rat für Altverträge: Prüfen Sie, ob diese nicht ein ganz ordentlicher Baustein in Ihrer Kategorie »sichere Anlagen« sind. Bei neueren Verträgen müssen Sie genau schauen, wofür Sie sie abgeschlossen haben, welche Rendite prognostiziert wurde und wie sich die Leistungen heute darstellen. Manchmal ist der Ausstieg eine sinnvolle Alternative.

- **Den Zahlungsrhythmus optimieren**
  Eine kleine, feine Art, Ihre Ausgaben zu minimieren, ist es, Versicherungen in möglichst großen Zahlungsabständen zu bedienen. Prüfen Sie bei allen Ihren Versicherungen, also auch bei der Haftpflicht und bei der Autoversicherung, welchen Unterschied es ausmacht, ob Sie monatlich, halbjährlich oder jährlich Ihren Beitrag zahlen. Jährlich zu zahlen kann den Beitrag um bis zu 5 Prozent senken. Natürlich müssen Sie die Jahresrate rechtzeitig einplanen. Sparen Sie das Geld am besten auf dem Tagesgeldkonto an.

Etwas Spaß muss weg: Ihre Cashfresser identifizieren

Uns geht es keinesfalls darum, Ihnen den Spaß zu verderben. Wenn Sie allerdings auf der Suche nach Einsparpotenzialen sind, um die Ziele Ihres Zielfahrplans erreichen zu können, dann können Sie bei manchen Ausgaben natürlich einiges herausholen. Diese Kosten entstehen praktisch im Vorbeigehen. Jede einzelne Ausgabe ist nur eine Kleinigkeit. Wenn Sie aber dann den ganzen Monat hochrechnen, haben Sie plötzlich eine satte dreistellige Summe. Diese Art von Ausgaben sind die sogenannten Cashfresser. Also: Vorhang auf für die größten Cashfresser!

Gehen Sie sie der Reihe nach durch und finden Sie heraus, ob einige davon auch bei Ihnen eine Rolle spielen.

- **Restaurantbesuche**
  Wenn Sie dreimal pro Woche für 20 Euro im Restaurant essen gehen, geben Sie etwa 240 Euro im Monat aus. Wenn Partner und Kinder dabei sind, kostet es deutlich mehr.

- **Auto**
  Ein Auto braucht eigentlich nur vier Räder, einen Motor und ein Lenkrad, um zu fahren. In Deutschland ist das Auto aber immer noch ein Statussymbol. Es wird häufig verdrängt, dass große und teure Autos auch hohe Folgekosten wie Steuern und Versicherung nach sich ziehen. Wir sagen es gerne so: »Des Deutschen Altersvorsorge fährt auf der Straße.« Wenn Sie wirklich sparen möchten, dann ist das Auto vielleicht einer der großen Hebel. Sowohl die Häufigkeit des Neukaufs als auch die Größe können über die Jahre über 50.000 Euro mehr oder weniger beim Vermögen für den Ruhestand ausmachen.

- **Urlaub**
  Alle Menschen brauchen Urlaub. Keine Sorge, das stellen wir nicht infrage. Ausruhen ist lebenswichtig. Wer über Jahre hinweg nie eine Auszeit nimmt, riskiert seine Gesundheit. Aber 6.000 Euro für zehn Tage Mittelklassehotel für eine vierköpfige Familie während der Schulferien?

- **Kaffeepausen zwischendurch**
  Der Cappuccino an der Tankstelle, das Baguette an der U-Bahn, der Latte macchiato im Café: Das sind nach unserer Beobachtung die am meisten unterschätzten Cashfresser überhaupt. Kein Wunder: Schließlich kostet der Cappuccino am Morgen nur 2,50 Euro, der Latte am Nachmittag nur 3 Euro, das Baguette für die U-Bahn nur 3,20 Euro. Wer möchte schon über solche Kleinigkeiten nachdenken, die das Leben so angenehm machen? Rechnen Sie aber hoch: Nur diese drei – Cappuccino, Latte, Baguette – kosten zusammen 8,70 Euro. Wenn Sie sie an 20 Arbeitstagen im Monat konsumieren, kommen Sie auf rund 175 Euro pro Monat. Wenn Sie es schaffen, diese zu halbieren, ist das eine Summe, die sich schon anzulegen lohnen würde.

- **Mitnahmeartikel**
  Dekoartikel, die Zeitschrift am Kiosk oder der nette Schlüsselanhänger, der an der Kasse des Supermarktes hing: Diese kleinen Käufe summieren sich. Das haben Sie hoffentlich alles in Ihrem Haushaltsbuch notiert! Artikel, die man im Vorbeigehen mitnimmt, können ungeahnte Löcher ins Budget fressen. Man bemerkt sie normalerweise gar nicht, weil man sie spontan mitnimmt und sie so geringfügig erscheinen, dass man sie anschließend gleich wieder vergisst.

- **Spielzeug für die Kinder**
  Hier ist weniger oft mehr – in den meisten Kinderzimmern gibt es sehr viel Spielzeug, oder?

- **Auch Erwachsene gönnen sich »Spielzeug«**
  Haben Sie schon das neueste iPhone? Ein E-Bike? Das Netflix-Abo? Sky? Nicht nur Kinder geraten in Versuchung, wenn es um die neuesten Trends geht. Gerade die Monatsabos können sich als Kostenfalle entpuppen.

- **Kleidung und Kosmetik**
  Hier lässt sich die Industrie immer einiges einfallen, damit Sie gerne zugreifen. Vielleicht ändert sich das gerade etwas und die Menschen achten mehr auf nachhaltige Produkte.

- **Schnickschnack**
  Hier ein kleines Möbelstück, dort eine schicke Vase – schön, aber wenn Sie andere Ziele haben, dann führen diese Käufe nicht zum Ziel.

Mussten Sie bei der Lektüre schlucken, weil Sie den einen oder anderen Cashfresser bei sich entdeckt haben? Legen Sie, wenn Sie Ihre Cashfresser identifiziert haben, Ihren Zielfahrplan aus Kapitel 4 vor sich auf den Tisch. Angenommen, da finden Sie das Ziel, in zehn Jahren in einer Eigentumswohnung zu leben. Jetzt fragen Sie sich: Lohnt es sich, dafür in den kommenden Jahren weniger Urlaub zu machen oder die Restaurantbesuche zu streichen? Das ist keine rhetorische Frage. Entscheiden Sie das bitte ganz unvoreingenommen. Vielleicht sind Sie mit der Eigentumswohnung vor Augen motiviert, künftig immer zu Hause zu kochen. Aber Sie können auch zu dem Schluss kommen, dass Ihnen die Eigentumswohnung doch nicht so wichtig ist und Sie einen entspannten Lebensstil als Mieter vorziehen.

Sortieren Sie Ihre Gedanken und Ihre Ziele. Verschieben Sie ruhig noch einmal etwas. Eine Mandantin von uns fand es zum Beispiel immer sehr wichtig, eine ausreichend große Wohnung zu haben, und akzeptierte deshalb eine relativ teure Miete. Nach ein paar Jahren beschloss sie, sich ein Auto zu kaufen. Das sprengte definitiv ihr Budget. Sie konnte aber von dem Wunsch nach dem Auto nicht lassen. Sie hatte im Job viele Außentermine an zum Teil entlegenen Orten und war es leid, an Bushaltestellen und Bahnhöfen herumzustehen. Weil das Geld nicht reichte, musste sie sich fragen, auf was sie denn verzichten könnte. Und da fiel ihr auf, dass sich ihr Wunsch nach einer großen Wohnung anders anfühlte als früher. Sie konnte sich plötzlich vorstellen, mit einem Raum weniger auszukommen. Vielleicht hatte sich auch ihr Leben ein wenig verändert? Sie war mehr nach außen gerichtet, zog sich seltener zurück. Das Ergebnis war jedenfalls, dass sie eine kleinere Wohnung suchte, 250 Euro pro Monat sparte und davon das Auto finanzierte.

Es ist besser, Sie nehmen eine durchdachte Änderung vor, als dass Sie halbherzig an einem Ziel festhalten, für das Sie nicht bereit sind, die nötigen Opfer zu bringen.

Harte Einschnitte vornehmen

Einige von Ihnen atmen jetzt vielleicht schon auf, weil sie Sparpotenziale entdeckt haben und allmählich sehen, wie sie ihre Ziele erreichen werden. Aber sicherlich sind einige unter Ihnen, die sich noch immer fragen, wo sie das Geld für die Altersversorgung und die Weltreisen hernehmen sollen oder wovon sie leben sollen, wenn sie weniger arbeiten.

Für Sie ist es wichtig, sich jetzt noch einmal mit den Zielen aus Ihrem Fahrplan auseinanderzusetzen. Denn es kann sein, dass es wirklich sehr schwer wird, sie zu verwirklichen. Sie werden harte Einschnitte akzeptieren müssen. Vielleicht müssten Sie Ihr Auto abschaffen, auf Urlaube verzichten oder auch in eine kleinere Wohnung ziehen. Klingt das brutal? Mag sein. Aber solche Einschnitte sind nichts, was Ihnen jemand aufzwingen will, sondern sie gehören zu den Möglichkeiten, die Sie haben, um finanziell unabhängig zu werden. Sie haben die Freiheit, den Verzicht zu wählen, um ein Ziel zu erreichen. Sie können es aber auch lassen! Sie sind der Boss. Wenn Sie viel Arbeit auf sich nehmen oder sich von liebgewonnenen Gewohnheiten trennen, sollte Ihnen immer klar sein: Sie tun das für niemand anderen als für sich selbst. Es ist Ihr Projekt, für das Sie kämpfen.

Bevor Sie sich zu harten Maßnahmen entscheiden, prüfen Sie Ihre anderen Lebenssäulen: Würde ein Verzicht sie beeinflussen? Und wenn ja, wie? Hier geht es jetzt nicht mehr darum, ein Abo zu kündigen, sondern das Leben für Ihr Ziel grundlegend zu verändern. Gehen Sie auch zurück zu den Einnahme-Optimierungen aus Kapitel 6 – haben Sie hier alles ausgeschöpft?

Wer viel arbeitet und sich weniger gönnt, wird unweigerlich immer wieder Durststrecken haben, in denen er sich fragt: Wozu das alles? In solchen Momenten ist es wichtig, dass Sie eine Vorfreude auf Ihr Ziel entwickeln. Angenommen, Sie wollen in fünf Jahren ein Haus kaufen. Bis dahin haben Sie sich jeden Urlaub gestrichen, machen einen großen Bogen um alle Restaurants und fahren bei Wind und Wetter mit dem Fahrrad, weil Sie auch Ihr Auto abgeschafft haben. Spätestens wenn Sie mal wieder völlig durchnässt durch einen Novemberregen geradelt sind, machen Ihnen heftigste Motivationskrisen zu schaffen. In solchen Momenten hilft es, sich selbst zu überlisten. Betrachten Sie Architekturmagazine, in denen schöne Häuser abgebildet sind. Malen Sie sich aus, wie Ihr Garten aussehen wird. Denken Sie sich aus, wie Sie das Haus möblieren und den Garten bepflanzen werden. Visualisieren Sie Ihr Ziel!

Wenn Sie »nur« sparen, um Ihren Lebensstandard im Alter zu sichern, dann machen Sie sich klar, was das konkret bedeutet. Zum Beispiel werden Sie

Zeit und Geld haben, um am schönsten Platz in Ihrer Stadt Kaffee zu trinken. Schlendern Sie doch dort mal vorbei. Gucken Sie sich ein Café aus, in dem Sie später Ihre Zeit genießen werden. Schlendern Sie ein bisschen weiter. Vielleicht entdecken Sie noch neue Orte, auf die Sie sich freuen können!

WISSEN TO GO: Keine Konsumschulden

Vielleicht haben Sie auf Ihrem Zielfahrplan etwas stehen, das Sie auch sofort kaufen könnten, weil ein günstiges Darlehen angeboten wird. Ein Auto zum Beispiel oder die neue Wohnungseinrichtung. Sie denken sich, dass Sie die monatliche Rate über 60 Monate schon gut stemmen können. Das kann natürlich sein. Aber wir glauben trotzdem, dass Sie alles, was dem Konsum dient, erst VERdienen sollten.

Was Sie über Schulden wissen sollten: Ungefähr jeder zehnte Erwachsene in Deutschland kann seine Rechnungen nicht mehr dauerhaft bezahlen, so eine Studie des Statistischen Bundesamtes,[4] die Ende 2020 veröffentlicht wurde. In der Gruppe der 30- bis 39-Jährigen war die Verschuldungsquote am höchsten. Fast jeder Fünfte dieser Altersklasse ist als überschuldet oder zumindest nachhaltig zahlungsgestört anzusehen. Die Ursache für Überschuldung liegt nach Arbeitslosigkeit (19,9 Prozent), Erkrankung/Sucht/Unfall (17,1 Prozent) zu 15,9 Prozent bei unwirtschaftlicher Haushaltsführung.

Nun werden die meisten, die dieses Buch lesen, nicht am Rande des Existenzminimums leben. Aus unserer Beratungserfahrung wird aber auch da, wo gut verdient wird, oft zu viel ausgegeben. Die festen Verpflichtungen der Ratenzahlung sind dann genau das, was Menschen bei Krankheit, Arbeitslosigkeit oder bei Folgen einer Corona-Pandemie »das Genick bricht«. Und daher gehört dieses Thema auch in ein Buch, das sich vorrangig um die Haben-Seite kümmert. Außerdem ist eine Vielzahl von Zahlungsverpflichtungen das genaue Gegenteil jenes Lebensgefühls, das Sie eigentlich anstreben: finanzielle Unabhängigkeit.

DURCHBRUCH: Treffen Sie klare Entscheidungen!

Lassen Sie sich nicht auf irgendwelche Finanzierungskompromisse ein, sondern richten Sie sich danach, was Sie sich wirklich leisten können und was nicht.

AUF DEN PUNKT: Ihre Ausgaben

Neben höheren Einnahmen sind weniger Ausgaben der Weg zur Erreichung Ihrer Ziele. Die meisten Menschen finden einige Einsparmöglichkeiten, ohne dass sie sich dafür einschränken müssen. Die genaue Überprüfung der fixen Kosten und der weiteren Lebenshaltungskosten geben Ihnen wertvolle Impulse, wie Sie sparen können. Doch wenn alle Möglichkeiten erschöpft sind, müssen Sie gründlich überlegen: Gibt es Dinge, auf die Sie verzichten können, um etwas anderes zu erreichen? Geben Sie jetzt schon auf oder probieren Sie es auch mit einigen härteren Einschnitten?
Die Entscheidung treffen alleine Sie. Beachten Sie bei allen Entscheidungen auch Ihre anderen Lebenssäulen.

8 Einfach oder schwierig? – Mehr Geld durch Erbe und Schenkung

Ein Todesfall ist immer traurig. Denn selten ist der Erblasser ein entfernter Verwandter aus Amerika, meist ist es doch ein geliebter Mensch, den man vermisst. Auf der anderen Seite bringt ein solches Ereignis oft ein üppiges Erbe mit sich. Einen Haufen Geld, der dem Betreffenden einfach so in den Schoß fällt. So manches finanzielle Problem könnte sich nun in Luft auflösen. Sechs- bis siebenstellige Summen als Erbe sind in Deutschland keine Seltenheit. Bei aller Trauer um den mit einem Erbe verbundenen menschlichen Verlust hilft das Geld oft genug, den Kredit für das Eigenheim abzulösen oder ein Polster für das Alter anzulegen. Es ermöglicht Anschaffungen oder eine Sicherheit, die der Begünstigte allein nicht hätte erwirtschaften können.

Doch nicht nur ein Erbe kann zu einem unverhofften Reichtum führen, auch zu Lebzeiten zeigen sich ältere Menschen oft sehr generös ihren jüngeren Verwandten gegenüber. Der Erbschaftsteuer wegen überschreiben sie ihnen vorzeitig Teile ihres Besitzes. Oder sie helfen, wenn ihre erwachsenen Kinder oder Enkelkinder ein Haus bauen oder eine berufliche Investition tätigen. »Vorweggenommene Erbfolge« nennt sich das im Fachjargon – »Schenkung« ist aber der Begriff, der meistens benutzt wird. Und da es Geschenke sind, besteht eigentlich nichts anderes als ein Grund zur Freude!

Wenn aber alles so wunderbar ist, wieso enthält dieses Buch dann ein ganzes Kapitel über das Thema Erbe und Schenkung? Nun, weil es auf den zweiten Blick keineswegs so einfach ist mit dem ererbten Geld. Viele Menschen haben Schwierigkeiten, mit Geld umzugehen, das sie sich nicht selbst erarbeitet haben, sondern ohne eigene Leistung erben oder geschenkt bekommen.

Die Herausforderungen bei geschenktem oder geerbtem Geld

Unsere Mandanten erzählen uns immer bereitwillig, wie viel Geld sie gespart und wo sie etwas angelegt haben. Zehntausend auf dem Festgeldkonto, eine fünfstellige Summe im Depot, Sparverträge, Fondsanteile. Sie zählen brav und vollständig alles auf. Und wenn sie fertig sind und wir schon Atem holen, um zum nächsten Punkt der Beratung überzugehen, dann kommt plötzlich ein Satz wie dieser: »Ach, und da sind auch noch die hunderttausend Euro, die ich von meiner Tante geerbt habe.«

Geerbtes – oder geschenktes – Geld ist anscheinend häufig ein Fremdkörper für diejenigen, denen es zufällt. Sie legen es separat an und parken es auf einem eigenen Konto. Sie ändern oft gar nicht ihren Lebensstil. Das Erbe ist für sie Extrageld. Und manche Menschen entwickeln, gerade wenn es sich um eine größere Summe handelt, überhaupt keinen inneren Bezug dazu.

Genau diese Unsicherheit ist es, die den Umgang mit ererbtem Geld zum Problem macht. Ob Sie es anlegen oder ausgeben, spielt dabei keine Rolle. Aus finanztechnischer Sicht gelten für ererbtes Geld die gleichen Regeln wie für jedes andere Einkommen auch. Woher das Geld stammt, ist egal. Ihr Vermögen soll ja in seiner Gesamtheit zu Ihren Zielen passen.

Aber so unbefangen und selbstverständlich gehen eben längst nicht alle Erben mit ihrem Geld um. Wer erbt oder eine Schenkung erhält, hat ganz plötzlich einen mehr oder weniger großen Batzen Geld zur Verfügung. Wir haben in unserer Beratung mit Erbschaften von 50.000 bis 5.000.000 Euro zu tun. Vor allem Immobilien in begehrten Gegenden erhöhen oft den Wert einer Erbschaft. Wer solche Summen erbt, kann sich Dinge kaufen, an die er vorher gar nicht zu denken gewagt hätte. Es fällt ihm eine Summe in den Schoß, die gar nichts mit seinem bisherigen Einkommen und seinen Ausgaben zu tun hat. Lediglich das »Glück«, dass ein Verwandter oder Freund viel erwirtschaftet und ihm hinterlassen hat, ermöglicht ihm nun, sich seine Wünsche zu erfüllen. Das wirft einige Schwierigkeiten auf. Und sie sind nicht finanztechnischer, sondern mentaler Art.

Erben kann einsam machen

Stellen Sie sich vor, Sie haben plötzlich 300.000 Euro zur Verfügung. Einfach so. An diesen Gedanken müssen nicht nur Sie selbst sich erst mal gewöhnen. Auch in Ihrer Partnerschaft und in Ihrem sozialen Umfeld können Probleme entstehen. Freunde, die weiterhin jeden Euro zweimal umdrehen, bevor sie ihn ausgeben, werden schlucken, wenn Sie plötzlich kaufen, was Ihnen gefällt, und beispielsweise mit einem dicken Auto vorfahren. Dafür sitzen Sie umgekehrt allein im Luxusressort auf den Seychellen, während Ihre alten Freunde wie immer an der Ostsee zelten. Wenn das Erbe so groß ist, dass es den Lebensstandard ändert, zerbrechen manchmal sogar langjährige Freundschaften daran. Das passiert natürlich auch, wenn jemand auf andere Weise sein Einkommen steigert. Gerade bei jüngeren Menschen entwickeln sich Lebenswege auseinander, wenn einer eine große Karriere macht und der andere finanziell bescheidener lebt. Der Unterschied zum Erbe ist, dass sich eine Karriere schrittweise entwickelt. Das Erbe dagegen verändert das Leben fast von einem Tag auf den anderen.

Besonders schwierig ist es für Paare mit getrennter Kasse, mit so einem plötzlichen Vermögensunterschied umzugehen. Wenn sich ein Partner plötzlich eine große Wohnung leisten kann und möchte, der andere das aber einfach nicht finanzieren kann, dann frisst sich das Geld tief in die Beziehung der beiden hinein. Entweder zahlt der erbende Partner die teurere Wohnung. Dann gerät der mitziehende Partner in eine Abhängigkeit, die er vielleicht nicht gewollt hat. Oder der erbende Partner verzichtet auf die große Wohnung, muss aber dann mit diesem Verzicht seinen Frieden machen. Auch Paare, in denen bisher der Mann als Alleinverdiener das Geld heranschaffte, stehen vor einer Herausforderung, wenn die Frau plötzlich eine große Summe erbt. Vielleicht sind sie sich einig, das ganze Geld in ein Haus zu stecken, und alles ist wunderbar. Vielleicht haben sie aber auch unterschiedliche Vorstellungen. Und dann stellen sie fest, dass sich die Gewichte in ihrer Waagschale verschoben haben. Jetzt bringt nicht mehr nur einer das Geld mit, sondern beide. Manche Paare geraten in so einer Situation in eine ernsthafte Krise.

Wir beobachten auch, dass manchem Erben simpler Neid die Freude über das Geld vermiest. Da machen die Freunde gehässige Bemerkungen, wenn er am Stammtisch nicht für alle zahlt, obwohl er doch jetzt das große Geld hat. Er sei sowieso arrogant und hochnäsig geworden, heißt es, weil er jetzt immer mit dem Auto statt mit dem Bus zur Arbeit kommt. Die Kollegen gönnen ihm nicht, dass er seine Arbeitszeiten reduziert, was er sich ja »nur« wegen des Erbes leisten kann. Es ist schwer, sich gegen solche Angriffe zu verteidigen! Denn man kann ja nicht sagen, man hätte das Geld »verdient«. Es ist reines Glück. Jemand anders hat das ganze Geld herbeigeschafft. Es gibt überhaupt keine Rechtfertigung dafür. In unseren Augen benötigen Sie auch keine Rechtfertigung, aber Sie müssen einen Weg finden, mit Ihrem Erbe Frieden zu schließen.

Vor so einem Hintergrund ist es verständlich, dass manche Erben ihr Erbe einfach verheimlichen. Sie leben weiter wie bisher, als wäre nichts passiert. Viele Menschen sind ganz zufrieden mit ihrem Lebensstandard. Manchmal ist es eine echte Grundsatzentscheidung: Nehme ich das Geld, gebe ich es auch aus und verlasse ich damit die Kreise, in denen ich bisher verkehrt habe? Oder lege ich das Geld irgendwo an und teile weiterhin den Lebensstil meiner Freunde, auch wenn ich mir eigentlich Saus und Braus leisten könnte?

ÜBUNG: Bereiten Sie sich auf den Umgang mit dem Erbe vor

Stellen Sie sich eine Liste zusammen. Wer wird Ihnen das Geld neiden, wer gönnen? Wer könnte Erwartungen an Sie haben, wenn er oder sie von dem Erbe weiß? Gibt es nach außen sichtbare Wünsche, die Sie sich gerne erfüllen möchten?

Welche Ziele des Zielpfades wird das Erbe aus finanzieller Sicht vereinfachen?

Wie passt geerbtes Geld zu meinen Zielen?

Wenn Sie es merkwürdig finden, Geld auszugeben, das Sie nicht selbst verdient haben, ist der erste Schritt, sich mit diesem Gefühl auseinanderzusetzen. Für viele Menschen widerspricht ererbtes Geld den Ansprüchen, die sie an sich selbst stellen. Erben ist keine eigene Leistung, es scheint fast peinlich zu sein. Menschen, die ihr Geld selbst erarbeiten, entwickeln langsam einen natürlichen Umgang damit. Sie gewöhnen sich an ihr Einkommen und richten sich mit einem entsprechenden Lebensstandard ein. Sie müssen sich vor niemandem rechtfertigen. Schließlich ernten sie die Früchte ihrer eigenen Arbeit. Wenn sie dagegen die Früchte fremder Arbeit ernten, reagieren sie manchmal merkwürdig. Als wollten sie sich aus einer unangenehmen Situation befreien, scheinen viele es darauf anzulegen, das Geld möglichst schnell loszuwerden.

Sie verpulvern es. Es ist ja nicht ihres! Also raus damit: Sie kaufen Antiquitäten, Gemälde und Schmuck. Dinge, die sie gar nicht wirklich brauchen. Andere Menschen fühlen sich verpflichtet, etwas Besonderes mit dem fremden Geld zu tun. Sie greifen Künstlern oder wohltätigen Vereinen unter die Arme, auch wenn ihnen die Sachkenntnis fehlt zu beurteilen, ob ihr Geld wirklich sinnvoll eingesetzt wird. Oder sie schämen sich, mit all dem Geld einen 08/15-Job auszuüben, und wagen eine berufliche Selbstständigkeit, deren Erfolgsaussichten ziemlich gering sind.

Vielleicht versuchen diese Menschen unbewusst, ihr Erbe wieder loszuwerden? Vielleicht könnte man ihr Verhalten auch so interpretieren, dass sie einen Extra-Bereich in ihrem Leben für das fremde Geld einrichten. Sie integrieren es nicht in ihre bisherige finanzielle Strategie, sondern sie fangen etwas Neues, bisher ganz Ungewohntes damit an.

DURCHBRUCH: Entwickeln Sie einen rationalen Umgang mit ererbtem oder geschenktem Geld!

Geben Sie es erst aus, wenn Sie mit sich darüber im Reinen sind, dass es in Ordnung ist, das Geld zu haben, auch wenn Sie es sich nicht selbst erarbeitet haben.

Diese Art, mit ererbtem – oder geschenktem – Geld umzugehen, ist kontraproduktiv für die finanzielle Unabhängigkeit. Entweder man verschwendet das Geld für unnötige Käufe oder man bindet sich ein überzogenes Projekt ans Bein, bei dem am Ende sogar noch Geld verloren gehen kann. Das Problem dabei ist nicht der Fehlkauf an sich oder die gescheiterte Investition, die Schwierigkeit liegt darin, dass der Beschenkte oder Erbe das Geld nicht innerlich angenommen hat. Und ohne eine innerliche Annahme wird es nicht in die finanzielle Strategie eingepasst. Der Zielfahrplan fällt dadurch vielleicht sogar auseinander, weil neue Ziele hinzukommen und diese andere – manchmal auch unbewusst – torpedieren. Ein Beispiel für eine – oft voreilige – Zielverschiebung ist Folgendes: Wenn das Ziel »Altersvorsorge« durch einen Wiedereinstieg in den Job zu sichern war und Sie plötzlich Ihr Altersvorsorgekapital geerbt haben, verzichten Sie möglicherweise auf die Jobsuche. Vielleicht verzichten Sie aber damit auf noch andere Bausteine, die Ihren Monopteros im Gleichgewicht halten würden – beispielsweise auf berufliche Anerkennung und persönliche

Weiterentwicklungsmöglichkeiten. Deshalb ist es wichtig, dass Sie sich in Ruhe damit auseinandersetzen, was das geerbte oder geschenkte Geld für Sie bedeutet – und wie Sie es sinnvoll in Ihre Strategie einpassen können. Und zwar, bevor Sie entscheiden, wofür Sie das Geld verwenden.

ÜBUNG: **So kann das geerbte Geld Ihren Zielfahrplan positiv beeinflussen**

Richten Sie Ihren Fokus darauf, wie die Summe Geld, die Sie nun zur Verfügung haben, sich auf Ihre Ziele auswirkt. Notieren Sie in Ihrem Zielpfad, was Sie nun als »erledigt« betrachten könnten. Achten Sie dabei darauf, wie es sich für Sie anfühlt. Wenn es für Sie noch nicht stimmig ist, obwohl es vielleicht rational das Beste wäre, vermerken Sie das.

Tatsächlich dauert es manchmal eine Weile, einen rationalen Zugang zu dem neuen Vermögen zu finden – auch wenn erben nichts Besonderes ist; die meisten Menschen erben irgendwann in ihrem Leben etwas. Wenn Sie merken, Sie kommen trotz der in diesem Kapitel vorgestellten Übungen nicht recht weiter, können und sollten Sie das Thema weiter aufarbeiten. Wir stellen immer fest: Die Zeit ist ein wesentlicher Faktor. Aber auch, dass Sie sich von verschiedenen Seiten »dem Erbe nähern«. Sprechen Sie mit Geschwistern und anderen Verwandten über Geld, lösen Sie Blockaden zum Beispiel mit Methoden wie Hypnose und Emotionscode, arbeiten Sie an Ihrem Selbstwertgefühl. Und irgendwann passt dann das geerbte Geld auch in Ihren Zielfahrplan – es bleibt aber sicherlich etwas Besonderes.

Sie erben nicht nur Geld, sondern auch eine Geschichte

Ein Erbe oder eine Schenkung kommt in der Regel nicht aus einer anonymen Quelle wie etwa ein Lotterie-Gewinn. Sondern Sie kannten oder kennen den Menschen, der Ihnen sein Eigentum überlassen hat. Die Zuwendung ist sehr persönlich gemeint. Bei einem Erbe gibt es noch mehr Beteiligte. Weitere Erben oder Familienmitglieder, die verärgert sind, weil sie nichts geerbt haben. Dazu noch die restliche Verwandtschaft, die möglicherweise mit Argusaugen verfolgt, was Sie mit dem Geld anfangen. An geerbtem Geld hängen Lebensgeschichten, Beziehungen und Gefühle. Der Zeitpunkt, zu dem man es bekommt, ist mit Trauer um einen menschlichen Verlust verbunden. Freude über das Geld verbietet sich. Oft verursacht das Erbe auch Konflikte mit weiteren Erben. Es beschäftigt das Gewissen. Es enthält eine unterschwellige Botschaft, oder der Erbe fühlt sich verpflichtet. Das alles macht es sehr schwer, einen rationalen Umgang mit diesem Geld zu entwickeln.

Eines der größten Probleme steht gleich am Anfang, wenn der Erbfall eintritt: Das ist der Streit unter den Erben, wenn mehrere Personen bedacht sind. Markus, der Rechtsanwalt, sagt seinen Mandanten immer: »Versuchen Sie, eine Erbengemeinschaft zu vermeiden – das bringt so oft Streit.« Schließlich vererbt der Verstorbene nur selten eine glatte Summe, die sich problemlos durch die Anzahl der Erben dividieren lässt. Oft ist noch eine Immobilie mit im Spiel. Sie muss erst verkauft werden, damit die Erben den Erlös aufteilen können. Das wollen aber nicht immer alle Erben. Einer würde das Elternhaus vielleicht lieber behalten. Dann geht der Streit um die Frage los, welche Summe man sich gegenseitig auszahlt. Oder wer denn das Haus nun bekommt, wenn es mehrere Erben gibt, die es gerne hätten. Gleichermaßen kann man sich auch um Schmuck, Teppiche, Silberbesteck oder sonstige persönliche Andenken streiten. In so einer Situation das Erbe erst mal nicht anrühren zu wollen, ist durchaus verständlich. Und natürlich auch sinnvoll.

Übrigens sind diese Konflikte nicht nur für die Erbengemeinschaft selbst belastend. In einem unserer Workshops lernten wir vor einiger Zeit eine Dame kennen, die ein hübsches Vermögen besaß. Ihr Mann war früh gestorben, und sie selbst war noch nicht alt. Sie hatte eigentlich noch viele Jahre vor sich. Trotzdem dachte sie bereits darüber nach, wie und wem sie ihr Geld hinterlassen wollte. Sie hatte keine eigenen Kinder, sodass ihr Erbe an ihre Geschwister fallen würde. Und das, sah sie voraus, würde zu riesigen Konflikten führen, wenn sie nicht frühzeitig selbst festlegte, wer was bekommen sollte.

Es gibt natürlich auch ganz gegensätzliche Fälle. Kürzlich berieten wir einen jungen Mann, der von seinem Onkel ein schuldenfreies Haus geerbt hatte. Auch hier hingen viele Gefühle an dem neuen Eigentum. Allerdings waren sie positiv. Der junge Mann freute sich sehr. Nicht nur über das Vermögen an sich, sondern auch darüber, dass der Onkel gerade ihm das Haus vererbt hatte. Er hatte ihn als Kind dort oft besucht, und diese Besuche in seinem Haus gehörten zu seinen schönsten Erinnerungen. Das hatte der Onkel offenbar wahrgenommen, als er entschied, ihm das Haus zu vermachen. Seinen anderen Nichten und Neffen hatte er nämlich Geld hinterlassen. Der junge Mann sprach ganz liebevoll von seinem Onkel und dem Haus. Er war voller Dankbarkeit.

Die Erwartungen des Verstorbenen

Freude, Trauer oder Streit beeinflussen die Haltung zum Erbe vor allem am Anfang eines Erbfalls. Langfristig allerdings noch bestimmender ist nach unserer Beobachtung die Auseinandersetzung mit ausgesprochenen oder vermuteten Erwartungen des Erblassers, was der Erbe mit dem Geld anzufangen habe. Diese Erwartungen schleppen viele Erben mit sich herum. Sie ähneln den Gefühlen, mit denen manche Menschen an ihre Eltern denken, wenn sie größere Summen ausgeben. Oft läuft das unbewusst ab: Sie könnten sich jetzt ein neues Notebook kaufen oder das Geld einfach für eine Reise ausgeben. Aber irgendetwas hindert sie daran. Irgendwie fühlen sie sich nicht frei, das Geld einfach so auszugeben. Stattdessen haben sie das Gefühl, sie müssten etwas »Vernünftiges« mit dem Geld anfangen. Was da in ihrem Innern wirkt, ist der erhobene Zeigefinger der Erbtante, die über jeden Spaß-Kauf den Kopf schüttelte und mahnte, Geld immer für bleibende Werte auszugeben.

Wenn Sie Ihr ererbtes Geld in Ihre Strategie auf dem Weg zur finanziellen Unabhängigkeit einbauen möchten, müssen Sie sich von solchen Verpflichtungen befreien. Geld, das Sie im Sinne Ihrer Erbtante ausgeben, ist nicht Ihr eigenes. Es ist aber Ihr Geld, und Sie sollten selbst überlegen, was Sie damit anfangen.

DURCHBRUCH: **Bestimmen Sie selbst über das Erbe – trotz des letzten Willens!**

Nehmen Sie sich die Freiheit und bilden Sie sich Ihre eigene Meinung darüber, wie Sie das geerbte Geld verwenden.

Manchmal teilt der Erblasser sein Erbe so auf, dass die Bedachten ganz unglücklich damit sind. In einem Fall, den wir kennen, steckte sogar Absicht dahinter. Die Verstorbene vermachte von ihrem Schmuck den gesamten Goldschmuck an ihre Tochter und den Weißgoldschmuck an ihre ungeliebte Schwiegertochter. Ein letzter böser Gruß sozusagen. Die Tochter der Verstorbenen beschloss, dass ihr das gute Verhältnis zu ihrem Bruder und ihrer Schwägerin wichtiger war, als die Seitenhiebe ihrer Mutter auf die Schwägerin sogar über deren Tod hinaus noch mit anzusehen. Sie entschied, den Schmuck mit ihrem Bruder und der Schwägerin so aufzuteilen, wie sie es für richtig hielt.

Es liegt an Ihnen, ob Sie solche Spielchen auch nach dem Tod des Betreffenden noch akzeptieren. Natürlich sollte sich niemand leichtfertig über den letzten Willen eines Verstorbenen hinwegsetzen. Es muss sich aber auch niemand sklavisch daran festklammern. Schließlich ist es auch erlaubt, ein Erbe komplett auszuschlagen. Wenn es Ihnen also freisteht, das Erbe anzutreten, dann steht es Ihnen auch frei, das Geld weiterzuverteilen. Ein Erbe ist Ihr Geld. Daran müssen Sie sich gewöhnen. Sie können es nehmen oder nicht, Sie können es behalten oder verschenken. Viele Menschen entscheiden sich, trotz aller Konflikte zum Verstorbenen das Erbe anzunehmen und zu behalten. Sie geben es aber nicht aus, sondern legen es an, um es selbst einmal ihren Kindern zu vererben. Oder sie geben es direkt an die Kinder weiter, wenn diese schon alt genug sind. Was auch immer Sie tun: Die Hauptsache ist, dass Sie eine bewusste Entscheidung fällen.

Informieren Sie sich rechtzeitig

Einer unserer Mandanten bekam jahrelang von seinem Vater zu hören: »Mach dir keine Sorgen, du erbst ja später mein Geld. Ich habe genug!« Unser Mandant verließ sich auf diese Worte und traf keine eigenen Maßnahmen zur Vermögensbildung. Das böse Erwachen kam, als sein Vater starb: Es war keineswegs »genug« Geld da, sondern nur eine relativ kleine Summe, die unserem Mandanten bei Weitem nicht zur Absicherung irgendwelcher Risiken reichen konnte. Unser Mandant sah seinen Vater nun mit anderen Augen: Offenbar hatte sich dieser so sehr gewünscht, seinen Sohn abzusichern, dass er selbst schon daran glaubte. Sicherlich ein zutiefst menschlicher Fehler, doch er hatte für den Sohn verhängnisvolle Folgen. Er war nämlich bereits selbst fast im Rentenalter, als sein Vater starb, und hatte nicht mehr die Chance, ein ausreichendes Vermögen aufzubauen.

Wir schlussfolgern aus dieser Geschichte, dass Sie sich unbedingt genau informieren müssen und nicht allein auf Worte bauen dürfen, wenn Sie sich auf anderer Leute Geld verlassen wollen. Unserer Meinung nach trifft auch den Sohn ein großer Teil der Schuld. Wieso hat er sich nie nach der konkreten Summe erkundigt? Wahrscheinlich erschien es ihm pietätlos. Das können Sie sicherlich nachvollziehen. Es ist für viele Menschen schwierig, über den Tod zu sprechen. Noch schwerer fällt es ihnen, nachzufragen, wie viel Geld sie dann zu erwarten haben. Aber wenn Sie das Geld einplanen wollen, brauchen Sie belastbare Zahlen.

Nicht über das zu erwartende Erbe zu sprechen, kann viele Gründe haben. Vielleicht weigern sich Ihre Eltern, mit Ihnen über Geld zu sprechen. Dann können Sie sie natürlich nicht zwingen. Vielleicht ist Ihr Verhältnis einfach zu angespannt, um das Thema anzusprechen. Oder Ihre Eltern haben sich einfach noch nicht entscheiden können, ob sie ihr Vermögen nur Ihnen hinterlassen wollen oder auch einen Teil zum Beispiel an gemeinnützige Einrichtungen vererben möchten. Ohnehin fühlen sich ältere Menschen in manchen Fällen von ihren Erben beobachtet, nach dem Motto: Was, du unternimmst schon wieder eine Reise? Bleibt denn dann überhaupt noch genug Geld für uns übrig? Hier können wir die Elterngeneration sehr gut verstehen. Die eigene Absicherung ihres Ruhestandes und auch eines eventuellen Pflegefalles steht immer im Vordergrund. Und uns vorrechnen lassen, was wir mit unserem selbst verdienten Geld zu machen haben – das würden wir auch nicht wollen.

Uns suchte einmal ein älterer Herr ohne Terminvereinbarung auf – das ist bei uns sehr ungewöhnlich. Er stand ziemlich aufgebracht vor der Tür und sagte, er hätte heute unsere Kolumne im »Münchner Merkur« zum Thema »Absicherung im Pflegefall« gelesen und müsste uns da mal was fragen. Da er so aufgebracht war, sprudelte es nur so aus ihm heraus, dass seine Kinder ihn ständig bedrängten, das Haus auf sie zu überschreiben. Aber er hätte doch sonst gar nicht viel. Und was denn werden solle, falls er und seine Frau mal Geld bräuchten, um sich in dem schönen neuen Seniorenheim eine Mehrzimmerwohnung zu kaufen. Für uns gab es hier nur einen einzigen Rat – natürlich ohne Berechnung: Das Haus dieses älteren Ehepaares musste nur ihnen vorbehalten bleiben – der eigene Ruhestand geht immer vor.

DURCHBRUCH: Planen Sie nur ein, worüber Sie genau Bescheid wissen!

Ein Erbe ist immer ein Geschenk. Die Höhe steht niemals vorher genau fest. Planen Sie ein Erbe nur ein, wenn Sie sehr sicher sind, dass Sie eine bestimmte Höhe auch erben werden. Organisieren Sie Ihre Vorsorge lieber eigenständig.

Wir fragen in unseren Beratungsgesprächen immer mit ab, ob unsere Mandanten noch ein Erbe erwarten. Viele Mandanten bejahen diese Frage, sagen aber dazu, dass ihre Eltern noch jung seien. Sie schätzen vorsichtig und realistisch.

Und das ist sehr gut so. Noch besser finden wir allerdings, wenn unsere Mandanten sich ein Herz fassen und das Thema Erbe mit ihren Eltern oder anderen Erblassern besprechen. Meistens ist sowieso allen Beteiligten klar, dass etwas vererbt werden wird. Ein offenes Gespräch kann für beide Seiten befreiend wirken. Gerade wenn Sie sich als Eltern beobachtet fühlen und das Gefühl haben, sich für jede Ausgabe rechtfertigen zu müssen, ist das offene Wort hilfreich. Schließlich sollen Sie nicht das Gefühl haben, auf etwas verzichten zu müssen, weil die Kinder möglichst viel erben wollen. Doch diese Angst können Sie ihnen nur nehmen, wenn Sie das Problem offen ansprechen. Auch zwischen den übrigen Familienmitgliedern können sich die Beziehungen erheblich entspannen, wenn klar ist, wer welchen Teil bekommen wird.

ÜBUNG: Sprechen Sie den Pflegefall an

Wenn Ihre Eltern sich weigern, mit Ihnen über ihre Vermögensverhältnisse zu sprechen, ist das zwar schade, aber natürlich müssen Sie es akzeptieren. Eine Sache jedoch sollten Sie versuchen mit Ihren Eltern zu besprechen – deren Absicherung im Pflegefall. Wenn Ihre Eltern für ihre Pflege nämlich nicht vorgesorgt haben, dann stehen Sie möglicherweise in der Zahlungspflicht. Sie müssen sich in diesem Eventualfall Ihrem Einkommen entsprechend an den Pflegekosten Ihrer Eltern beteiligen.

Berechnen Sie mit Ihren Eltern einmal, was ein achtjähriger Aufenthalt in einem Pflegeheim kostet. Lassen Sie sich versichern, dass das durch eigene Renten und Vermögen abgedeckt ist. Oftmals werden Sie dann zu hören bekommen, dass das Geld dafür eben nicht reicht. Sie können Ihren Eltern daraus keinen Vorwurf machen – die Absicherungsmöglichkeiten gegen den Pflegefall sind erst im letzten Jahrzehnt wirklich gewachsen. Bieten Sie nun Ihre Hilfe an, auszurechnen, was möglich wäre und ob es überhaupt noch eine Absicherungsmöglichkeit gibt. Einige von Ihnen werden an dieser Stelle mit dem Risiko leben müssen, für den Fall der Fälle für die Eltern einzuspringen. So wie das Erbe gesetzlich geregelt ist, ist auch geregelt, dass Kinder für ihre Eltern aufkommen müssen. Glücklicherweise gilt seit dem Jahr 2020, dass eine Unterhaltspflicht erst ab einem Jahresbruttoeinkommen des Kindes von 100.000 Euro besteht. Wenn Sie zu dieser Verdienergruppe gehören, bauen Sie diesen Punkt in Ihren Zielfahrplan mit ein. Das ist eben eines der notwendigen Ziele, die Sie mitverfolgen.

Klare Absprachen helfen allen Seiten

Viele ältere Menschen sind gerne bereit, in den Jahren vor ihrem Tod bereits ihren Kindern oder Nichten und Neffen einen Teil ihres Vermögens zu schenken. Das hat einerseits etwas damit zu tun, dass sie Erbschaftsteuer sparen möchten. Andererseits sehen sie, dass sie selbst nicht mehr so viel Geld brauchen, die nachfolgende Generation aber gerade mit Hausbau und Familiengründung in der Aufbauphase steckt, in der sie finanziell alle Kräfte anspannen muss.

Wenn Sie zu dieser nachfolgenden Generation gehören, können Sie solch eine Finanzspritze sicherlich gut gebrauchen. Allerdings gelten hier die gleichen Regeln wie beim Erben: Es ist fremdes Geld, das Sie bekommen. Sie haben Gefühle für den Schenkenden, fühlen sich vielleicht verpflichtet, und tatsächlich kann es sein, dass der Schenkende die Schenkung mit Erwartungen verknüpft. Wir müssen bei Schenkungen immer an ein junges Paar denken, dass von den Eltern einen üppigen Zuschuss für sein Eigenheim bekam. Wenige Tage später kaufte der junge Mann einen Mercedes. Darauf bekamen die Eltern einen Tobsuchtsanfall. Sie hatten gedacht, die jungen Leute würden das Geld benutzen, um die Schulden schneller abzutragen. Dass sie es sich gut gehen lassen wollten – oder, wie die Eltern es formulierten, »in Saus und Braus leben« –, davon sei nicht die Rede gewesen.

Auf welche Seite auch immer Sie sich in dieser Auseinandersetzung geschlagen hätten, lernen Sie bitte eines daraus: Der ganze Ärger hätte vermieden werden können, wenn beide Seiten vorher offen besprochen hätten, was mit dem Geld geschehen sollte. Das junge Paar hätte von dem Mercedes erzählt, die Eltern hätten ihre Erwartung an die Spar-Anstrengungen formulieren können. Vielleicht hätte das junge Paar besser auf das Geld verzichtet, als sich in seine Ausgaben reinreden zu lassen. Vielleicht hätten die Eltern beschlossen, das Geld lieber zu behalten, weil die Not doch nicht so groß war, wie sie dachten. Und vielleicht hätte es keinen so großen Krach gegeben.

DURCHBRUCH: Durchdenken Sie die Schenkung!

Fragen Sie sich also, wenn Sie eine Schenkung annehmen:

- Was erwartet man von mir?
- Kann und will ich diese Erwartungen erfüllen?
- Wie abhängig werde ich?

Je nachdem, wie alt Sie sind, müssen Sie sich heute schon die Gegenfrage gefallen lassen: Wie werden Sie sich verhalten, wenn Sie Geld verschenken oder vererben? Früher oder später kommt diese Frage auf jeden zu. Und Sie sollten dann ebenso offen sein, wie Sie es sich früher selbst von Ihren Eltern oder Verwandten gewünscht hätten. Ihnen werden aber viele Fragen und Sorgen durch den Kopf gehen. Vielleicht befürchten Sie, dass Ihre Kinder sich selbst nicht mehr gut um ihre Absicherung kümmern, wenn Sie ihnen verraten, was Sie vererben können. Vielleicht fürchten Sie, dass Ihre Kinder sich miteinander streiten. Vielleicht möchten Sie noch selbst ein Haus auf dem Land kaufen und bewohnen und haben nun Angst, dass Ihre Kinder Ihnen das übel nehmen, weil sie auch bauen und Ihre Unterstützung brauchen könnten. Gegen diese Sorgen hilft nach unserer Erfahrung am besten Offenheit. Sie müssen niemandem etwas überschreiben, wenn Sie nicht wollen, und Sie dürfen das offen sagen und dazu stehen. Genau wie Ihre Eltern haben auch Sie das Recht, Auskunft über Ihr Vermögen zu verweigern.

WISSEN TO GO: Warum Sie ein Testament verfassen sollten

Zu den häufigsten Irrtümern gehört der Glaube, man brauche kein Testament. Zwar tritt ohne Testament die gesetzliche Erbfolge ein, doch diese wirkt sich oftmals anders aus, als landläufig vermutet.

Für die folgenden Fälle kann sich das Fehlen eines Testamentes besonders drastisch auswirken:

Ehepartner ohne Kinder

Ehepaare verkennen oft, dass nicht der andere Ehepartner alles erbt, wenn ein Ehegatte stirbt. Leben die Eltern noch oder – falls nicht – gibt es noch Geschwister oder deren Abkömmlinge oder Großeltern des verstorbenen Ehegatten, so erbt der überlebende Ehegatte abhängig vom Güterstand nur die Hälfte beziehungsweise drei Viertel des Vermögens. Der überlebende Ehegatte und sonstige Erben bilden dann eine Erbengemeinschaft. Sehr häufig kommt es zu heftigen Streitigkeiten. Denn dem verwitweten Partner stehen lediglich zum Haushalt gehörende Gegenstände als sogenannter Ehegatten-Voraus allein zu. Bargeld und Vermögen werden entsprechend der Erbanteile aufgeteilt. Immobilien gehören den Erben gemeinsam. Der verwitwete Ehegatte muss also möglicherweise den Miterben Miete zahlen, wenn er weiter in dem Haus wohnen bleibt, das ihm und seinem Partner gehört hatte. Oder er bezahlt die Miterben aus – wenn er das kann. Schlimmstenfalls kann das Haus gegen seinen Willen von den anderen Miterben zur Teilungsversteigerung freigegeben werden. Soll dem überlebenden Ehegatten dies alles erspart werden, er also Alleinerbe sein, ist dies nur mittels Regelung in einem Testament möglich.

Ehepartner mit Kindern

Hatte der verstorbene Ehegatte Kinder, erbt der überlebende Ehepartner je nach Güterstand und Kinderanzahl nur zwischen einem Viertel und der Hälfte des Vermögens. Der überlebende Ehegatte und die Kinder bilden auch hier eine Erbengemeinschaft. Konflikte sind fast vorprogrammiert, wenn der Verstorbene mehrfach verheiratet war, da sich dann neben der Ehefrau noch Kinder aus verschiedenen Ehen in der Erbengemeinschaft wiederfinden. Auch hier kann es für den überlebenden Ehepartner sehr unangenehm werden, wenn Kinder ihren Anteil an Immobilien oder einem Unternehmen des Verstorbenen fordern und der Ehegatte nicht genug Geld hat, um sie auszuzahlen. Wenn minderjährige Kinder der Ehegatten vorhanden sind, ist darüber hinaus bei manchen wichtigen Entscheidungen noch das Betreuungsgericht hinzuzuziehen. Auch hier kann nur ein Testament vorsorgen. Überdies gehört eine Regelung, wer Vormund für die Kinder sein soll, wenn beiden Elternteilen etwas zustößt, in ein Testament.

Nichtverheiratete Lebenspartner

Noch viel wichtiger ist ein Testament für Menschen, die unverheiratet zusammenleben. Im Todesfall eines Lebenspartners geht nämlich bei gesetzlicher Erbfolge der andere leer aus.

Wie Sie Ihren Nachlass regeln

Sofern Sie Ihr Testament selbst verfassen, müssen Sie nur wenige formale Regeln beachten, damit es wirksam ist und die gesetzliche Erbfolge ausschließt. Ein Testament muss eigenhändig und handschriftlich verfasst und unterschrieben sein. Ein am Computer verfasster und ausgedruckter Text stellt, auch wenn er unterschrieben ist, also kein wirksames Testament dar. Darüber hinaus sollten der Ort und das Datum der Niederschrift vermerkt werden. Nur Ehegatten und eingetragene Lebenspartner können ein gemeinschaftliches Testament verfassen, bei dem der eine Partner das Testament handschriftlich aufsetzt und beide es unterschreiben. Inhaltlich haben Sie weitreichende Gestaltungsmöglichkeiten.

Wenn Sie Ihren Erben den Streit über die Aufteilung Ihres Nachlasses ersparen wollen, haben Sie folgende Möglichkeiten:

Vermächtnis

Wenn Sie einer Person einen bestimmten Teil Ihres Vermögens hinterlassen möchten, können Sie ein Vermächtnis aufsetzen. Wenn Sie diese Person in Ihrem Testament nicht als Erbe einsetzen, wird sie auch nicht Mitglied einer Erbengemeinschaft. Sie hat dann (nur) einen Anspruch gegen den bzw. die Erben, die ihr den im Vermächtnis genannten Gegenstand oder Geldbetrag überlassen müssen. Wenn Sie also vermeiden wollen, dass einzelne Personen Mitglied einer Erbengemeinschaft werden, können Sie diesen ein Vermächtnis zuwenden. Mindestens eine Person muss aber als Erbe und damit als Rechtsnachfolger des Erblassers benannt werden.

Teilungsanordnung

Haben Sie mehrere Personen als Erben eingesetzt, können Sie mittels einer Teilungsanordnung anordnen, wie der Nachlass aufgeteilt werden soll. Wenn sich die Erben einig sind, können diese aber eine abweichende Aufteilung des Vermögens vornehmen. Beachten Sie: Eine Teilungsanordnung führt nicht dazu, dass sich die wertmäßige Aufteilung verschiebt. Angenommen, Sie vererben ein Haus, ein Wertpapierdepot und ein Grundstück, die unterschiedlich wertvoll sind. Nun ordnen Sie an, dass Ihre ältere Tochter das Haus, die jüngere das Depot und Ihr Sohn das Grundstück bekommen. Dann müssen die drei untereinander die Wertunterschiede ausgleichen, wenn Sie Ihre Töchter und den Sohn zu je einem Drittel als erbberechtigt eingesetzt haben. Wollen Sie dies nicht, wäre ein sogenanntes Vorausvermächtnis hinsichtlich der Gegenstände an die drei Erben die richtige Konstruktion.

Testamentsvollstreckung

Der Testamentsvollstrecker verteilt den Nachlass entsprechend dem Willen des Erblassers. Er kann auch zur Verwaltung des Vermögens oder einzelner Vermögenswerte (beispielsweise Kapitalvermögen, Immobilien) eingesetzt werden. So können Sie sicherstellen, dass Ihr letzter Wille auch vollzogen wird.

Das Berliner Testament

Wenn Ehegatten, die gemeinsame Kinder haben, ein Testament aufsetzen, tun sie dies in der Praxis meist in der Form des sogenannten Berliner Testaments. Damit wird der länger lebende Ehepartner zunächst Alleinerbe. Erst nach seinem Tod erben die Kinder das Vermögen. Eine übliche Klausel zur Formulierung dieses Ziels ist: »Wir setzen uns jeweils gegenseitig zu alleinigen Vollerben unseres Vermögens ein. Schlusserben nach dem Versterben des Längstlebenden von uns sollen unsere beiden Kinder zu jeweils gleichen Teilen sein.«

Diese Regelung hat allerdings einige Nachteile:

- Freibeträge der Erbschaftsteuer werden möglicherweise verschenkt. Denn zuerst versteuert der Ehegatte das gesamte Erbe. Nach seinem Tod zahlen die Kinder noch einmal Steuern. Ihnen steht aber nur der persönliche Freibetrag von 400.000 Euro nach dem letztversterbenden Ehegatten zu. Der Freibetrag vom Erstversterbenden ist verloren. »Abhilfe« können hier lebzeitige Schenkungen an die Kinder oder ein Vermächtnis im ersten Erbfall leisten. Dann wird auch der Freibetrag nach dem erstversterbenden Ehegatten genutzt.
- Die Kinder werden durch das Berliner Testament beim Tod des ersten Elternteils enterbt. Falls der länger lebende Elternteil das Vermögen ausgibt, gehen sie leer aus. Allerdings können die Kinder vom überlebenden Elternteil ihren Pflichtteil verlangen. Das wiederum kann den überlebenden Elternteil in Bedrängnis bringen, wenn das Erbe hauptsächlich aus einer Immobilie besteht und ihm die Mittel für die Auszahlung fehlen. Beim Tod des überlebenden Ehegatten werden die Kinder, die den Pflichtteil beim Tod des ersten Ehepartners geltend gemacht haben, dennoch Erben. Der überlebende Ehepartner kann nach dem Tod des Erstversterbenden das Testament grundsätzlich nicht mehr ändern.

Je nachdem, was die Ehegatten regeln wollen, gibt es **alternative Gestaltungsmöglichkeiten zum einfachen Berliner Testament.** Zum Beispiel:

- Sie können dem überlebenden Ehegatten die Freiheit lassen, neu zu testieren, zum Beispiel zugunsten eines neuen Lebensgefährten, oder dies komplett ausschließen. Möglich sind auch Zwischenlösungen, dass zum Beispiel die Kinder zwar Schlusserben bleiben müssen, der Überlebende aber die Erbquoten ändern darf. Dann kann dieser einem Kind, das sich um ihn mehr gekümmert hat, im Schlusserbfall mehr zukommen lassen als dem anderen Kind.

- Sie können durch sogenannte Wiederverheiratungsklauseln dafür sorgen, dass Ihre Kinder nach dem Tod des zuerst sterbenden Ehepartners das Erbe später nicht mit Kindern aus einer weiteren Ehe des überlebenden Partners teilen müssen.
- Sie können versuchen, Ihre Kinder davon abzuhalten, den Pflichtteil zu fordern, wenn Sie eine sogenannte Pflichtteilsstrafklausel einsetzen. Sie besagt, dass derjenige, der seinen Pflichtteil fordert, auch später nur noch einen Pflichtteil bekommt, wenn nach dem Tod des zweiten Ehepartners das gesamte Vermögen vererbt wird. Ganz ausschließen lässt sich ein Pflichtteilsanspruch nur durch einen notariellen Pflichtteilsverzicht des Kindes.

Sie sehen, erben ist komplizierter, als man denkt. Sie haben das vielleicht schon an Ihren eigenen unsortierten Gefühlen gemerkt, und wir hoffen, dieses Kapitel hat Ihnen geholfen, diese Gefühle anzunehmen und als Herausforderung zu betrachten. Ein rationaler Umgang mit ererbtem Geld stellt sich nicht immer von allein her, sondern muss manchmal richtig erarbeitet werden.

AUF DEN PUNKT: Ihr Erbe: fünf goldene Regeln

Wenn Sie ein Erbe antreten und Ihre Gefühle Achterbahn fahren, geht Ihnen viel durch den Kopf. Sie haben schon gelernt, dass das gut ist. Lassen Sie Ihre Gedanken ruhig viele Kreise ziehen. Aber irgendwann wollen und sollen Sie natürlich zu Entscheidungen kommen und handlungsfähig werden. Dabei werden Ihnen die folgenden fünf goldenen Regeln helfen, die nach unserer Erfahrung besonders nützlich sind für ein rationales Schenken und Erben.

1. Machen Sie sich unabhängig vom Willen des Erblassers.
   Wenn Sie erben, gehört Ihnen das Geld. Sie übernehmen die Verantwortung dafür, was Sie damit tun. Treffen Sie deshalb eigene Entscheidungen.

2. Planen Sie ein Erbe nicht vorab ein.
   Manchmal haben Sie nicht alle relevanten Informationen. Manchmal schmilzt ein Vermögen noch mächtig zusammen, bis der Erbfall eintritt. Verlassen Sie sich lieber auf sich selbst.
3. Lassen Sie sich Zeit zu entscheiden, was Sie mit dem Erbe machen möchten.
   Vielleicht brauchen Sie erst eine Weile, um den Verlust eines geliebten Menschen zu verarbeiten. Vielleicht müssen Sie sich erst klar werden, was das geerbte Geld Ihnen bedeutet. Übereilte Entscheidungen sind immer riskant. Parken Sie das Geld lieber eine Weile irgendwo und eignen Sie es sich in Ruhe an.
4. Regeln Sie erst die Pflege, bevor Sie an Schenken und Erben denken.
   Ob Sie mit Ihren Eltern sprechen oder selbst in der Situation sind: Pflege kann sehr teuer sein. Erst wenn klar ist, wie sie finanziert wird, lohnt es sich, überhaupt über eine Schenkung nachzudenken.
5. Regeln Sie Ihr eigenes Erbe.
   Sich über die Eltern und Großeltern aufzuregen, ist leicht, aber wenn er selbst an der Reihe ist, verhält sich mancher genauso irrational wie seine Ahnen. Wenn Sie Ihr Geld persönlich verteilen möchten, dann machen Sie ein Testament. Und besprechen Sie mit Ihren Erben, was nötig ist.

Akzeptieren Sie, dass es kompliziert sein kann, etwas zu erben oder eine Schenkung zu erhalten. Nur dann haben Sie die Chance, Ihr Erbe so anzutreten, dass es Sie auf dem Weg zur finanziellen Unabhängigkeit nicht verwirrt, sondern Ihnen nützt.

9 Ihr persönliches Sicherheitskonzept – Absicherung mit Augenmaß

Für den Fall, dass Ihnen eine Party mal zu wild zu werden droht und Sie Ihre Gäste loswerden wollen, haben wir einen heißen Tipp für Sie: Fangen Sie ein Gespräch über Versicherungen an. Sie werden staunen, wie schnell sich Ihre gute Stube leert. Fluchtartig werden sich Ihre Gäste von Ihnen verabschieden. Wer eben noch ansetzte, das Tanzbein zu schwingen, wird plötzlich von bleierner Müdigkeit zu Boden gedrückt und schlurft mit letzter Kraft aus Ihrer Tür.

Über Versicherungen unterhält sich niemand gerne. Es ist ein sehr negativ besetztes Thema. Einerseits haftet ihm etwas Bürokratisches an. Umständliche Antragsformulare, verklausulierte Vertragsbedingungen, Streitigkeiten, wenn der Versicherungsfall eintritt: Das schreckt viele Menschen ab. Andererseits rücken Themen wie Krankheit, Tod und wirtschaftlicher Verlust ins Blickfeld, wenn es um Versicherungen geht, denn es sind immer diese traurigen oder ärgerlichen Fälle im Leben, die Gegenstand einer Versicherung sind. Und wer denkt schon gerne über das Unglück nach?

Doch es hilft nichts: Wenn Sie finanziell unabhängig sein wollen, müssen Sie sich mit Ihren Lebensrisiken auseinandersetzen. Es gibt keine solide Finanzplanung, ohne dass die grundlegenden Risiken abgesichert sind. Es gibt auch keine Alternative dazu, vorzusorgen. Sicher, Sie können Extremsportarten meiden, um Ihr Unfallrisiko zu senken. Sie können sich gesund ernähren, um Zivilisationskrankheiten vorzubeugen. Aber damit schließen Sie das Risiko niemals komplett aus, dass Sie doch krank werden. Oder dass Sie einen Unfall erleiden. Sie können bei aller Vorsicht nicht verhindern, dass ein betrunkener Autofahrer Sie anfährt oder dass Sie auf einem nassen Küchenboden ausrutschen und sich einen komplizierten Bruch zuziehen. Das Leben birgt nun einmal Gefahren, die sich nicht wegorganisieren lassen.

Schauen Sie Ihren Risiken ins Auge

Wir bestehen deshalb auch in diesem Buch darauf, dass Sie sich zuerst um Ihre Absicherung kümmern, bevor wir über Ihre Geldanlagestrategie sprechen. Es sind die notwendigen Ziele, die Sie aus den »Wer zahlt, wenn …«-Fragen abgeleitet haben. Wir sind jedoch keine Fans von Überversicherungen.

Nehmen wir als typisches Beispiel Herrn Müller. Er ist eine fiktive Person, die wir modelliert haben, um Ihnen vor Augen zu führen, warum es wichtig ist, sich zu versichern, und in welchen Irrtümern sich manche Menschen befinden.

Herr Müller kommt in unsere Beratung, um dort über sein Depot zu sprechen. Das ist mittelgroß, und er hat ein paar nette Fonds darin. Wir fragen ihn, ob er regelmäßig neue dazukauft oder ob er eine Sparrate hat. »Nein«, sagt er, »keins von beiden.« Das sei nicht drin. Dafür bleibe einfach nicht genügend Geld übrig. Herr Müller ist 37 Jahre alt, Projektleiter im Personalmanagement eines mittelgroßen Unternehmens, und er hat eine Frau und zwei Kinder, die er allein ernährt. Klar, dass da nicht viel Geld übrigbleibt. Andererseits hat er kein schlechtes Gehalt und feste Bezüge. Eine monatliche Sparrate ließe sich schon organisieren, wenn Herr Müller wollte.

Wir fahnden also weiter nach Kostenfaktoren und setzen an einem Punkt an, der bei vielen Menschen erhebliche Beträge verschlingt: Versicherungen. »Haben Sie so viele Versicherungen?«, fragen wir. Und sind auf dem Holzweg, denn Herr Müller schüttelt den Kopf. »Nein!«, sagt er. »Versicherungen sowieso nicht!« Lediglich eine Haftpflichtversicherung hat er abgeschlossen. Und er geht ganz selbstverständlich davon aus, dass wir zufrieden nicken und diesen Punkt abhaken, denn man hört es ja immer, wie übertrieben es sei, sich gegen alles und jedes zu versichern, und wie viel geschickter eine schlanke Linie bei Versicherungen sei. Aber nun irrt Herr Müller. Wir denken gar nicht daran, wohlwollend zu nicken. Sondern wir haken ein. »Sie sind Alleinverdiener, ernähren sich und drei weitere Menschen und haben nichts außer einer Haftpflichtversicherung?«, fragen wir. »Was machen Sie und Ihre Familie, wenn Ihnen etwas passiert?«

»Aber ich bin doch gesund«, sagt Herr Müller.

Das sagen wirklich viele Mandanten zu uns. Und wir müssen dann immer an einen jungen Mann denken, der einen Schreinerbetrieb übernommen hat. Zuerst hatte er einen Unfall und konnte ein halbes Jahr lang nicht arbeiten. Dann, kaum hatte er wieder losgelegt, stellte sich heraus, dass er eine Krebserkrankung hatte. »Ich bin doch noch nicht mal dreißig«, sagte er zu seinem Arzt. Zum Glück hatte seine Mutter ihn erfolgreich gedrängt, für Krankheit und

Unfall vorzusorgen, sodass er diese Prüfungen finanziell weitgehend unbeschadet überstand. Und gesundheitlich inzwischen glücklicherweise auch.

Sie können sich nun sicher vorstellen, was sich in unserem Kopf abspielt, wenn wir in unserer Beratung auf Leute treffen, die Mitte dreißig sind und gar nichts abgesichert haben. Wie Herr Müller. Und sich für zu jung halten, um über Krankheiten nachzudenken. Dabei sind sie schon mittendrin in dem Alter, wo so mancher wochenlang flachliegt mit einem Bandscheibenvorfall. Und Krankheiten wie Krebs treffen Menschen in allen Altersklassen. Auch wenn sie nicht immer tödlich verlaufen, sind sie oft mit monatelanger Arbeitsunfähigkeit verbunden. Haben Sie sich schon mal klargemacht, was das finanziell für Sie bedeutet? Wenn drei Leute von Ihnen abhängen und Sie vielleicht noch ein Haus abzahlen? Wenn wir unseren Mandanten von solchen Fällen erzählen, fallen ihnen selbst meist ähnliche Geschichten aus ihrem Umfeld ein. Und manchmal hat es fast eine wohltuende Wirkung, diese Themen mal auf den Tisch zu packen. Denn viele Menschen tragen schon lange ein ungutes Gefühl mit sich herum, weil sie sich nicht kümmern.

Wer sich nicht um die Absicherung seiner Risiken kümmert, hat meistens Angst, das ist unsere Beobachtung. Angst vor dem Gedanken, dass etwas passieren könnte. Das Einzige, was hilft, ist Konfrontation. Sie müssen ehrlich zu sich sein. Wenn Sie ein erhöhtes Krankheitsrisiko in der Familie haben, hilft es nichts, wegzuschauen. In Ihrem Unterbewusstsein schleppen Sie die Sorge mit sich herum. Wenn Sie viel mit dem Auto unterwegs sind, erhöht sich natürlich die Gefahr, dass Sie einen Unfall erleiden. Und haben Sie schon mal darüber nachgedacht, was für Kosten entstehen können, wenn eine Hausfrau und Mutter von drei Kindern eine lange Krankheit durchmacht und arbeitsunfähig ist? Es gleicht einem Blindflug, sich nicht mit diesen Risiken auseinanderzusetzen.

DURCHBRUCH: **Befassen Sie sich mit Ihren Lebensrisiken!**

Wer sich nicht um die Absicherung seiner Risiken kümmert, hat meistens Angst. Sehen Sie den Gefahren ins Auge und kümmern Sie sich darum. Nähren Sie nicht länger Ihre Ängste, indem Sie die Risiken verdrängen.

Wir fragen also Herrn Müller, ob im Notfall seine Frau die Familie ernähren kann, nachdem sie fünf Jahre aus ihrem Beruf raus ist. Das muss Herr Müller verneinen. Wie es weitergehen würde, wenn er arbeitsunfähig wäre, hat er noch nicht richtig durchdacht. Jetzt wird ihm klar: Es wäre der soziale Abstieg. Er könnte seinen Lebensstandard nicht annähernd halten. Über kurz oder lang wären seine Familie und er auf das Sozialamt angewiesen.

Nicht immer läuft die Absicherung darauf hinaus, eine Versicherung abzuschließen. Manche Menschen finden andere Wege. Wenn zum Beispiel die Eltern Millionäre sind und im Krankheitsfall die Familie subventionieren würden, dann reicht das natürlich als Absicherung aus. Und wenn die Hausfrau und Mutter ausfällt, aber eine leistungsfähige Oma einzuspringen bereit ist, dann brauchen Sie natürlich auch keine Extra-Versicherung. Es treffen auch nicht alle erdenklichen Risiken auf jeden zu. Wenn Sie Vertriebsmitarbeiter im Außendienst sind, haben Sie ein höheres Risiko im Straßenverkehr. Wenn Sie kurz vor der Rente stehen, brauchen Sie keine Berufsunfähigkeitsversicherung mehr. Sie sollen sich also keineswegs wild drauflos versichern. Vielmehr geht es darum, Ihre persönlichen Risiken vernünftig einzuschätzen.

Diese Einschätzung lässt sich systematisieren, indem man die Risiken in Klassen einteilt. Eine sinnvolle Einteilung sieht so aus:

- **Existenzvernichtende Risiken**
  Das sind Risiken, die Sie wirklich in Armut stürzen können, weil sie lange Einnahmeausfälle mit sich bringen. Eine sehr lange Krankheit oder Berufsunfähigkeit oder der Tod eines Hauptverdieners gehören zum Beispiel für die meisten Menschen dazu.
- **Existenzbedrohende Risiken**
  Diese Risiken belasten Sie stark, weil sie hohe Kosten verursachen, bringen aber nicht Ihr gesamtes Finanzgebäude zum Einsturz; zum Beispiel größere Schäden am Auto oder am Eigenheim.
- **Existenzneutrale oder harmlose Risiken**
  Hierunter fallen kleinere Gefahren, die kaum der Rede wert sind. Die eingeworfene Fensterscheibe zum Beispiel, oder die zerbrochene Vase.

Und das sind die Risiken im Einzelnen:

Existenzvernichtende Risiken absichern

In dieser Rubrik haben Sie es mit Risiken zu tun, die Ihre gesamte Existenz bedrohen, wenn Sie eintreten. Vor allem gehören dauerhafte Einnahmeausfälle dazu oder wirklich große Schäden. Hier möchten wir noch einmal vorausschicken, dass einige Risiken, die wir hier für Sie aufgeführt haben, für Sie in Ihrer ganz individuellen Situation vielleicht nicht existenzvernichtend sind. Sie müssen bei jedem in diesem Kapitel genannten Risiko selbst das »Prädikat« vergeben. Nur beim Haftpflichtfall behaupten wir, dass es in Deutschland nur eine Handvoll Menschen gibt, die dieses Risiko nicht abzusichern brauchen.

- **Berufsunfähigkeit bei jüngeren Menschen und Menschen in den mittleren Jahren**
  Wenn wir das Thema Berufsunfähigkeit ansprechen, verziehen manche unserer Mandanten das Gesicht. Denn sie haben von Verwandten oder Bekannten mitbekommen, dass die Berufsunfähigkeitsversicherung sich geweigert hat zu bezahlen, als der Versicherungsfall tatsächlich eintrat. Tatsächlich gibt es immer wieder solche Konflikte mit Berufsunfähigkeitsversicherungen, vor allem, wenn es um psychische Erkrankungen oder um Erkrankungen des Bewegungsapparates geht. Weniger gestritten wird dagegen, wenn die Berufsunfähigkeit beispielsweise aufgrund einer Krebserkrankung eintritt.

  Wenn Sie sich gegen eine Berufsunfähigkeitsversicherung entscheiden, ist das grundsätzlich okay. Aber Sie sollten unbedingt abwägen, ob Sie wirklich auf diesen Schutz verzichten können. Die einfache Faustformel lautet: Wenn Ihr Humankapital höher ist als Ihr Geldvermögen, droht Ihnen im Falle einer Berufsunfähigkeit der soziale Abstieg. Anders ausgedrückt: Addieren Sie den Einnahmeausfall über die Jahre, den Sie erleiden, wenn Sie Ihre Arbeitskraft verlieren. Vergleichen Sie diese Summe nun mit Ihrem Vermögen. Was können Sie ausgleichen?

  Je älter Sie sind, desto weniger lohnt sich eine Berufsunfähigkeitsversicherung. Denn mit den Jahren sinkt die Zeit, die Sie im Falle einer Berufsunfähigkeit überbrücken müssten. Wenn Sie kurz vor der Rente stehen und schon Rücklagen aufgebaut haben, können Sie die wenigen verbleibenden Jahre vermutlich leichter überbrücken. Angenommen, Sie haben ein Vermögen von 1,4 Millionen Euro, das jedes Jahr eine Rendite von 3,5 Prozent nach Steuern abwirft, dann haben Sie monatlich rund 4.000 Euro, von denen

Sie gut leben könnten. Ein Kapitalverzehr findet dabei noch nicht mal statt. Dann brauchen Sie keine Berufsunfähigkeitsversicherung mehr.

Doch jüngere Menschen haben meist kein solches Polster aufgebaut. Für sie bedeutet die Berufsunfähigkeit die Existenzvernichtung. Wenn Sie 20 Jahre vor der Rente nicht mehr erwerbstätig sein können, sind sie nach kurzer Zeit auf den Sozialstaat angewiesen. Der Staat zahlt nur eine geringe Erwerbsunfähigkeitsrente, wenn er sich überhaupt überzeugen lässt, dass Sie gar nicht mehr arbeiten können. Sie sind dann ein Sozialfall. Das müssen Sie sich klarmachen und überlegen, ob Sie mit diesem Risiko leben wollen.

Manchmal ist die Berufsunfähigkeitsversicherung auch sehr teuer. Handwerker beispielsweise müssen hohe Beiträge zahlen, weil sie ein größeres Berufsunfähigkeitsrisiko haben als ein hauptsächlich am Schreibtisch sitzender Betriebswirt. Das kann sich nicht jeder leisten. Möglicherweise kommen Sie zu dem Schluss, dass Sie nicht so viel Geld ausgeben wollen, sondern lieber mit dem Risiko leben. Manchmal gibt es auch Alternativen; beispielsweise könnten Sie als Handwerker eine Unfallversicherung abschließen, um wenigstens ein großes Risiko als Handwerker über die berufsgenossenschaftliche Absicherung hinaus abzusichern.

TIPPS:

- Prüfen Sie, ob Sie über eine Mitgliedschaft in einem Berufsverband ein günstiges Angebot für eine Berufsunfähigkeitsversicherung bekommen können. Die Gesundheitsfragen sind dort manchmal auch vereinfacht. Berufsunfähigkeitsversicherungen prüfen die Voraussetzungen bei solchen Verbandsverträgen manchmal weniger gründlich oder bieten geringere Beiträge. Sie holen diese Kulanz über die Masse der Verträge wieder herein. Es kann sein, dass Sie so nur eine geringe Berufsunfähigkeitsrente abschließen dürfen, aber vielleicht können Sie mit einer eingeschlossenen Dynamik die Rente mit der Zeit steigern.
- Sagen Sie unbedingt die Wahrheit bei allen Angaben über Ihren Gesundheitszustand und Ihre Lebensverhältnisse. Sie riskieren sonst, dass Sie jahrelang in die Versicherung einzahlen und im Ernstfall kein Geld bekommen, weil Sie irgendeine Vorerkrankung verschwiegen haben. Es gibt Fristen für die Angabe zurückliegender Krankheiten. Schauen Sie sich diese Bedingungen genau an. Möglicherweise entscheiden Sie sich, mit der Versicherung noch ein halbes Jahr zu warten, um diese Frist verstreichen

zu lassen. Das kann sich auf die Höhe Ihrer Beiträge auswirken, aber auch auf die Frage, ob Sie sich überhaupt gegen Berufsunfähigkeit versichern können. Es kann auch passieren, dass die Versicherung Sie gar nicht aufnimmt, wenn sie eine Vorerkrankung als zu schwerwiegend beurteilt.

- **Der Haftpflichtfall**

Nehmen Sie an, Sie sind als Fußgänger unterwegs, laufen unachtsam auf die Straße und verursachen einen schweren Unfall und immense Schäden. Vielleicht hat der Fahrer des Wagens, vor den Sie gelaufen sind, versucht zu bremsen und ist dabei auf den Bürgersteig geraten, wo er jemanden überfahren und zusätzlich einen großen Sachschaden verursacht hat. Wenn das Unfallopfer eine lebenslange Behinderung davonträgt, kann das extrem teuer werden. Erst recht, wenn der Betroffene noch jung ist.

Wenn Sie für den Lebensunterhalt Geschädigter aufkommen müssen, kann das in die Millionen gehen. Da kommen Sie auch im fortgeschrittenen Alter mit Ihren Rücklagen nicht mehr weit. Das ist einerseits ein Problem für Sie, weil die Haftung Ihr ganzes Geld auffrisst. Wenn Sie nicht besonders viel haben, ist es überdies auch ein Problem für den Geschädigten, der sich auch nichts dafür kaufen kann, wenn Sie zum Sozialfall werden.

Eine Haftpflichtversicherung raten wir deshalb jedem an. Es gibt keine Alternativen dazu. Und sie ist geradezu lächerlich preiswert. Schon für Jahresbeiträge von unter 100 Euro erhalten Sie hohe Deckungssummen. Die Haftpflichtversicherung einsparen zu wollen, ist fahrlässig und durch nichts zu rechtfertigen.

Tipps:

- Prüfen Sie regelmäßig die Deckungssumme Ihrer Haftpflichtversicherung. Sichern Sie mindestens zehn Millionen Euro ab. Und prüfen Sie alle paar Jahre, ob diese Summe noch angemessen ist.
- Checken Sie die Zusatzleistungen. Zum Beispiel bieten Versicherungen eine sogenannte Forderungsausfalldeckung an. Das schützt Sie in dem Fall, dass Ihnen ein Schaden zugefügt wird und der andere keine Versicherung und kein Vermögen besitzt. Darüber hinaus gibt es die Möglichkeit, deliktsunfähige Kinder mit in den Versicherungsschutz einzuschließen.

- Vergleichen Sie die Preise. Über Selbstbeteiligung und Online-Angebote können Sie Geld sparen. Allerdings müssen Sie unter Umständen auch auf Service bei der Abwicklung verzichten.
- Achten Sie auf Extra-Risiken. Für Autofahrer gibt es eine gesonderte Kfz-Haftpflicht, die jeder Fahrzeughalter abzuschließen gezwungen ist. Das ist aber nicht der einzige Sonderfall. Gesondert absichern müssen Sie auch Ihre Haftung
  - als Bauherr und Haus- und Grundbesitzer von vermietetem oder unbebautem Grundbesitz,
  - als Tierhalter,
  - als Besitzer eines Öltanks (falls dieser ausläuft und Gewässer verunreinigt),
  - als Berufstätiger (für viele Berufe gibt es extra Haftpflichtversicherungen).
- Informieren Sie sich auch, ob Ihre Hobbys versichert sind. Die Privathaftpflichtversicherung deckt beispielsweise die Schäden nicht, die beim Surfsport entstehen können. Sie müssten dieses Risiko extra mit absichern.

- **Todesfall**

Es liegt auf der Hand, dass ein Todesfall nicht nur menschlich, sondern auch finanziell eine sehr große Lücke reißen kann. Extrem ist sicherlich, wenn der Hauptverdiener einer Familie in jungen Jahren stirbt. Die gesetzliche Witwen- und Waisenrente deckt nur den Grundbedarf. Oft ist der Lebensstandard aber höher, die Kinder haben teure Hobbys, man unterhält ein Auto, und dann ist da noch das Darlehen für das Eigenheim, das Monat für Monat bedient werden will. Diese ganzen Kosten summieren sich innerhalb weniger Monate zu Summen, die man mit der Witwen- oder Waisenrente niemals ausgleichen kann. Zwangsversteigerung und finanzieller Ruin sind die Folgen. Und: Nein, wir dramatisieren nicht! So etwas geschieht häufig genug. Immer wieder versäumen Paare es, sich für den Fall abzusichern, dass einer von beiden stirbt. Völlig unterschätzt werden auch die Kosten, die entstehen, wenn der nicht oder geringfügiger verdienende Partner stirbt. Dann heißt es nämlich, eine Haushaltshilfe und Kinderbetreuung zu finanzieren. Das geht richtig ins Geld, das kann sich nicht jeder leisten.

Hinzu kommt, dass ein Todesfall auch immer ein Trauerfall ist, der die Handlungsfähigkeit stark beeinträchtigt. Viele Menschen sind am Boden zerstört, wenn sie ihren Partner verlieren. Dann auch noch schlimme finanzielle Krisen zu bewältigen, ist eine totale Überforderung.

Unsere Mandanten antworten mir auf unsere Hinweise, dass sie eine Kapitallebensversicherung haben. Wenn Sie auch dazugehören, dann schauen Sie sich bitte genau an, was Sie im Todesfall bekommen würden. Eine Summe von 50.000 Euro, die als Altersvorsorgesumme durchaus Gewicht hat, ist für einen Todesfall oft nur ein Tropfen auf den heißen Stein. Wenn die Restschuld des Eigenheimes noch 200.000 Euro beträgt, die Ausbildung der Kinder ansteht und der Lebensstandard das ist, was man »gut bürgerlich« nennt, ist eine solche Summe viel zu gering.

Wir empfehlen Ihnen, die Altersvorsorge auf andere Weise zu sichern und für den Fall, dass ein Ehepartner stirbt, eine Risikolebensversicherung abzuschließen. Für wenig Geld sichern Sie die finanziellen Folgen für den Fall ab, dass Sie sterben. Streitigkeiten über den Versicherungsfall haben Sie in der Regel keine zu erwarten. Solange nicht der Verdacht der Selbsttötung im Raum steht, zahlt die Versicherung umgehend, mitunter schon innerhalb von zwei Wochen.

Tipps:

- Die Faustformel für die Deckungssumme bei der Risikolebensversicherung lautet: Pro Kind sollten im Todesfall eines Elternteils mindestens 50.000 Euro ausgezahlt werden, besser 100.000 Euro. Dazu eine Summe, die dem Partner hilft, die Zeit zu überbrücken, die er braucht, um finanziell wieder auf eigenen Füßen zu stehen. Das müssen Sie selbst einschätzen, es hängt von verschiedenen Faktoren ab, unter anderem davon, ob der Partner berufstätig ist oder nicht. Falls nicht, dann ist ein Jahresgehalt des Hauptverdieners sicherlich angemessen.
- Um zu verhindern, dass die Versicherungssumme in die Erbmasse fällt, können Sie die Absicherung als sogenannte Überkreuzversicherung gestalten. Jeder Lebenspartner schließt dabei die Versicherung auf das Leben des anderen ab, ist aber selbst Versicherungsnehmer und Prämienzahler. Damit zählt die Versicherungssumme im Leistungsfall nicht zum steuerpflichtigen Erwerb.

Existenzbedrohende Risiken abwägen

In dieser Risikoklasse müssen Sie selbst abwägen, wie gefährdet Sie im Einzelnen sind. Ein Autoschaden etwa trifft Sie stärker, wenn Sie kein schnell liquidierbares Vermögen haben, aber den Wagen jeden Tag beruflich nutzen. Wie gut Sie mit einer längeren Krankheit fertigwerden, hängt davon ab, ob Sie selbstständig oder angestellt sind und über welche Rücklagen Sie verfügen.

- **Unfall**
  Wenn Sie viel unterwegs sind, haben Sie ein erhöhtes Unfallrisiko. Die unmittelbaren Behandlungskosten nach einem Unfall übernimmt Ihre Krankenkasse. Aber dann? Zwar sind nur rund 9 Prozent aller Berufsunfähigkeitsfälle auf einen Unfall zurückzuführen. Doch wenn Sie zu den Menschen gehören, die beruflich oft mit dem Auto fahren müssen, kann es Sie leichter treffen. Zwar zahlt bei Unfällen in Zusammenhang mit Ihrem Job auch die Berufsgenossenschaft, aber eine zusätzliche Absicherung hilft sicherlich über vieles hinweg.

  Sie hilft, wenn Sie gar nicht mehr arbeiten können, aber auch, wenn Sie »nur« eine Phase überbrücken müssen. Die Unfallversicherung kann auch eine Alternative zur Berufsunfähigkeitsversicherung sein, weil Sie diese aufgrund einer Vorerkrankung nicht bekommen können. Mit einer Unfallversicherung decken Sie wenigstens einen Teil des Risikos ab. Jedoch möchten wir ganz klar sagen: Wenn Sie die Berufsunfähigkeit ordentlich abgesichert haben, müssen Sie das Unfallrisiko nicht extra absichern – ausgenommen vielleicht Unternehmer und Kinder. Kinder haben ein erhöhtes Unfallrisiko beispielsweise durch Stürze oder Vergiftungen. Unternehmer benötigen bei einem Ausfall oft im Unternehmen Geld für die Betriebsausgaben, die ja weiterlaufen. Bemessen Sie also: Welches Unfallrisiko haben Sie, und wie wären Sie abgesichert im Fall des Falles?

Tipps:

- Wählen Sie einen Progressionstarif. Dabei steigen die Leistungen überproportional mit den Unfallfolgen.
- Schließen Sie auf keinen Fall eine Unfallversicherung mit Prämien- beziehungsweise Beitragsrückgewähr ab. Das ist eine verkappte Kapitallebensversicherung. Das Argument, dass Sie am Ende der Laufzeit alle Beiträge

zurückbekommen, klingt gut. Aber Sie fahren besser, wenn Sie in der Unfallversicherung nur für die Risikoabsicherung zahlen und andernorts Kapital ansparen.

- **Pflegebedarf**
  Nach Berechnungen des Bundesgesundheitsministeriums wird sich die Anzahl der Pflegebedürftigen von 4,2 Millionen im Jahre 2020 auf 6,1 Millionen im Jahr 2050 erhöhen, bei abnehmender Gesamtbevölkerung. Die Zahl der Leistungsbezieher in der Pflegeversicherung ist seit der Einführung 1995 von rund 1 Million auf rund 4 Millionen heute gestiegen. Der Beitrag zur gesetzlichen Pflegeversicherung hat sich seit ihrer Einführung 1995 von 1 Prozent auf 3,05 Prozent seit 2020 erhöht. Kinderlose zahlen einen weiteren Zuschlag von 0,25 Prozent. Trotzdem reichen die Leistungen der gesetzlichen Pflegeversicherung nicht aus, um eine angemessene Versorgung sicherzustellen.

  Sie sind fein raus, wenn Sie eine ausreichende Rente und ein Vermögen aufgebaut haben, aus dessen Erträgen sich die Pflege bezahlen lässt. Wenn die Rente und die Erträge das nicht hergeben, müssen Sie Ihr Vermögen aufbrauchen. Das ermöglicht Ihnen immerhin noch für eine gewisse Zeit eine Pflege mit einem gewissen Standard. Hatten Sie allerdings vor, etwas zu vererben, so müssen Sie und Ihre Erben jetzt Abstriche machen.

  Wenn Sie kein so großes Vermögen aufgebaut haben, könnten Sie eine Versicherung zur Schließung der Lücke suchen. Die privaten Pflegezusatzversicherungen bieten hauptsächlich diese drei Modelle an:
  - Pflegekostentarif: Hier zahlt die Pflegeversicherung direkt die Kosten für die Pflege, die von der gesetzlichen Versicherung nicht abgedeckt werden, bzw. einen Teil davon (je nach Tarif).
  - Pflegetagegeld: Sie bekommen pro Tag einen bestimmten Betrag ausgezahlt. Grundsätzlich sind Sie frei darin, wie Sie das Geld verwenden. Achten Sie auf das Kleingedruckte, manchmal stehen dort gravierende Einschränkungen. Zum Beispiel zahlt die Versicherung in manchen Verträgen nur, wenn Sie eine vollstationäre Pflege brauchen.
  - Pflegerentenversicherung: Das ist eine monatliche Rente, die Sie im Pflegefall erhalten, ähnlich wie das Pflegetagegeld.

Vielleicht scheint Ihnen das Thema Pflege noch sehr weit entfernt. Wir raten aber dazu, sich rechtzeitig damit zu beschäftigen. Zählen Sie Ihre zu erwartende Rente zusammen und prüfen Sie, welches Vermögen verzehrt werden könnte. Den beschriebenen Versicherungen stehen wir kritisch gegenüber: Besonders in den letzten Jahren sind die Beiträge auch hier stark gestiegen und viele Rentner können diese dann nicht mehr weiter bedienen.

- **Wohngebäudeschäden**
  Ein Haus ist teuer. Wenn es beschädigt wird, kann das enorm viel Geld kosten. Die Banken wissen das und fordern bei einer Finanzierung deshalb eine Feuerversicherung. Aber auch Sturm und Hagel oder Pannen in der Wasserversorgung können riesige Schäden verursachen. Wenn Sie Ihr Haus noch abzahlen und ein Hagelsturm das Dach zerstört, sind Sie möglicherweise ruiniert. Auch wenn Sie keine Kredite mehr bedienen müssen und schon über Rücklagen verfügen, entsteht in so einem Fall eine große Belastung.

  Rechnen Sie also durch, was Sie schlimmstenfalls für Schäden am Haus bezahlen müssten, und prüfen Sie, ob und wie Sie das Geld aufbringen könnten. Beziehen Sie auch ein, dass Sie im Katastrophenfall eine andere Unterkunft bräuchten. Monatelang als mehrköpfige Familie zur Miete wohnen kostet auch! Schließen Sie eine entsprechende Versicherung ab, wenn Sie feststellen, dass solche Schäden Sie ruinieren würden. Selbst wenn Sie es sich leisten könnten – wollen Sie Ihre Rücklagen für einen Neuanfang ausgeben?

Tipps:

- Sparen Sie nicht an der falschen Stelle. Wohngebäudeversicherungen sind nicht sehr teuer. Sie können es sich also leisten, ein möglichst umfangreiches Paket zu wählen. Wichtig ist auch, dass Sie Überspannungsschäden einschließen oder Abrisskosten nach einem Brand mitversichert haben.
- In den letzten Jahren haben Schäden durch extreme Wetterereignisse wie Hochwasser oder Schneelast zugenommen. Diese können Sie über den Zusatz »Elementarschäden« mitversichern.
- Verzichten Sie auf den sogenannten »Einwand bei grober Fahrlässigkeit«: So versichern Sie nämlich auch solche Schäden noch mit, die durch leichtsinniges Verhalten entstehen. Akzeptieren müssen Sie allerdings, dass die Versicherungen hier die Schadenssumme begrenzen.

- **Längere Krankheit**
  Überraschend oft sind gutverdienende Menschen gegen Einkommensausfall wegen Krankheit schlecht abgesichert. Sicher, es gibt das Krankengeld der gesetzlichen Krankenkasse. Allerdings bekommen Sie gerade als Besserverdienender nur einen Teil Ihrer gewohnten Bezüge. Das gesetzliche Krankengeld beträgt 70 Prozent des Bruttoeinkommens, maximal 90 Prozent des Nettoeinkommens. Obergrenze ist jedoch die Beitragsbemessungsgrenze (112,88 Euro pro Tag im Jahr 2021). Wenn Sie mehr verdienen, haben Sie also im Krankheitsfall deutlich weniger Geld zur Verfügung als bisher.

  Das ließe sich vielleicht noch leicht durch ein paar Einsparungen verschmerzen. Doch die meisten Menschen übersehen bei ihrer Risikokalkulation, dass sie ihre Sozialversicherungsbeiträge komplett allein bezahlen müssen, wenn sie länger als sechs Wochen krank sind. Dann ist nämlich der Arbeitgeber aus der Zahlungspflicht raus. Rechnen Sie also durch, was auf Sie zukäme: Deutlich weniger Geld auf dem Konto und dazu vielleicht deutlich höhere Ausgaben. Könnten Sie das zum Beispiel sechs Monate lang verkraften? Wenn Sie dafür keine Rücklagen haben, schließen Sie eine private Krankentagegeldversicherung ab. Sie stockt das gesetzliche Krankengeld auf. Sie können aber auch gezielt Ihre Notfallreserve dafür aufstocken.

Tipps:

- Denken Sie bei Ihrer Risikoabwägung auch daran, dass Sie wahr scheinlich nicht voll handlungsfähig sind, wenn Sie krank sind. Dann werden Sie andere Sorgen haben, als sich um Geld zu kümmern. Eine ausreichende Versorgung werden Sie sehr zu schätzen wissen.

- **Schäden am Auto**
  Manchmal sind Autoschäden nur Kleinigkeiten. Wenn Sie an einem Pfeiler entlangschrammen und Ihr Wagen sowieso schon zehn Jahre alt ist, werden Sie den Schaden leicht verschmerzen. Vielleicht hatten Sie sowieso vor, bald ein neues Auto zu kaufen, und Sie benutzen Ihr Fahrzeug ohnehin nicht täglich, sondern nur zu Wochenendausflügen. Die Fahrten zur Arbeit bewältigen Sie mit der Bahn. Aber angenommen, Sie wohnen auf dem Land. Die öffentlichen Verkehrsmittel bestehen aus einem Bus, der zweimal am Tag über die Dörfer zockelt. Sie brauchen also ein Auto. Sie fahren damit

ins Büro und besuchen Ihre Kunden. Auch ist der nächste Supermarkt nur motorisiert zu erreichen. Wenn Sie unter solchen Umständen Ihr Auto zu Schrott fahren, stehen Sie wirklich schlecht da. Klar ist: Sie brauchen sofort Ersatz. Sie müssen das nächste verfügbare Fahrzeug nehmen. Sie können auch nicht warten, bis ein besonders günstiges Angebot Ihren Weg kreuzt. Verursachen Sie in solch einer Lebenssituation einen selbst verschuldeten Unfall, der Ihr Fahrzeug fahruntüchtig macht, müssen Sie ganz schnell Tausende auf den Tisch legen. Entweder haben Sie Rücklagen, sodass Sie sich den Schaden leisten können, oder Sie haben eine Vollkaskoversicherung. Trifft beides nicht zu, dann haben Sie ein Problem.

Kalkulieren Sie, wo zwischen diesen beiden Extremen Sie stehen, wenn Sie entscheiden, ob Sie eine Vollkaskoversicherung abschließen möchten. Wie sehr sind Sie auf Ihr Auto angewiesen? Wie viel ist es wert? Und wie würden Sie einen Totalschaden begleichen?

Tipps:

- Die Faustregel für Neuwagen ist, die Vollkasko-Versicherung für die ersten vier Jahre abzuschließen.
- Die meisten Versicherungspolicen können Sie zum 30.11. eines Jahres kündigen. Tragen Sie sich den Termin in den Kalender ein und halten Sie Ausschau nach günstigeren Verträgen.

- **Rechtsstreit**

Wenn Ihr Arbeitgeber Ihnen kündigt, fühlen Sie sich möglicherweise ungerecht behandelt. Außerdem müssen Sie vielleicht befürchten, dass Sie nicht so schnell einen neuen Job finden. Dann lohnt es sich, gegen die Kündigung vorzugehen oder um eine Abfindung zu kämpfen. Allerdings kostet so eine Auseinandersetzung beträchtliche Summen. Ihr Anwalt will bezahlt sein, und das Gerichtsverfahren kostet ebenfalls. Der Wert, um den es geht, ist für Sie jedoch erheblich. Viele Menschen entschließen sich deshalb dazu, eine Rechtsschutzversicherung abzuschließen.

So eine Versicherung sichert jedoch nicht alle Risiken ab. Streitigkeiten beim Kauf oder bei der Finanzierung von Bauvorhaben sind beispielsweise ausgeschlossen. Oder eine Ehescheidung. Sie müssen also abwägen, welche Streitigkeiten zu erwarten sein könnten und ob Sie diese absichern wollen.

Versuchen Sie herauszufinden, ob Sie spezielle Risiken tragen und welche Kosten im Rechtsstreit auf Sie zukommen könnten.

Tipps:

- Wenn Sie Mitglied in einem Interessenverband sind, haben Sie dort oft auch einen Rechtsschutz oder können sich kostenlos beraten lassen. Prüfen Sie, was zum Beispiel der Mieterverein oder Ihr Berufsverband Ihnen bietet.

- **Hausrat**

Viele Menschen unterschätzen den Wert ihres Hausrats. Wer seine Möbel schon seit dreißig Jahren mit sich herumschleppt, bekäme ja auch nicht viel dafür, wenn er sie verkaufen wollte. Nur: Wenn Ihre Wohnung abbrennt, von Einbrechern ausgeräumt oder verwüstet wird oder wenn ein Wasserschaden den alten Teppich zerstört, dann bräuchten Sie ja einen neuen. Dann geht es nicht darum, was der alte Teppich wert war, sondern was der neue Teppich kostet, den Sie sich nun kaufen müssen. Und genau das ist mit einer Hausratversicherung versichert. Nicht was Ihre Gegenstände wert waren, sondern was es kosten würde, den Hausrat neu zu beschaffen.

Eine Hausratversicherung lohnt sich deshalb in jedem Fall. Sie ist so günstig, dass das Finanzamt die Kosten für eine Erneuerung des Hausrats nach einem Brand nicht als außergewöhnliche Belastung anerkennt – weil die Versicherung so wenig kostet, dass nicht einzusehen sei, dass der Steuerzahler für den Schaden mit aufkommt, lautet die Argumentation. Worauf Sie achten müssen, ist die Versicherungssumme. Überschlagen Sie, was es Sie kosten würde, beschädigte Möbel neu zu kaufen oder sich neu einzukleiden, und schließen Sie dementsprechend Ihre Versicherung ab.

Tipps:

- Vergleichen Sie Preise. Analysen in der Presse zufolge gibt es bei gleicher Leistung Preisunterschiede bis zu 70 Prozent. Vergleichsrechner finden Sie im Internet, z. B. unter www.check24.de oder www.test.de.

- Achten Sie auf den sogenannten Unterversicherungsverzicht. Mit ihm sichern Sie, dass die Versicherung im Schadensfall den Wert des Hausrats nicht selbst einschätzt. Beispiel: Ist Ihr Hausrat 200.000 Euro wert und haben Sie aber nur eine Höchstsumme von 100.000 Euro versichert, dann würde die Versicherung ohne Unterversicherungsverzicht auch immer nur die Hälfte eines Schadens zahlen. Entstünde Ihnen also ein Wasserschaden von 50.000 Euro, würde die Versicherung nur 25.000 Euro zahlen. Fazit: Der Unterversicherungsverzicht lohnt sich! Es gilt: Ganz oder gar nicht.
- Für besonders wertvolle Gegenstände, z. B. eine kleine Kunstsammlung in Ihrer Wohnung, brauchen Sie vielleicht eine Spezialversicherung. Die Hausratversicherung sichert meist nur bis maximal 10 Prozent der Versicherungssumme ab.
- Schließen Sie keine Glasbruchversicherung ab. Hier endet nämlich das günstige Preis-Leistungs-Verhältnis, das die Hausratversicherung ansonsten auszeichnet. Eine kaputte Glasscheibe oder das zersprungene Ceranfeld ist ärgerlich, aber sie zu versichern verteuert die Hausratversicherung in einem Maße, das durch das Risiko nicht gedeckt ist.

Extratipps für alle Fälle:

Prüfen Sie immer und bei allen Versicherungen, welche Möglichkeiten der Selbstbeteiligung Sie haben. Viele Versicherungen ermäßigen die Beiträge, wenn Sie sich mit einer bestimmten Summe – meist ein paar Hundert Euro – selbst am Schadensausgleich beteiligen. Vergleichen Sie: Wie viel mehr kostet die Versicherung ohne Selbstbeteiligung? In vielen Fällen werden sich diese Mehrkosten innerhalb weniger Monate so summieren, dass Sie eine Selbstbeteiligung im Schadensfall billiger käme.

Wir haben es zwar schon einmal erwähnt, aber denken Sie an die jährliche Zahlungsweise, um den Ratenzuschlag zu sparen. Dieser beträgt bis zu 5 Prozent und wird fast immer erhoben.

Existenzneutrale oder harmlose Risiken vernachlässigen

Harmlose Risiken – das ist schon ein Widerspruch in sich. Kann es harmlose Gefahren geben? Sie merken schon: Hier geht es um Risiken, die eigentlich nicht der Rede wert sind. Wir würden auch keine weiteren Worte darüber verlieren, gäbe es nicht einen so großen, bunten Markt der Versicherungen für Gefahren, die eigentlich gar nicht existieren.

Die Top-Five der überflüssigen Versicherungen

Unter allen überflüssigen Versicherungen, die uns bei unseren Mandanten und auf dem Markt begegnen, haben wir fünf Versicherungen identifiziert, von denen wir Ihnen augenzwinkernd aber ehrlich abraten.

- **Top 1: Die Sterbegeldversicherung**
  Eine Sterbegeldversicherung halten wir für den größten Unsinn, den man heutzutage kaufen kann. Eine schöne, würdige Beerdigung kostet 5.000 bis 8.000 Euro. Vielfach werden heutzutage sechsstellige Summen vererbt. Auch weniger begüterte Erben dürften es also in den meisten Fällen noch schaffen, eine anständige Beerdigung zu bezahlen.

  Manche Leute zahlen jahrzehntelang in die Sterbegeldversicherung ein. Wenn es Ihnen wichtig ist, eine bestimmte Summe dafür anzusparen, dann zahlen Sie jeden Monat 40 Euro auf ein Tagesgeldkonto ein. Nach zehn Jahren haben Sie das Sterbegeld locker zusammen. Die Sterbegeldversicherung ist ein Relikt aus Zeiten, in denen große Teile der Bevölkerung kein Barvermögen hinterließen und die Lebenserwartung nicht so hoch war. Heutzutage ist beides für die meisten Menschen kein Thema mehr.

  Trotzdem schließen noch immer viele Menschen eine Sterbegeldversicherung ab. Wenn Sie sich unwissend auch dazu haben hinreißen lassen, stellen Sie diese beitragsfrei; wenn Sie kündigen, werden Sie wahrscheinlich kaum etwas zurückbekommen.

- **Top 2: Die Insassenunfallversicherung für Autofahrer**
  Hier haben wir ein Paradebeispiel aus der Kategorie »doppelt gemoppelt«. Denn wenn Sie Fahrzeughalter sind, haben Sie ja schon eine Haftpflicht-

versicherung abgeschlossen. Die zahlt für sämtliche Schäden anderer Menschen, wenn Sie einen Unfall verschulden. Sie zahlt auch für die Schäden Ihrer Mitfahrer!

Wenn Sie selbst bei Ihrem selbst verschuldeten Unfall verletzt werden, zahlt Ihre Krankenkasse für Ihre Behandlung. Natürlich kann es sinnvoll sein, sich gegen weiter reichende Unfallfolgen wie Invalidität oder Berufsunfähigkeit abzusichern. Allerdings sollten Sie eine Berufsunfähigkeitsversicherung abschließen, ersatzweise eine Unfallversicherung.

Die Insassenunfallversicherung hat früher für den einen Fall Sinn gehabt, als Unfälle nicht abgedeckt waren, die aufgrund unvorhersehbarer Ereignisse passierten. Zum Beispiel, wenn das Auto wegen einer Öllache hinter einer Kurve den Halt verlor. In solchen Fällen zahlte die Autohaftpflichtversicherung nicht. Das ist allerdings schon seit Jahren passé.

- **Top 3: Die Reisegepäckversicherung**

Wenn Reisegepäck verloren geht, ist das ärgerlich und nervig, aber kein Grund, eine Reisegepäckversicherung abzuschließen. Ein bisschen Freizeitkleidung, etwas Urlaubslektüre – was wollen Sie da versichern? Oder nehmen Sie wirklich so teure Gegenstände mit in den Urlaub? Dann lohnt sich vermutlich ohnehin eine Extra-Diebstahlversicherung.

- **Top 4: Die Restschuldversicherung**

Diese Versicherung ist einfach zu teuer. Abgesichert wird das Risiko, dass ein Kredit wegen eines Todesfalls oder Arbeitsunfähigkeit nicht mehr bedient werden kann. Die Absicherung an sich kann sinnvoll sein. Nur ist die Restschuldversicherung leider nicht die günstigste Variante. Schließen Sie lieber eine Risikolebensversicherung ab. Oder sorgen Sie dafür, dass Sie den Kredit im Falle Ihrer Arbeitsunfähigkeit noch aus den Einkünften der Berufsunfähigkeitsversicherung oder der Unfallversicherung bezahlen können. Und generell prüfen Sie bitte, ob die Restschuld überhaupt so hoch ist, dass Sie sie extra versichern müssen. Falls es nämlich nur um 10.000 Euro geht, lohnt sich der ganze Aufwand nicht.

- **Top 5: Handy-, Brillen- und sonstige Geräteversicherungen**

Für manche Schäden muss man einfach geradestehen oder ab und an mit einem Montagsgerät leben. Es passiert ja auch nicht ständig, dass man sein Handy im Backofen grillt oder sich selbst auf seine Brille tritt oder etwas kurz nach Ablauf der Garantie kaputtgeht. Wenn Sie alles versichern, zahlen

Sie vermutlich über die Jahre ein Vielfaches dessen, was Sie ursprünglich investiert haben.

ÜBUNG: Prüfen Sie Ihre Versicherungen auf Herz und Nieren

Nun haben Sie alle wesentlichen Informationen, die Sie brauchen, um Ihren Versicherungsbedarf zu sortieren. Gehen Sie systematisch alle Lebensbereiche durch. Schauen Sie, welche Risiken Sie haben und welche nicht. Sortieren Sie Ihre bereits vorhandenen Versicherungsverträge entsprechend: Welche haben Sie schon? Welche brauchen Sie noch? Welche sind überflüssig?

Am besten gehen Sie alle Risiken, die wir Ihnen in diesem Kapitel erläutert haben, einzeln durch. Und stellen Sie sich bei jedem Risiko folgende drei Fragen:

1. Will ich mich gegen dieses Risiko versichern?
Hier dürfen Sie die Klasse der existenzneutralen Risiken natürlich weglassen. Für Ihre existenzvernichtenden Risiken sollten Sie aber komplett vorsorgen. Die existenzbedrohenden Risiken erfordern Ihre individuelle Einschätzung.

2. Wie habe ich mich gegen dieses Risiko bisher abgesichert?
Für die Risiken, die Sie absichern wollen, stellt sich die Frage, ob Sie ausreichend Vermögen haben oder bereits eine Versicherung abgeschlossen haben. In letzterem Fall prüfen Sie, ob die Versicherung alle nötigen Schadensvarianten absichert, ob die Summe noch aktuell ist und ob der Markt günstigere Alternativen bietet. Bei Risiken, die Sie nicht absichern wollen, sollten Sie gegebenenfalls schon bestehende Verträge kündigen.

3. Was kostet es, mich gegen dieses Risiko abzusichern?
Recherchieren Sie, wie teuer eine Ihren Wünschen entsprechende Versicherung wäre, und rechnen Sie nach, ob sie sich wirklich lohnt. Vergleichen Sie mit Vergleichsrechnern im Internet, welche Angebote es gibt. Informieren Sie sich auf Verbraucherschutzseiten oder bei dem Magazin Finanztest, welche Produkte besonders empfehlenswert sind.

AUF DEN PUNKT: Ihre »Wer zahlt, wenn …«-Fragen

Wenn Sie alle Risiken durchgegangen sind und Ihre Absicherung entsprechend gestaltet haben, ist Ihr Fundament für die finanzielle Unabhängigkeit gelegt. Jetzt können Sie nach vorne schauen und Ihre Strategie entwickeln, wie Sie Ihr Geld anlegen, um Ihren Zielfahrplan Schritt für Schritt zu erreichen.

Außerdem dürfen Sie sich jetzt kräftig auf die Schulter klopfen. Dafür, dass Sie das ganze leidige Versicherungsthema durchgehalten und nicht wie Ihre vergnügungssüchtigen Partygäste die Flucht ergriffen haben! Also loben Sie sich ruhig mal selbst.

10 Alles rund um die Risiken der Geldanlage

»Oh wie schön ist Panama!« Nein, das ist keine neue TUI-Werbung, sondern ein Kinderbuch von Janosch. Wenn Sie selbst Kinder haben, werden Sie es sicherlich kennen. Wenn nicht, ist die Handlung hier schnell erzählt: In dieser Geschichte beschließen der kleine Tiger und der kleine Bär auszuwandern, um das Land zu finden, in dem es nach Bananen riecht – Panama. Unterwegs erleben sie allerhand Abenteuer, landen aber schließlich wieder, oh Wunder, genau an der Stelle, an der ihr eigenes kleines Haus mit Schornstein steht. Da einige Zeit vergangen ist, erkennen sie es jedoch nicht wieder. Es kommt ihnen nämlich viel schöner vor, als sie es in Erinnerung hatten. Tja, so kann's gehen! Auf der letzten Seite des Buches lässt uns der Autor an seiner weisen »Moral von der Geschicht'« teilhaben: »Du meinst, dann hätten sie ja doch gleich zu Hause bleiben können? Du meinst, dann hätten sie sich den weiten Weg gespart? Oh nein, denn sie hätten den Fuchs nicht getroffen, und die Krähe nicht, und sie hätten den Hasen und den Igel nicht getroffen, und sie hätten nie erfahren, wie gemütlich so ein schönes, weiches Sofa aus Plüsch ist.«

Was diese Geschichte mit Ihrer Finanzplanung zu tun hat? Nun, Sie wollen sich jetzt um Ihre zukünftigen Geldanlagen Gedanken zu machen. Und das beginnt damit, dass wir mit Ihnen erarbeiten, welches Risiko Sie ganz persönlich eingehen wollen. Das ist nämlich die Voraussetzung für eine erfolgreiche Finanzstrategie. Bevor Sie ein bestimmtes Risiko eingehen, sollten Sie sich im Klaren darüber sein, ob Sie es überhaupt aushalten können. Deshalb haben wir Sie auf die kurze Reise nach Panama mitgenommen.

Möglicherweise ändert sich, während Sie dieses Kapitel über die Welt der Risiken lesen, gar nichts an Ihrer Risikomentalität. Aber ganz bestimmt erfahren Sie auf diesem Weg wertvolle Details über Ihre Einstellung zum Thema Risiko – genauso wie der kleine Bär und der kleine Tiger auf ihrem Weg nach Panama einiges über das kurze Leben einer Gans oder über das Sofa aus Plüsch erfahren. Sie werden sich selbst und Ihren Umgang mit Depotrisiken sehr viel besser kennenlernen. Und Sie werden erfahren, wie schön das Gefühl ist, genau das Risiko zu tragen, das Sie tragen wollen.

Risiken bei der Geldanlage gehören dazu

Aus vielen Mandantengesprächen wissen wir, dass das gesamte Konzept eines ansonsten generalstabsmäßig geplanten Vermögensaufbaus damit steht oder fällt, ob Sie Ihr Geld genauso anlegen, wie es Ihrer wahren Risikomentalität entspricht. Denn wenn Ihr Vermögenskonzept nicht zu Ihnen passt, werden Sie bei den kleinsten Unwägbarkeiten unruhig, sorgen sich, reagieren panisch, treffen vielleicht sogar allzu vorschnelle Entscheidungen und verschlechtern dadurch – oftmals dramatisch – Ihre Rendite.

Stellen Sie sich bitte einen 53-jährigen Mann vor, nennen wir ihn Herrn Meyer. Er ist seit 20 Jahren glücklich verheiratet und verdient gut. Herr Meyer hat schon einen ziemlich konkreten Zielfahrplan entworfen: Er will sich um seinen Lebensabend keine Sorgen machen müssen. Und er will nach seiner Pensionierung auch jedes Jahr eine größere Reise unternehmen. Monatlich könnte er dafür einen Betrag von 500 Euro zur Seite legen. Dazu kommt eine jährliche Tantieme von netto 20.000 Euro. Bislang hat Herr Meyer das Geld auf dem Girokonto gesammelt und immer, wenn die Summe 5.000 Euro überstieg, hat seine Hausbank ihm eine Anlage empfohlen.

So hat sich über die Jahre ein bunter Mix aus Zertifikaten und Fonds ergeben. Und dann, ungefähr einmal im Jahr, bekommt Herr Meyer »die Panik«, wie er es nennt. Gewöhnlich tritt sie auf, wenn die Börsen einen Rücksetzer machen. Er wird unruhig, sieht sich sein Depot an und verliert die Nerven. Hektisch verkauft er drei bis vier Papiere, die im Minus stehen – nur um dann einige Monate später wegen des überlaufenden Girokontos erneut irgendein Zertifikat oder irgendeinen Fonds zu kaufen. Unter dem Strich steht nun ein hässlicher Verlust. Durch seine regelmäßigen »Panikattacken« ist mindestens schon eine Reise in Wasser gefallen. Schade!

Was läuft da schief? Nun, Herr Meyer reagiert in einer bestimmten Situation – nämlich »Börse fällt« –, indem er Wertpapiere verkauft, die im Minus stehen. Das restliche Jahr kümmert er sich nicht besonders um seine Anlagen. Herr Meyer ist sich scheinbar nicht bewusst, dass aktienbasierte Anlagen das Recht haben, zu schwanken. Das liegt in ihrer Natur. Deshalb greift er auch nach einer Phase, in der die Kurse sinken und Aktien verkauft wurden, wieder zu. Und zwar in der gleichen Anlageklasse. Seine Reaktion zeigt, dass Herr Meyer kein Anlagekonzept hat, das wirklich zu ihm und seiner persönlichen Risikobereitschaft passt. Es ist völlig okay, festzustellen, dass man mit Börsenschwankungen nicht klarkommt. Aber es ist fahrlässig, den gleichen Fehler wieder und wieder zu machen. Dieser Fehler ist in seinem Fall, genau den gleichen Anlagebereich nach ein paar Monaten einfach wieder aufzufüllen. Die Folgen solcher Handlungen können dramatisch sein. Sie können alles, was Sie bislang über Durchschnittsrenditen gehört haben, vergessen, wenn Sie es nicht schaffen, ein Anlagekonzept zu finden, das zu Ihnen passt.

Lebensrisiken wie Krankheit, Berufsunfähigkeit und Todesfall oder Naturkatastrophen können Sie mithilfe von Versicherungen abdecken. Das haben Sie im vorigen Kapitel gesehen. Jetzt aber geht es um Risiken, die Sie eingehen, wenn Sie Geld anlegen. Viele Anlageformen versprechen zwar eine hohe Rendite, sie bergen aber auch das Risiko, an Wert zu verlieren. Wie viel Risiko können Sie aushalten, und wie kommen Sie zu einem Anlagekonzept, dessen Risiko zu Ihrer Nervenstärke passt?

Für die Lösung dieses Problems sind drei Schritte nötig:

- Sie lernen, welche Risiken und welche Chancen eine Anlageform birgt.
- Sie schätzen selbst Ihre eigene Risikomentalität richtig ein.
- Sie teilen Ihr Vermögen entsprechend Ihrer Risikobereitschaft auf.

Ein vierter Schritt erfolgt in der Zukunft: Überprüfen Sie Ihre Risikomentalität, wenn das Risiko »zugeschlagen« hat.

Lernen Sie Chancen und Risiken Ihrer Anlagen kennen

Dieses ist der erste Schritt. Sie benötigen ein paar Fakten zu den Risiken und Chancen, die Sie mit einzelnen Geldanlagen eingehen. Das Hauptrisiko von festverzinslichen Anlagen, etwa von Anleihen, liegt in ihrer Abhängigkeit von der Bonität des Schuldners. Kann derjenige, dem Sie Ihr Geld geliehen haben (beispielsweise der Staat oder ein Unternehmen) seine Schulden nicht zurückzahlen, ist Ihr Geld im schlimmsten Fall vollständig weg. Daher werden Anleihen von Rating-Agenturen wie Standard & Poor‘s (S&P) in puncto Sicherheit bewertet. Sie schätzen die Wahrscheinlichkeit, mit der der Schuldner zahlungsunfähig wird. Das Kennzeichen für höchstmögliche Sicherheit bei S&P ist das AAA. Ab einem Rating, das niedriger als BB ist, spricht man von Junk Bonds, zu Deutsch »Schrott-Anleihen«. Diese Anleihen gelten als nicht mehr investmentwürdig. Leider reagieren die Rating-Agenturen immer etwas zeitversetzt, wenn sich die Bonität eines Schuldners verändert. Am 03.06.2020 wurde bekannt, dass die Ratingagentur Moody's das Rating von Wirecard auf den Prüfstand stelle. Am 25.06.2020 meldete Wirecard Insolvenz an.

Ein weiteres Risiko bei einer Anlage im festverzinslichen Bereich ist die Änderung des Zinsniveaus. Haben Sie gerade einen Festgeldvertrag bei Ihrer Bank über fünf Jahre abgeschlossen und steigen ein Vierteljahr später die Zinsen um ein Prozent, ärgern Sie sich. Oder: Haben Sie eine börsennotierte Anleihe gekauft und die Zinsen steigen, dann fällt der Kurs Ihrer Anleihe. Denn die Käufer akzeptieren bei gestiegenem Zinsniveau ja keine Rendite, die geringer ist als die, die der Markt eigentlich gerade bietet. Sie würden das auch nicht tun. Vor einem Jahr haben Sie zwar die Rendite noch als angemessen empfunden, nun aber würden Sie ja ein Prozent mehr bekommen. Sie riskieren also bei einer börsennotierten Anleihe, dass Sie, falls Sie diese vor Fälligkeit verkaufen, unter Umständen nicht den Preis erzielen, den Sie damals bezahlt haben.

Die Risiken bei aktienbasierten Anlagen sind anders gelagert. Zum einen haben Sie ein Managementrisiko. Wenn das Management eines Unternehmens schlecht wirtschaftet und überraschend schlechte Zahlen auf der Bilanzpressekonferenz präsentiert oder ein Betrug bekannt wird, strafen Anleger das Unternehmen durch verstärkte Verkäufe ab. Da der Kurs von Angebot und Nachfrage bestimmt wird, wird der Kurs dann fallen. Wie stark er fällt, ist ein schwer kalkulierbares Phänomen, denn da kommt die Börsen-Psychologie ins Spiel. Zum anderen haben aktienbasierte Anlagen auch ein allgemeines Marktrisiko. Politische Unsicherheiten oder Ereignisse wie die Terroranschläge am 11. September 2001, die Nuklearkatastrophe von Fukushima 2011 oder zuletzt der Ausbruch der Corona-Pandemie im Frühjahr 2020 können die Kurse stark beeinflussen. Der Aktienmarkt kann auf breiter Front einbrechen, wenn Ereignisse von globaler Bedeutung die Welt erschüttern, selbst wenn die wirtschaftlichen Daten der meisten Aktiengesellschaften in Ordnung sind. Die Menschen verkaufen in solchen Situationen oft panisch ihre gesamten Aktien und schichten in sogenannte sichere Häfen wie Anleihen oder Gold um. Ob solch ein Ereignis eine Panik oder eine Art Salami-Crash auslöst, ist nicht vorhersehbar. Nach dem Terroranschlag von 2001 war die politische Weltlage so instabil, dass die Börse immer weiter sank – Stück für Stück. Deshalb spricht man von einem Salami-Crash, so wie bei einer Salami auch immer ein Stück mehr abgeschnitten wird. Genau da lag damals das Risiko für die Anleger, denn nach jedem Scheibchen dachten sie, jetzt es ist aber genug! War es aber nicht. Die Talfahrt ging munter weiter. Bis zum März 2003. Die Börsenbaisse – so nennen Börsianer fallende Aktienmärkte – dauerte insgesamt drei lange Jahre. Übrigens konnte auch in der genannten Börsenbaisse bewiesen werden, dass eine globale Risikostreuung durch weltweite Aktieninvestments – das Fachwort hier lautet Diversifikation – in echten Krisenzeiten nicht funktioniert. Es gelingt dann in der Regel keinem Markt, sich der Krise nachhaltig zu entziehen. Dies ist ein wichtiger Punkt für jedes Vermögenskonzept, auch für Ihres!

An dieser Stelle möchten wir noch mit einem weit verbreiteten Irrtum aufräumen: Anders als allgemein angenommen darf man nicht erwarten, dass Aktienmärkte einigermaßen stringent mit Renditen von über 10 Prozent pro Jahr über Jahre und Jahrzehnte aufwärtsstreben. Die Vermögensverwaltungsgesellschaft Schroders befragte für ihre Global Investor Study 2020 über 23.000 Menschen weltweit, die in den nächsten Monaten mindestens 10.000 Euro investieren wollten, zu ihren Erwartungen. Die Befragten erwarteten in den nächsten fünf Jahren eine durchschnittliche Rendite ihres Portfolios von 10,92 Prozent. Betrachtet man beispielsweise die Entwicklung des größten Aktienindex der USA, des S&P 500 im letzten Jahrzehnt von 2010 bis 2020, wäre das sogar eine realistische Erwartung. Dieser stieg in dieser Zeit um durchschnittlich über 12 Prozent. Allerdings keineswegs geradlinig: 2011 war die Rendite beispielsweise 0 Prozent, 2015 und 2018 sogar negativ mit -0,7 und -6,2 Prozent. Dafür waren die Jahre 2013 und 2019 sehr »fett« mit 29,6 und 28,9 Prozent. Im Jahr der Finanzkrise 2008 verlor der S&P 500 übrigens 38,5 Prozent. Man muss als Anleger also auch Geduld und Durchhaltevermögen mitbringen. Langfristig sollten Sie nicht mit so hohen Renditen rechnen. 5 bis 6 Prozent im Schnitt sollten aber über einige Jahre am Aktienmarkt realistisch sein.

Aktienmärkte sind ein Spiegelbild der Wirtschaft, und die Wirtschaft unterliegt Zyklen. In Phasen des wirtschaftlichen Abschwungs verdienen die Unternehmen nicht so viel und folglich wird ein Unternehmenswert dann nicht nachhaltig in einem solchen Maße gesteigert werden können. Und wenn die Wirtschaft nicht wächst, können Sie auch nicht damit rechnen, dass die Aktienkurse in den Himmel steigen. Wenn Sie in Aktien investieren – egal, ob über Fonds, ETFs, Zertifikate oder direkt –, müssen Sie sich der Realität stellen: Aktien unterliegen Schwankungen in einer Größenordnung von 12 bis 16 Prozent, in schwankungsreicheren Märkten wie beispielsweise den Schwellenländern zum Teil sogar bis 30 Prozent. Und Schwankungen heißt dabei keineswegs, dass die Kurse nur nach oben steigen. Sie können auch ebenso weit nach unten fallen. Diese Schwankungen sind vollkommen normal und gesund für den Aktienmarkt. Denn die Kurse werden aus Angebot und Nachfrage gebildet, und es gibt nie durchgehend mehr Nachfrage als Angebot. Aktienmärkte brauchen auch Konsolidierungsphasen – das sind Phasen, in denen sie nach einer längeren oder überdurchschnittlichen Wertänderung erst mal eine Pause einlegen. Bitte machen Sie sich klar: Wenn Sie in Aktien investieren, müssen Sie Schwankungen von 15 Prozent ohne Weiteres akzeptieren. Das bedeutet bei einer Anlage von 100.000 Euro zu Jahresbeginn im Aktienmarkt auch, dass Sie am Ende des Jahres vielleicht nur noch 85.000 Euro auf Ihrem Depotauszug sehen werden. Sie möchten das auf keinen Fall? Dann wäre ein rein aktienbasiertes Portfolio nicht das richtige für Sie. Punkt.

Wo das Risiko groß ist, werden oft auch besonders hohe Renditen geboten. Am Aktienmarkt können Sie aus 100.000 Euro am Jahresanfang 115.000 Euro am Jahresende machen. An dieser Stelle sehen wir bei Seminarteilnehmern immer kleine Dollar-Zeichen in den Augen funkeln. Bei Immobilien wiederum kommt es auf die Lage, die Lage und noch mal die Lage an. Und sagten wir schon, dass es auf die L... Schon gut! Denken Sie nur an die Menschen, die in der Nähe eines Flughafens wohnen und sich plötzlich mit einer geänderten Einflugschneise konfrontiert sehen. Bei anderen Gegenden bringt dagegen eine Umgehungsstraße plötzlich einen deutlichen Wertgewinn für einen Ortsteil. In jedem Fall haben Sie bei vermieteten Immobilien immer mit einem »Mietausfallrisiko« zu tun – das bedeutet, Sie müssen mit Ärger und Leerständen rechnen.

Bei Rohstoffinvestitionen im Agrarsektor kann das Wetter eine Rolle spielen. Viel Sonne bedeutet eine gute Kaffeebohnen-Ernte, genauso wie viele Stürme und Regen unter Umständen den völligen Ausfall der Ernte zur Folge haben können. Bei Rohstoffinvestitionen im Energiesektor ist das Wetter ebenfalls ein wichtiger Faktor. Ein strenger Winter kann einen erhöhten Heizbedarf der Menschen zur Folge haben und für eine erhöhte Nachfrage bei Energieträgern verantwortlich sein. Dann steigen die Preise und Ihr Gewinn.

Sie sehen, die Risiken und Chancen unterscheiden sich sehr voneinander. Jede Anlageklasse hat ihre ganz spezifischen Kriterien, auf die Sie achten müssen. Noch dazu verhalten sich die verschiedenen Anlageklassen in unterschiedlichen Situationen möglicherweise sogar gegensätzlich. Das können Sie beispielsweise schon daran ablesen, dass viele Anleger bei einer großen Unsicherheit am Aktienmarkt zu den vermeintlich sicheren festverzinslichen Anleihen (Bonds) greifen. Grundsätzlich gilt aber, dass einige Anlageklassen stärker und schneller schwanken als andere. Rohstoffanlagen und Aktien sind naturgemäß risikoreicher als Anlagen in festverzinsliche Wertpapiere und Immobilien. Dafür gilt auch: Dort, wo Sie Chancen wittern – also eine hohe Renditeerwartung haben –, müssen Sie auch mit Risiken rechnen. Das müssen Sie wissen und akzeptieren. Je höher die Renditeerwartung, umso höher die

Schwankungsbreite der Anlage. Die Anlageprofis nennen es: »There's no free lunch.« Es gibt bei der Geldanlage kein »kostenloses Mittagessen« – nicht bei der Bank, nicht an der Börse und nicht am Immobilienmarkt. Irgendwer muss irgendwie immer dafür etwas bezahlen.

DURCHBRUCH: Akzeptieren Sie, dass Chancen und Risiken immer gemeinsam steigen!

Wo die größte Rendite lockt, lauert auch das größte Risiko. Lassen Sie sich also nicht blind von hohen Prozenten locken. Lassen Sie sich aber auch nicht so leicht verschrecken. Wägen Sie gründlich ab.

Schätzen Sie Ihre Risikomentalität richtig ein

Im zweiten Schritt geht es darum, mithilfe Ihrer eigenen Erfahrungen und Überlegungen zu einem ersten Risikokonzept zu kommen. Finanzdienstleister haben standardisierte Fragebögen entwickeln müssen, um die Risikobereitschaft ihrer Kunden zu ermitteln. Diese sind sehr abstrakt, es werden Vermögensverhältnisse, Erfahrungen mit Wertpapieren und in grober Form Ziele abgefragt. Dabei geht es hier aber nicht um die Frage: »Wie haben Sie sich mit der Erfahrung XY gefühlt?« Für solche Feinheiten ist – verständlicherweise – kein Platz. Trotzdem ist eine solch grobe Rasterung immer noch besser, als gar nichts über die Kunden zu wissen. Sie selbst können solche Auswertungen leider nicht heranziehen, um über Ihre höchstpersönliche Risikomentalität mehr zu erfahren. Das wäre schön, dann könnten Sie sagen: »Aha, Risikogruppe C, mittleres Risiko: Aktienfonds Europa erlaubt, weltweite Anlage leider nicht, weil aufgrund der verschiedenen Währungen zu risikoreich!« Und leider können Sie das Thema Risiko auch nicht mit der Kontoeröffnung Ihres neuen Direktbankkontos an der Garderobe abgeben. Nicht, wenn Sie einen Verlust von 70 Prozent vermeiden möchten. Viele Fonds mit dem Titel »Aktienfonds Europa« haben in der Zeit des Zusammenbruchs des Neuen Marktes (2001) genau diese 70 Prozent verloren – ja, auch die Fonds, die mit den sogenannten Blue Chips, den großen Standardwerten, bestückt waren. Niemand hat wirklich geglaubt, dass ein Fonds, der Aktien wie Allianz, Nokia oder BMW enthält, so weit in den Keller rauschen könnte.

Auf der Suche nach Ihrer höchstpersönlichen Risikomentalität werden wir Sie deshalb mit einigen Fragen unterstützen. Nehmen Sie sich ein Blatt und notieren Sie sich Ihre Gedanken zum Thema Risiko – und zwar nicht die möglichen Gedanken Ihres Partners oder die Aussagen Ihres Bankers, sondern bitte Ihre eigenen!

ÜBUNG: Wie risikofreudig sind Sie?

Beantworten Sie folgende Fragen:

1. **Welche Anlage-Erfahrungen habe ich in der Vergangenheit gemacht?**

Vielleicht erging es Ihnen wie Herrn Meyer und Sie haben stets zur »falschen« Zeit ge- und verkauft. Dann sind Sie vielleicht ein eher hektischer Anleger. Möglicherweise haben Sie aber auch schon einmal die Nerven bewahrt, einen Kursrückgang von 12 Prozent ausgesessen und wurden schließlich für Ihre Geduld belohnt, als die Märkte danach wieder gestiegen sind. Ein andermal hat Ihre stoische Ruhe Sie aber den Gewinn von zwei Jahren gekostet, weil Sie die Notbremse zu spät gezogen haben.

Notieren Sie sich, wie Sie sich gefühlt haben, und überlegen Sie, warum Sie so gehandelt haben, wie Sie gehandelt haben. So haben Sie schwarz auf weiß ein hervorragendes Indiz dafür, zu welcher Art Anleger Sie gehören und wie risikofreudig Sie sind. Überlegen Sie auch, ob Sie jemals schlaflose Nächte wegen Ihrer Geldanlagen hatten. Wir machen an dieser Stelle keinen Witz. Wir wissen aus vielen Mandantengesprächen, dass Menschen oft nicht mehr schlafen können, weil sie unsicher sind, was sie mit Ihren Geldanlagen in dieser oder jener Situation machen sollen.

Versuchen Sie bitte, diese Situation ganz ehrlich einzuschätzen, damit Sie genau wissen, welchen Zustand Sie zukünftig nicht mehr ertragen möchten. Vielleicht haben Sie bislang aber auch noch keine Anlagen getätigt und versuchen sich gerade vorzustellen, wie Sie reagieren würden. Das finden wir sehr gut. Wenn Sie feststellen, dass ein zwischenzeitlicher Verlust von 25 Prozent für Sie persönlich eine Katastrophe wäre – halten Sie das fest.

2. **Welcher Verlauf einer Geldanlage würde meine Existenz gefährden und mit welcher Wahrscheinlichkeit könnte dieses Ereignis eintreten?**

Wenn Sie beispielsweise von den Erträgen Ihres Kapitalanlagevermögens leben, dann darf der Kapitalstock unter keinen Umständen verringert werden. Ihre Risikotragfähigkeit ist also sehr gering. Das wäre eine sehr wichtige Randbedingung für Ihre Anlageentscheidungen. Ihr ganzes Anlagekonzept muss dann auf dieser Bedingung aufgebaut sein – egal, was Ihnen die Renditeerwartungen einer Anlageklasse versprechen. Denn es sind eben nur Erwartungen, keine Garantien.

Antworten Sie auf diese Fragen ehrlich und konkret. Es reicht nicht, zu sagen: »Wenn es mal richtig crasht, ups, dann habe ich wohl ein Problem!« Formulieren Sie stattdessen konkret: »Wenn eine Börsenbaisse mit einem Abschwung von mehr als 30 Prozent stattfindet und sich die Kurse drei Jahre nicht erholen, wird mein Ruhestand nicht so aussehen wie geplant.« Und dann ziehen Sie den entscheidenden Schluss für sich daraus, etwa: »Mein Anlagekonzept darf diese Situation nicht zulassen.« Oder: »Ich habe kein Problem damit, länger zu arbeiten. Ich bin bereit, dieses Risiko einzugehen.«

Teilen Sie Ihr Vermögen entsprechend Ihrer Risikobereitschaft auf

Aus dieser Analyse und Ihrem Zielfahrplan können Sie mit Schritt 3 die Ansätze für Ihr zukünftiges Anlagekonzept erarbeiten. Alle Ziele, die einen Anlagehorizont von weniger als sieben Jahren haben, werden vorrangig mit festverzinslichen Anlagen bespart. Für alle ferneren Ziel dürfen Aktienfonds und -ETF eine große Rolle spielen. Wie hoch die Aktienquote sein soll, das machen Sie von Ihrer Risikobereitschaft abhängig.

Jemand, der feststellt, dass er in Anlageentscheidungen zu Trägheit neigt, erleichtert sich mit ganz klaren Regeln für Geldanlagen sein Leben. Diese könnten zum Beispiel so aussehen:

- Ich begrenze meine Aktienquote so, dass ich weiß, dass ich mit diesem Anteil in Aktien bleiben kann und meine Ziele nicht gefährdet werden.

- Einmal im Monat schaue ich mir mein Aktiendepot an und erkenne so frühzeitig, wenn ein Wertpapier sich besonders negativ entwickelt.
- Einmal im Jahr mache ich ein Rebalancing (siehe Kap. 13) und rücke meine Quoten wieder gerade. Wenn ich merke, ich war zu unruhig, überlege ich, ob ich die Aktienquote senken sollte.

Die meisten unserer Mandanten und Seminarteilnehmer kommen mit diesen drei Fragen sehr gut zurecht. Sie formulieren damit konkret, was sie insgeheim eigentlich schon wussten. Etwas, das einmal ausgesprochen oder aufgeschrieben wurde, nimmt man gewöhnlich ernster als einen unbewussten Gedanken, der einem bisher nur so durch den Kopf spukte. Lesen Sie also noch mal, was Sie sich notiert haben, und handeln Sie danach.

DURCHBRUCH: Bestimmen Sie Ihr Risiko selbst!

Lassen Sie sich von niemandem sagen, wie viel Risiko für Sie richtig ist. Schon gar nicht von Menschen, die mit standardisierten Fragebögen arbeiten. Schließlich nimmt Ihnen auch niemand die Verantwortung für Ihre Entscheidung für oder gegen eine Geldanlage ab.

Bitte überdenken Sie Ihre Aufzeichnungen auch noch einmal hinsichtlich der Frage, ob Sie Ihre Erfahrungen jetzt mit Ihrem neuen Wissen anders beurteilen. Sie haben gelernt, dass gewisse Schwankungen für eine Anlageklasse normal sind. Und dass manche Anlagen einem größeren Risiko unterliegen als andere. Können Sie vielleicht rückblickend sagen: »Da habe ich zu früh verkauft, das hätte ich aussitzen sollen«? Oder: »Wenn ich gewusst hätte, wie riskant diese Anlage ist, hätte ich sie nie abgeschlossen«? Herr Meyer, der Protagonist vom Anfang dieses Kapitels, könnte zu genau dieser Erkenntnis kommen. Vielleicht wird er seinen monatlichen Überschuss zukünftig abschöpfen und mithilfe einer Sparplantechnik in schwankungsreichere Märkte investieren, um das Risiko des »falschen Investitionstages« zu senken.

Aber jetzt sind erst mal wieder Sie dran:

ÜBUNG: Erarbeiten Sie sich eine erste Vermögensaufteilung, von der Sie glauben, dass sie zu Ihrer Risikomentalität passt.

Überlegen Sie sich unter dem Aspekt Ihrer Risikomentalität, welche prozentuale Aufteilung der Vermögenswerte für Sie angemessen ist. Ihre Anlageklassen »Liquidität«, »festverzinsliche Anlagen«, »aktienbasierte Anlagen«, »immobilienbasierte Anlagen« und »Rohstoffe« können Sie beispielsweise in einem Tortendiagramm einzeichnen, um sich die gewählte Gewichtung besser zu verdeutlichen.

Diese Aufteilung ist Ihr erster Entwurf. Vergleichen Sie sie mit Ihrem Ist-Zustand, den Sie in Kapitel 5 erarbeitet haben, als Sie Ihre Unterlagen sortierten und Ihre Bilanz zogen. Sie haben dort schon solche Tortendiagramme gezeichnet, die die Aufteilung Ihres Vermögens abbilden. Wenn Sie jetzt große Abweichungen zwischen der Aufteilung Ihres Ist-Zustandes und der Aufteilung gemäß Ihrer Risikomentalität feststellen, dann heißt das: Sie haben Handlungsbedarf! Wenn Ihre Plan-Aufteilung zum Beispiel 10 Prozent aktienbasierte Anlagen enthält, sich aber in Ihrem realen Depot 50 Prozent Aktien befinden, dann haben Sie sich ganz offensichtlich ein höheres Risiko in Ihr Depot gekauft, als Sie es im Grunde Ihres Herzens wollten.

Die Stunde der Wahrheit – das Risiko schlägt zu

Der vierte Schritt zur Feststellung Ihrer persönlichen Risikomentalität kann erst in der Zukunft erfolgen. Ob Ihre hier spezifizierte Risikomentalität wirklich zu Ihnen passt, werden Sie letztlich erst sehen, wenn ein befürchtetes Risiko eintritt. Dies ist dann praktisch die Stunde der Wahrheit für Sie. Wenn Sie Ihre Anlagen so gestreut haben, dass beispielsweise nur 20 Prozent von dem eintretenden Risiko betroffen sind, wird Ihr Vermögen insgesamt nicht sehr stark beeinflusst, viele Ihrer gesetzten Ziele werden Sie trotzdem erreichen. Trotzdem werden Sie danach vielleicht Ihre Risikomentalität revidieren. Das ist okay – immerhin sind Sie jetzt schlauer als vorher. Nichts ist schlimmer, als bei einer Einstellung zu verharren, von der Sie erkannt haben, dass sie nicht mehr zu Ihnen passt.

Einige unserer Mandanten haben im Zuge der Immobilienkrise in den USA im Sommer 2007 festgestellt, dass sie mit ihrer gewählten Aktienquote nicht wirklich gut zurechtkamen. Als die Märkte auf breiter Front binnen weniger Tage 10 bis 15 Prozent einbrachen, haben wir an ihren Reaktionen gemerkt, dass die gewählte Aktienquote, die sie in guten Zeiten am liebsten noch weiter erhöht hätten, ihnen jetzt die nackte Angst ins Gesicht schrieb. Nachdem die Märkte sich beruhigt hatten, haben wir das in Ruhe diskutiert. Einige Mandanten haben ihr Anlagekonzept modifiziert. Sie haben die Aktienquote verringert und sich mehr Zeit zum Lesen von Informationen über die Aktienmärkte genommen. Nachdem die Märkte im Januar 2008 erneut und viel heftiger auf breiter Front einbrachen, konnten viele ruhiger bleiben, denn sie hatten nun genau die Aktienquote, die sie haben wollten. Und mit dieser waren sie auch bereit, stürmische Zeiten durchzustehen.

Mit einem Anlagekonzept, das zu Ihrer Risikomentalität passt, werden Sie durch solch schwere Erschütterungen der Börse wie im Frühjahr 2008 oder der Corona-Krise 2020 nicht aus der Bahn geworfen. Sie wissen, was Sie zu tun haben, Sie wissen auch, wann Sie Ruhe bewahren müssen. Übrigens: An Tagen, an denen die Börse so stark schwankt, dass niemand mehr weiß, ob nicht in der nächsten Minute weitere Kursrutsche kommen, telefonieren wir fast ununterbrochen mit unseren Mandanten. Wir diskutieren die aktuelle Lage, schauen das Depot an und sprechen darüber, ob dringender Handlungsbedarf besteht. Und natürlich sind auch unsere Mandanten an diesen Tagen unsicher. Aber fast immer gelingt es uns, im Gespräch den Fokus auf die eigentliche Strategie zu lenken und die ganze Panik mit etwas Abstand zu betrachten. Dass Sie eine Depotaufteilung haben, die zu Ihnen passt, heißt ja nicht, dass Sie sich um Ihre gewählte Aktienquote keine Sorge in volatilen (schwankungsreichen) Zeiten machen. Es heißt nur, dass Sie besonnen mit der Situation umgehen – und manchmal braucht es dafür ein wenig Unterstützung.

Wir werden in solchen Zeiten öfter gefragt, wie wir persönlich mit kritischen Aktienzeiten umgehen. Die Antwort möchten wir Ihnen nicht vorenthalten. Wir haben in der Zeit des Neuen Marktes um die Jahrtausendwende und der Finanzkrise unsere Lektionen gelernt. Auch wir sind »cooler« geworden und praktizieren das, was man »buy and hold« (kaufe und halte) nennt. Wir nehmen Gewinne eher aufgrund von Einzelentscheidungen mit. Wenn wir die Entwicklung einer Branche, eines Landes oder eines Einzelwertes für ausgereizt halten, dann trennen wir uns. Aber wir hinterfragen unsere Strategie immer wieder. Und Sie sollten das auch tun.

DURCHBRUCH: Prüfen Sie regelmäßig, ob Ihr Risiko noch Ihrer Mentalität entspricht!

Insbesondere wenn es in einer Ihrer Anlageklassen Probleme gibt, müssen Sie entscheiden, ob Sie Ihre Vermögensaufteilung verschieben. Bewahren Sie in der Krise die Nerven und unterlassen Sie Panikverkäufe. Gestatten Sie sich aber anschließend eine überlegte Anpassung.

Machen Sie die Aktienrisiken beherrschbar

In diesem Zusammenhang möchten wir Ihnen noch etwas sagen: Uns ärgert es, wenn Menschen, die bislang nicht oder nicht mehr in Aktien investieren möchten, als dumm dargestellt werden. Viele Mandanten haben das erlebt und berichten uns davon – von den hochgezogenen Augenbrauen des Bankers, den pampigen Antworten des Finanzberaters bei Rückfragen. Verstehen Sie uns nicht falsch. Wir halten Aktieninvestments in diesen Niedrigzinszeiten für »alternativlos« und finden, dass Sie nicht darauf verzichten sollten. Wir pflegen zu sagen »10 Prozent Aktien geht immer« – schon um die Risiken bei festverzinslichen Anlagen und Immobilien auszugleichen. Uns sitzen täglich Leute wie Herr Meyer gegenüber und sagen: »Ich habe echt geglaubt, Aktien sind Teufelszeug, nachdem ich in den Zeiten des Internet-Hypes bis 2001 so auf die Nase gefallen bin. Habe damals alles in Aktien gesteckt, weil ich dachte, ich verpasse was. Anfang 2003 (Anmerkung: Da hatte der DAX seinen Tiefpunkt erreicht) bin ich dann rausgegangen. Habe alle Verluste realisiert. Kurz vor dem Finanzcrash 2008 bin ich wieder rein – dann der nächste Crash. Diesmal bin ich zwar dringeblieben, aber jetzt ist Corona. Zur Sicherheit habe ich alles verkauft.«

Wie ist wohl die Durchschnittsrendite dieser Mandanten? So negativ, dass Sie sie gar nicht wissen möchten. Da kann man verstehen, dass sie zunächst nicht mehr an Aktien denken. Ob sie diese Verluste jemals wieder aufholen werden? Trotzdem raten wir auch Menschen mit diesen Erfahrungen, einen Aktienanteil aufzubauen. Aber uns ist wichtig: Sie sind nicht dumm – viele haben einfach aus ihren Erfahrungen falsche Schlüsse gezogen oder sich nicht das richtige Wissen angeeignet. Das können sie aber nachholen. Bei Aktienanlagen sind die zwischenzeitlichen Schwankungen etwas, mit dem Sie umgehen müssen. Wenn jemand damit nicht klarkommt, wird er niemals die genannten Durchschnittsrenditen erreichen.

Es gibt Studien, beispielsweise der Sutor Bank (2019)[4], die besagen, dass es die Rendite über die gesamte Laufzeit erheblich schmälert, wenn Sie die besten Aktientage verpassen. In der Studie wurde untersucht, wie sich die Renditen in verschiedenen Ländern verändern, wenn man Tage mit hohen Kursgewinnen verpasst. Der Analysezeitraum war langfristig – vom 01.01.1988 bis zum 31.12.2018. Der DAX hat seinen Anlegern seit Gründung am 31.12.87 in diesem Zeitraum eine Rendite von durchschnittlich 7,2 Prozent pro Jahr eingebracht hat, trotz Neuer-Markt-Crash, Fukushima oder Eurokrise. Diese Rendite halbiert sich, wenn Anleger die besten 13 Tage verpassten. Verpassten sie die besten 33 Tage, war die Rendite über diesen Zeitraum sogar negativ. Ganz ähnliche Ergebnisse zeigten sich für andere Länder. Beim MSCI World waren es 12 Tage, die zu einer Halbierung der Renditen führten. Unsere Empfehlung für Sie: Wählen Sie Ihre Aktienquote mit Bedacht und dann halten Sie durch. Glauben Sie nicht, dass Sie klüger als der Markt sind und immer den besten Ein- und Ausstiegszeitpunkt finden.

Mit ein paar Tricks haben Sie die Aktienrisiken besser im Blick:

- **Installieren Sie eine gelbe Ampel.**
  Was können Sie tun, um Ihr Risiko zu begrenzen? Gerade wenn sich Dinge in Ihrem Leben ändern, die vielleicht eine baldige Anpassung der Aktienquote erfordern, müssen Sie genauer hinschauen. Oder falls Sie durch Börsen, die bisher gut gelaufen sind, einen inzwischen zu hohen Aktienanteil besitzen, ist eine engmaschigere Kontrolle sinnvoll – auch wenn Sie glauben, der Aufschwung läuft noch eine Weile. Zum einen können Sie alle börsennotierten Anlagen in einem Musterdepot beobachten. Damit haben Sie stets einen aktuellen Überblick über Ihre Gesamtperformance. Viele unserer Mandanten eröffnen ein Direktbank-Depot, besitzen aber noch ein kleines Depot bei der Hausbank, einen Extra-VL-Vertrag oder Ähnliches. In einem fiktiven Musterdepot können Sie alle börsennotierten Wertpapiere auf einen Blick sehen. Musterdepots lassen sich bei vielen Banken führen, auch wenn man dort kein Kunde ist. Bei einigen können Sie fiktive Warnlimits setzen, über deren Unterschreiten Sie dann mittels E-Mail informiert werden. Wir halten 10 Prozent unterhalb des Höchstkurses für eine gute Warnstufe. Das ist so etwas wie eine gelbe Ampel, sie hilft Ihnen zu erkennen, dass irgendwas passiert ist. Sie können dann genauer prüfen, was die Ursache ist und ob ein Handeln erforderlich ist.

- **Kaufen Sie in Tranchen oder als Sparplan.**
  Gerade wenn eine Schlussfolgerung Ihrer bisherigen Planung der Aufbau einer Aktienposition ist, dann denken Sie an die Möglichkeit, mithilfe von Sparplänen zu investieren. Sie finden zum Beispiel bei vielen Direktbanken eine große Anzahl der kostengünstigen Aktien-ETF ohne Gebühren beim Sparplan-Kauf.

  Wenn Sie eine größere Summe umschichten möchten, dann richten Sie eben nicht den 100-Euro-Sparplan ein, sondern den 1.000-Euro-Sparplan. Und wenn die geplante Anlagesumme investiert ist, beenden Sie den Sparplan. Wenn Sie zum ersten Mal im Aktienbereich anlegen, sind Sparpläne ideal, um Ihre Risikotoleranz mit jedem Sparplankauf zu vergrößern. Schritt für Schritt gewöhnen Sie sich so an die größeren investierten Beträge und die Schwankungen.

- **Betrachten Sie Ihr Gesamtvermögen.**
  Möglicherweise haben Sie gar nicht zu viele Investments in schwankungsreichen Anlagen. Werfen Sie einen Blick auf Ihre Analyse des Ist-Zustandes. Viele Menschen horten mehr Lebensversicherungen und Sparbücher, als sie eigentlich dachten, und trauern in guten Aktienjahren den verpassten Renditen aus diesen Märkten hinterher. Wenn das Anlagevermögen aus einer 100.000-Euro-Eigentumswohnung, 10.000 Euro Tagesgeld und 20.000 Euro Aktienfonds besteht, dann liegt die Aktienquote lediglich bei 15 Prozent. Haben Sie einen langen Anlagehorizont, ist das ein sehr geringer Anteil. Vielleicht entschließen Sie sich in einem solchen Fall, monatlich mögliche Sparraten vorrangig über einen ETF in den Aktienmarkt zu investieren.

DURCHBRUCH: Korrigieren Sie Ihren Kurs!

Insbesondere wenn ein Risiko eingetreten ist, sollten Sie neu über Ihre Risikostrategie nachdenken. Besser, Sie geben zu, dass Sie Ihre persönliche Risikomentalität noch nicht gefunden haben, als übermäßig viel Geld zu verlieren oder schlecht zu schlafen.

Herr Meyer aus unserem Beispiel zu Beginn des Kapitels könnte nun wie folgt vorgehen: Er listet zuerst auf, welche Transaktionen er in der Vergangenheit getätigt hat, und macht sich bewusst, wann er nervös wurde und warum. Er reduziert dann seine Aktienquote auf die Quote, die ihm nach Durchdenken all der vorgestellten Schritte sinnvoll erscheint. Vielleicht toleriert er Schwankungen jetzt schon leichter. Wenn nicht, muss er seine Aktienquote noch weiter reduzieren. Herr Meyer kann sich auch schlau machen, welche Schwankungen normal sind und welche nicht. Er lernt so, die Märkte besser zu verstehen. Statt der Anlage im Aktienbereich wählt er vielleicht verstärkt festverzinsliche Anlagen aus, bei denen er genau weiß, was am Ende herauskommt. Wollte er den Aktienbereich weiterhin aufbauen, wäre das Aktiensparen in Form eines Fondssparplans mit seinem monatlichen Überschuss geeignet, denn da würde er regelmäßig zu unterschiedlichen Kursen einkaufen.

Durch diese Veränderungen im Anlegerverhalten stellt sich bei Herrn Meyer ein weiterer positiver Aspekt ein: Da er besonnener reagiert, fallen weniger Transaktionsgebühren an. Auch seine Durchschnittsrendite sollte sich verbessern, da er nicht mehr mit den jährlichen Einmalanlagen versucht, Trends hinterherzulaufen. Bislang ist er oft zu spät wieder eingestiegen. Durch das größere Polster im festverzinslichen Bereich bleibt er nun möglicherweise bei den Aktieninvestments »cooler« und verpasst nicht die »besten Tage« am Aktienmarkt, die historisch gesehen oft direkt nach großen Einbrüchen lagen.

AUF DEN PUNKT: Ihre Risikomentalität

Wenn Sie Ihr eigenes Anlagekonzept unter Berücksichtigung Ihrer persönlichen Risikomentalität fertiggestellt haben und damit Ihre Ziele gelassen und sicher erreichen können, dann kann man bei Ihnen zu Hause vielleicht ganz ähnliche Plaudereien hören wie bei dem kleinen Bär und dem kleinen Tiger: »O Tiger«, sagte jeden Tag der kleine Bär, »wie gut ist es, dass wir Panama gefunden haben, nicht wahr?« »Ja«, sagte der kleine Tiger, »das Land unserer Träume. Da brauchen wir nie, nie wieder wegzugehen.«

11 Einfach oder gar nicht – Ihre Anlagestrategie

Ist Ihnen eigentlich klar, dass Sie beim Durcharbeiten dieses Buches schon sehr viel für Ihre Anlagestrategie geleistet haben? Auf dem Weg zur finanziellen Unabhängigkeit sind Sie jetzt schon etliche Schritte gegangen. Sie haben sich mit Ihrer Persönlichkeit auseinandergesetzt und herausgefunden, wie Sie mit Geld umgehen. Sie haben nachgedacht, was Sie für Ziele haben, und daraus einen Zielfahrplan gefertigt, der diese Ziele zueinander in Beziehung setzt. Sie haben Ihre Unterlagen geordnet und analysiert, wie Ihr Vermögen zusammengesetzt ist. Dann haben Sie sich damit beschäftigt, wo Sie sparen können und wie Sie Ihr Einkommen erhöhen können. Schließlich haben Sie entschieden, wie Sie Ihre Lebensrisiken absichern, und Sie haben ein Konzept für die Risikobewältigung in Ihrer persönlichen Anlagestrategie entwickelt.

Manchmal sind Sie auf diesem Weg vielleicht etwas ungeduldig geworden, weil wir Sie so oft auf Themen gestoßen haben, die Sie selbst gar nicht mit Ihrer Anlagestrategie in Verbindung gebracht hätten. Die eine oder andere Aufräumaktion haben Sie vielleicht zähneknirschend vorgenommen. Aber dafür haben Sie vielleicht auch schon gespürt, wie die verschiedenen Fäden allmählich wieder zusammenlaufen. Sie haben nämlich jetzt ein felsenfestes Fundament geschaffen, auf dem Sie Ihre persönliche Anlagestrategie aufbauen können. Und das ist ja das Ziel der ganzen Sache. Sie sollen nicht die tausend Tipps und Tricks irgendwelcher Ratgeber befolgen und auch nicht das Konzept irgendeines Bankberaters umsetzen. Sondern denken Sie immer daran: Es geht um Sie, um Ihre Strategie, um Ihre Ziele. Vergessen Sie die angesagten Konzepte Ihrer Freunde oder irgendwelcher selbst ernannten Experten. Für Sie ist das richtig, was für Sie passt. Also genau das, was Sie sich bis jetzt schon erarbeitet haben und auf dem Sie jetzt Ihre Anlagestrategie aufbauen.

Jetzt laufen alle Fäden zusammen!

Ihr felsenfestes Fundament kommt jetzt auch direkt zum Einsatz. Nehmen Sie sich bitte noch einmal vor:

- Ihren Zielfahrplan aus Kapitel 3,
- Ihre Bilanz aus Kapitel 5,
- die Tortendiagramme Ihres Ist-Zustandes aus Kapitel 5,
- Ihr neues Tortendiagramm aus Kapitel 10, das Ihre künftige Wunsch-Risikoaufteilung abbildet.

Ihre Aufgabe ist jetzt, diese Arbeitsergebnisse systematisch zueinander in Beziehung zu setzen.

Sie haben im vorigen Kapitel schon verglichen, was Sie für eine Risikoaufteilung haben möchten und wo Ihr Geld tatsächlich steckt. Sie haben außerdem in Ihrem Zielfahrplan kurzfristige, mittelfristige und langfristige Ziele festgelegt. Jetzt kommt es darauf an, abzugleichen, inwiefern Ihre Anlagen Ihren Zielen entsprechen und wo Sie etwas verschieben möchten.

Wenn Sie beispielsweise in Ihrer Risikoaufteilung festgelegt haben, dass Sie nur 20 Prozent Ihres Vermögens in Immobilien investieren wollen, tatsächlich Ihre Immobilienquote aber 40 Prozent beträgt, dann müssen Sie etwas verändern. Wenn Sie eine Notfallreserve aufbauen wollen, dann müssen Sie genug Geld auf ein Tagesgeldkonto bringen. Und grundsätzlich gilt: Je kurzfristiger Ihre Ziele sind, desto sicherer muss Ihre Anlage sein. Wenn Sie beispielsweise in drei Jahren ein Haus bauen wollen, müssen Sie Ihr Geld sicher und flexibel anlegen. Dann liegt Ihre Aktienquote in den nächsten fünf Jahren wahrscheinlich bei null, und das ist auch völlig in Ordnung.

Wie Sie die einzelnen Bereiche bewerten und welche Möglichkeiten Sie bei den verschiedenen Anlageformen haben, gehen wir nun im Einzelnen mit Ihnen durch. Die Struktur, nach denen wir die Vermögensbereiche ordnen, ähnelt den Sparten, in die Sie Ihre Unterlagen einsortiert haben, als Sie in Kapitel 5 Ihre Bilanz gezogen haben. Diesmal sehen sie so aus:

- Liquidität
- Festverzinsliche Anlagen
- Aktienbasierte Anlagen
- Immobilien
- Beteiligungen und Crowdinvesting
- Rohstoffe
- Lebens- und Rentenversicherungen

Liquidität

Geldanlage ist ein Prozess, das haben Sie schon gesehen. Immer wieder hinterfragen Sie Ihre Strategie, prüfen den Markt und die Rentabilität Ihrer Anlagen. Ihre liquiden Mittel sind dabei das flexibelste Element. Geld, das Sie auf dem Girokonto oder dem Tagesgeldkonto parken, können Sie jederzeit verwenden, um etwas zu kaufen oder um eine Durststrecke zu überbrücken.

Für eine sinnvolle Liquiditätsreserve gibt es zwei Faustformeln. Eine besagt, dass Sie 5 bis 10 Prozent Ihres Vermögens liquide halten. Vielleicht haben Sie das auch schon einmal irgendwo gelesen. Unsere Erfahrung ist, dass tatsächlich viele Menschen eine Liquiditätsreserve in dieser Größenordnung aufbauen. Und das ist auch sinnvoll. Allerdings raten wir immer davon ab, sich allzu fest an dieses Maß zu klammern. Denn Vermögen können unterschiedlich groß sein. Warum müssen Sie als Millionär täglich über 50.000 oder 100.000 Euro verfügen können? Wenn Sie das bewusst entscheiden: Okay. Aber eine objektive Notwendigkeit können wir nicht erkennen. Umgekehrt wäre es offensichtlicher Unsinn, wenn Sie als junger Mensch kaum Rücklagen haben und entsprechend auch Ihre Liquiditätsreserve gen null sinken lassen. Wir empfehlen als Durchschnittswert lieber eine am Einkommen orientierte Größe. Eine Faustformel lautet, dass die Notfallreserve drei bis fünf Netto-Monatsgehälter beziehungsweise Monatsentnahmen bei Selbstständigen betragen sollte. Damit können Sie »in normalen Zeiten« Ihren täglichen Bedarf gut abfedern, ohne bei Ihrem Girokonto ins Minus zu rutschen, und auch Sonderausgaben ohne Stress tätigen, z. B. Reparaturen am Auto oder im Haushalt.

Die Corona-Pandemie hat aber gezeigt, dass diese Notfallreserve in einigen Fällen zu gering ist. Wir haben daher unsere Empfehlung überarbeitet: Für Beamte halten wir drei (bis fünf) Netto-Monatsgehälter weiterhin für ausreichend. Sie sind nicht von Arbeitslosigkeit betroffen. Arbeitnehmer sollten vielleicht eher fünf bis sechs Gehälter zur Seite packen. Wenn Kurzarbeit über ein Jahr den Spielraum verringert oder es schwer ist, einen neuen Job zu finden, dann könnten Sie so ein halbes Jahr »über die Runden kommen«. Wenn auf Ihrem Zielfahrplan jedoch ein Jobwechsel mit dem Zusatz »in Ruhe suchen« steht, dann würden wir auch für Arbeitnehmer eine noch höhere Reserve empfehlen. Denn ein Jobwechsel birgt Unwägbarkeiten in der Probezeit. Für Selbstständige wäre ein Jahresbedarf eine gute Rücklage, um Extremfälle wie Geschäftsschließungen aufzufangen. Diese muss nicht komplett im Tagesgeld liegen, es könnte beispielsweise der Betrag für das zweite Halbjahr stets in einem 6-Monats-Festgeld liegen. Manche Selbstständige bauen sich mit dem Jahresbedarf auch folgendes System: Sie legen die Festgelder so an, dass jedes Quartal ein Viertel fällig wird, folglich neben einer Monatsreserve stets der Bedarf für das kommende Quartal abrufbar wäre. Uns ist bewusst, dass viele Selbstständige so kurz nach einer Pandemie noch nicht über solche Reserven verfügen. Aber schreiben Sie es sich auf Ihren Zielfahrplan.

Sie sollten Ihre Liquiditätsanteile aber auch zu Ihrer restlichen Vermögensaufteilung in Beziehung setzen. Angenommen, Sie möchten 60 Prozent Ihres Vermögens in festverzinsliche Anlagen investieren. Dann brauchen Sie nicht so viel Liquidität, wenn Sie an einen Teil der festverzinslichen Anlagen kurzfristig herankommen. Und noch einmal kommt der Prozesscharakter von Geldanlagestrategien ins Spiel: Manche Menschen brauchen nicht nur Zeit, um ein Vermögen aufzubauen, sondern auch, um ihre Ziele festzulegen. Gerade jüngere Leute wissen oft noch nicht, wie es beruflich weitergeht oder ob sie eine Familie gründen werden. Die Entwicklung ihrer Ziele und die Anpassung ihrer Anlagestrategie ist ein Prozess, der sich über Jahre hinziehen kann. Auch in späteren Jahren ist ein Neuanfang möglich, etwa nach einer Trennung oder einer Pleite im Beruf. Wenn Sie, in welchem Alter auch immer, am Anfang eines solchen Prozesses stehen, dann kann Ihr Liquiditätsanteil auch mal drei Jahre lang bei 70 Prozent Ihres Vermögens liegen. Weil Ihr Vermögen noch klein ist oder weil Sie noch flexibel bleiben möchten. Sie sollten aber nicht zu spät mit rentableren Anlagen anfangen. Denn Zeit ist ein mächtiger Faktor beim Aufbau von Vermögen.

Egal, wie hoch die Liquiditätsreserve werden soll: Sorgen Sie in jedem Fall für eine sinnvolle Anlage. Parken Sie bitte nicht alles auf dem Girokonto! Deponieren Sie hier nur so viel, dass die laufenden Abbuchungen gedeckt sind und das Konto nicht ins Minus rutscht. Den Rest Ihrer liquiden Mittel legen Sie am besten auf einem Tagesgeldkonto an. Von hier aus können Sie jederzeit so viel Geld auf das Girokonto überweisen, wie Sie wollen. So wird Ihr Vermögen zumindest nicht komplett von der Inflation aufgefressen. Außerdem drohen auch für geringere Guthaben auf Girokonten zunehmende Negativzinsen.

Festverzinsliche Anlagen

Sie wissen schon: Je kurzfristiger ein Ziel ist, desto sicherer muss die Anlage sein. Wenn Sie in wenigen Jahren ein Eigenheim besitzen wollen, dann schlägt bei Ihnen jetzt die Stunde der festverzinslichen Anlagen – egal wie gering der derzeit allgemeine Marktzins ist. Sie legen sich mit einer festverzinslichen Anlage für ein paar Jahre auf einen Zinssatz fest und wissen, wenn Sie das Geld einsetzen wollen, dann ist es auch da. Wenn dagegen Ihre Ziele eher langfristig sind, dann reicht zumindest für einen eher wachstumsorientierten Anleger eine Quote von 15 bis 25 Prozent an festverzinslichen Anlagen. Sie sind bei Weitem nicht so rentabel wie risikoreichere Anlagen. Aber sie stabilisieren das Vermögen, und das kann Ihnen gerade in turbulenten Börsenzeiten dazu verhelfen, keine Panikverkäufe der Aktien zu tätigen. Und Sie können im Zweifelsfall recht schnell über Ihre Gelder verfügen, wenn Ihre Ziele sich einmal ändern, ohne dass Sie allzu große Verluste hinnehmen müssen.

Die früher so beliebten Bundesanleihen und Bundesschatzbriefe zählen zu dieser Anlagekategorie. Beides sind Schuldverschreibungen des Bundes. Sie leihen also dem deutschen Staat Geld. Das ist eine sehr sichere Anlage, allerdings sollten Sie auch Ausschau halten nach Alternativen. Denn gerade weil die Bundesanleihen so bombensichere Anlagen sind, muss die Bundesrepublik keinen Risikoaufschlag und derzeit praktisch keine Zinsen zahlen. Im Gegensatz zum Beispiel zu Schwellenländern, bei denen das Risiko, dass sie zahlungsunfähig werden, höher ist. Dafür müssen diese Länder den Anlegern einen höheren Zins bieten. Natürlich müssen Sie abwägen, welchem Schuldner Sie vertrauen. Auch Bankhäuser bieten Schuldverschreibungen an.

Eine weitere Alternative sind Pfandbriefe, das sind Schuldverschreibungen, die mit einer Immobilie besichert sind. Wenn Sie Unternehmensanleihen erwerben, erhalten Sie mitunter etwas mehr Rendite als bei staatlichen Anleihen. Natürlich kann ein Unternehmen eher bankrottgehen als ein Staat. Dafür haben Sie dann eben diesen Zinsaufschlag. Schauen Sie sich die Unternehmen genau an. Wenn Sie beispielsweise eine Anleihe eines Stromerzeugers kaufen, ist Ihr Geld vermutlich ziemlich sicher. Natürlich sollten Sie die Wirtschaftsberichterstattung in der Zeitung verfolgen und sich auf dem Laufenden über das Unternehmen halten und über die Märkte, auf denen es tätig ist. Leider ist es derzeit im allgemeinen Niedrigzinsniveau sehr schwer, noch rentable Anleihen zu finden.

Wenn Sie nicht selbst einzelne Staats- oder Unternehmensanleihen kaufen wollen, bietet Ihnen der Markt noch Fonds und ETFs (Indexfonds) an, die für

Sie die entsprechenden Anleihen kaufen. Wir möchten Ihnen allerdings davon abraten, in Rentenfonds zu investieren, die in Europa anlegen. Überlegen Sie einmal: Einen Fonds kaufen Sie immer dann, wenn Sie Ihr Risiko streuen wollen. Was genau wollen Sie bei einem Euro-Rentenfonds streuen? Die Rendite- und die Risiko-Unterschiede sind minimal. Das Zinsniveau ist dazu extrem niedrig. Der Fondsmanager muss ja auch noch bezahlt werden, und auch der ETF hat ein bis zwei Zehntel Verwaltungskosten. Sollten dann noch die Zinsen steigen, würden Sie hier Kursverluste verzeichnen – niemand will dann mehr die alten Anleihen mit niedrigem Zinskupon. Sie haben dann auch nicht den einen Endzeitpunkt – wie bei einer einzelnen Anleihe –, zu dem Sie, sofern der Emittent nicht pleitegegangen ist, Ihr Geld sicher zurückerhalten. Denn ein Fonds oder ETF hält ja viele Anleihen mit unterschiedlichen Laufzeiten und hat kein Enddatum.

Anders ist es, wenn Sie doch mit ferneren Ländern liebäugeln. Tatsächlich gibt es in manchen Schwellenländern noch lukrative Anleihen. Hier kann ein Fonds den Vorteil, dass er in verschiedenen Ländern anlegen kann, voll ausspielen. So wird das Risiko gestreut, das in diesen Ländern unzweifelhaft größer ist als bei uns – Sie wissen ja schon: Rendite und Risiko gehen Hand in Hand.

Grundsätzlich empfehle wir Ihnen, Fonds – egal ob Renten-, Aktien- oder Immobilienfonds – über eine Direktbank und dort über die Börse zu kaufen, denn da haben Sie niedrigere Gebühren als bei der Hausbank. Das Maximum der Kaufgebühren ist bei den meisten Direktbanken auf einen Betrag von weit unter 80 Euro pro Transaktion begrenzt. Und der Kauf über die Börse erspart Ihnen bei Fonds den Ausgabeaufschlag. Manche Fonds werden bei Direktbanken auch komplett ohne Ausgabeaufschlag über die Fondsgesellschaft angeboten. Wenn der von Ihnen ausgewählte Fonds dabei ist, sollten Sie das natürlich nutzen. Ihre Hausbank bietet Ihnen zwar eine Beratung, aber die Gebühren sind häufig auch dadurch nicht zu rechtfertigen. Wenn Sie trotzdem gerne Ihre Geschäfte mit Ihrer Hausbank tätigen wollen, dann teilen Sie ihr Ihr Dilemma doch einfach mit. Am Ende müssen Sie sich einfach einmal ausrechnen, ob die Beratung Ihres Bankers die zu sparende Gebühr wert ist.

Deutlich attraktiver als Rentenfonds finden wir ganz normale Festgelder. Hier leihen Sie einer Bank eine Summe X und erhalten dafür einen Zins Y über die vereinbarte Laufzeit. Wenn Sie die Einlagensicherung berücksichtigen, dann ist das eine sehr sichere Sache. Nach der Finanzkrise wurde eine staatliche Einlagensicherung beschlossen, die pro Person und Bank 100.000 Euro beträgt. Bis zu dieser Summe ist Ihr Geld über das jeweilige Sicherungssystem des Landes abgesichert. Da wir Länder wie Italien oder Portugal für nicht so sicher halten wie Deutschland oder die Niederlande, können Sie durch die Einschränkung »Nur Banken aus sicheren Ländern« Ihre Sicherheit noch weiter erhöhen. Sie können die Dauer der Festgelder an Ihre kurz- und mittelfristigen Ziele anpassen. Damit Sie am Ende nicht zehn Festgelder bei zehn verschiedenen Banken führen müssen, sehen Sie sich doch einmal die sogenannten Zinsportale, wie beispielsweise www.weltsparen.de, an. Die Konditionen liegen über den Bundeswertpapieren, Kosten gibt es keine.

Aktienbasierte Anlagen

Fragen wir Mandanten oder Teilnehmer unserer Seminare, welchen Anteil ihres Vermögens sie in Aktien anlegen möchten, dann sagen sie meistens: »Mindestens die Hälfte« oder »höchstens ein Drittel«.

Allerdings haben wir auch Mandanten, denen es riesigen Spaß macht, mit Aktien zu handeln. Sie verfolgen mit großem Interesse die Börsennachrichten, saugen Informationen über Märkte und börsennotierte Unternehmen förmlich in sich auf und kümmern sich an bewegten Tagen mehrmals täglich um ihr Depot. Wenn solche Mandanten uns anstrahlen und verkünden, dass sie vorhaben, ihr ganzes verfügbares Geld in Aktien zu investieren, dann finden wir das grundsätzlich vollkommen in Ordnung. Voraussetzung ist natürlich, dass sie finanziell einigermaßen entspannt dastehen, ihre Lebensrisiken gut abgesichert haben und mit dem Risiko an der Börse umgehen können. Es gilt außerdem: Je erfahrener sie sind, desto größer kann ihr Aktienanteil sein. Steigen sie dagegen erst in den Aktienhandel ein, dann empfehlen wir ihnen, mit kleinen Summen anzufangen und erst einmal die Märkte kennenzulernen.

Wir haben auch Mandanten, die sehr sicherheitsorientiert und konservativ in ihrer Anlagestrategie sind. Wenn sie zu uns kommen und 80 Prozent ihres Geldes in Aktien investieren wollen, hat ihnen das meistens irgendein »Experte« empfohlen, der vielleicht viel über Renditen weiß, dafür überhaupt nichts über die persönlichen Voraussetzungen unserer Mandanten. Wir raten in solchen Fällen entschieden von einer hohen Aktienquote ab, denn wir können es fast schon sehen, wie in wenigen Monaten diese Mandanten mit tiefen Ringen unter den Augen vor uns sitzen und über schlaflose Nächte klagen, wenn sie tatsächlich so viele Aktien gekauft haben.

Gerade bei Aktien spielen die individuellen emotionalen Voraussetzungen eine besonders große Rolle. Wenn Sie Ihr Geld sicherer angelegt haben, als es Ihrem Typ entspricht, ärgern Sie sich vielleicht über eine entgangene Rendite.

Belastender ist aber mit Sicherheit der umgekehrte Fall, wenn Sie risikoreich investiert haben und sich dann tausend Sorgen machen. Sie sollten deshalb besonders ernst nehmen, was Sie sich im vorigen Kapitel über Ihre individuelle Risikobereitschaft erarbeitet haben. Zudem gilt auch bei Aktien, dass Sie Ihre Strategie auf die Zeitdimension Ihrer Ziele aus Ihrem Zielfahrplan abstimmen müssen. Wenn Sie in drei Jahren ein Haus bauen, taugen Aktien gar nichts. Wenn Sie in 15 Jahren eine größere Ausgabe tätigen möchten, sind Aktien sehr gut. Aber wenn Sie sich dem Zeitpunkt nähern, an dem Sie das investierte Geld brauchen, sollten Sie schon einige Zeit vorher anfangen, Ihre Aktien in schwankungsärmere Anlagen umzuwandeln. Sie müssen immer bedenken, dass Aktienkurse auch stark schwanken können. Und wenn Sie zu einem bestimmten Zeitpunkt Geld brauchen, ist Ihr Plan geplatzt, wenn gerade dann der Kurs Ihrer Papiere im Keller ist.

Abgesehen von dieser Planungsunsicherheit bieten aktienbasierte Anlagen mittel- bis langfristig sehr gute Renditechancen, weitaus bessere als die festverzinslichen Anleihen. Sie haben grundsätzlich zwei Möglichkeiten: Sie können selbst Einzelaktien kaufen, also Anteile einzelner Unternehmen erwerben. Oder Sie können in Fonds oder ETFs investieren und dadurch schon mit kleinen Summen eine Risikostreuung erreichen. Denn in diesen Produkten sind meist viele Aktien nach bestimmten Vorgaben vereint. Ein Aktienfonds »Welt« beinhaltet Unternehmen aus der ganzen Welt. Ein Indexfonds (Exchange Traded Funds, ETF) investiert genau so, wie der betreffende Index aufgestellt ist.

Wenn Sie Einzelaktien kaufen wollen, was viel Spaß machen kann, erfordert das Zeit. Sie müssen sich intensiv kümmern, Kurse und Märkte im Auge behalten, Unternehmensaktivitäten verfolgen. Es gibt verschiedene Strategien, nach denen Sie Ihr Depot aufbauen können. Sie können zum Beispiel die Aktien von jenen Unternehmen kaufen, die Ihnen gewinnträchtig erscheinen. Vielleicht wollen Sie Aktien von Tesla kaufen, oder von BMW. Vielleicht mögen Sie ein Unternehmen einfach. Angenommen, Sie haben ein Faible für die Lufthansa, dann werden Sie natürlich schnell herausfinden, dass die Märkte in der Luftfahrt besonders von den steigenden Ölpreisen betroffen sind – unvorhersehbare Risiken wie eine Viruspandemie lassen wir hier mal außen vor. Sie müssen also auch eine Meinung zum Ölpreis haben, um zu entscheiden, ob Sie derzeit in Luftfahrt-Aktien investieren oder nicht. Schauen Sie sich also jedes Unternehmen, in das Sie investieren möchten, genau an. Wie hat sich die Aktie in den vergangenen Monaten entwickelt? Wo steht der Kurs gerade, ist der Zeitpunkt günstig, um einzusteigen? Wie ist die wirtschaftliche Entwicklung des Unternehmens, ist es auf Wachstumskurs, wie entwickeln sich die Gewinne, in welcher Sparte läuft es besonders gut, und was ist auf diesem Markt los? Informieren Sie sich auch über die Manager dieses Unternehmens, schauen Sie, was sie tun, und versuchen Sie, ihre Strategie einzuschätzen. Wenn Sie nicht sicher sind, ob Sie investieren sollen, dann legen Sie eine Beobachtungsliste an und schauen Sie eine Zeit lang zu, wie sich das Unternehmen und der Kurs der Aktie entwickeln, und treffen Sie dann eine Kaufentscheidung.

Vielleicht haben Sie bereits ein Depot, in dem sich einige Aktien großer deutscher Unternehmen befinden. Schauen Sie, ob Sie das noch ergänzen können durch passende Unternehmen aus weiteren Branchen und anderen Ländern. Eine Verteilung Ihrer Investitionen in unterschiedliche Bereiche sichert Sie ab, wenn es auf einzelnen Märkten Probleme gibt und die Aktien der Unternehmen, die dort aktiv sind, fallen.

Wenn Sie sich nicht ganz so detailliert mit einzelnen Unternehmen befassen möchten, können Sie auch pauschal vorgehen und zum Beispiel aus jeder Branche den Branchenprimus in Ihr Depot aufnehmen. Achten Sie grundsätzlich darauf, dass Ihr Depot aus mindestens 15 Einzelwerten besteht, damit Sie eine ausreichende Streuung besitzen. Oder Sie setzen auf einen Index wie den DAX oder den Stoxx Europe 600. Sie bilden die Kurssteigerung wichtiger börsennotierter Unternehmen ab. Am günstigsten ist es dann, wenn Sie einen der schon erwähnten Exchange Traded Funds (ETF) kaufen. Sie blenden damit das Fondsmanagerrisiko aus und hängen nur von der Entwicklung des von Ihnen gewählten Index ab.

Doch auch die wegen ihrer geringen Kosten vielgepriesenen ETFs haben einen Nachteil: Normalerweise haben Fondsmanager die Freiheit, bei schlechter Kursentwicklung etwas mehr Cash zu halten und das Geld zu parken, um später wieder in Aktien zu investieren. In ETFs gibt es diese Freiheit nicht. Da herrscht ein strenger Automatismus, das heißt, ein ETF ist immer zu 100 Prozent investiert. Sie dürfen in einen ETF also nur Geld anlegen, mit dem Sie zu 100 Prozent die Marktentwicklung mitmachen möchten – oder Sie müssen sich rechtzeitig von dem ETF trennen, wenn Sie zu einer veränderten Markteinschätzung gelangen.

Freilich müssen Sie auch bei anderen Fonds am Ball bleiben, auch wenn Ihnen die Fondsmanager die tägliche Arbeit im Aktienhandel abnehmen. Grundsätzlich ist es sehr sinnvoll, Anteile von Aktienfonds und ETFs zu kaufen, wenn Sie in Aktien investieren möchten. Ratgeber wie »Finanztest« oder Wirtschaftsmagazine veröffentlichen immer wieder ihre Beobachtungen, wie sich Aktienfonds und Aktienmärkte langfristig entwickeln. Das ist natürlich keine Garantie für ewigen Erfolg, kann Ihnen aber helfen, sich auf dem Markt zu orientieren. Vergessen Sie aber die Idee, dass Sie heute einen gemanagten Fonds kaufen und erst in 20 Jahren schauen, wie er sich entwickelt hat. Manchmal wechselt das Team oder die Strategie des Fonds wird geändert. Außerdem: Auf den Märkten herrscht immer ein Auf und Ab, es gibt politische Ereignisse, Kursstürze und Unternehmenspleiten und auch der genialste Fondsmanager ist nicht davor gefeit, einmal etwas falsch zu machen. Wir empfehlen, grundsätzlich Aktien-ETF zu kaufen und einmal im Jahr zu schauen, ob Handlungsbedarf besteht. Sie haben ja bereits über die Vorteile der Buy-and-Hold-Strategie (Kaufen und Halten) gelesen.

Eine Bemerkung am Rande: Ein altes Börsianer-Sprichwort sagt: »Politische Börsen haben kurze Beine.« Von negativen Entwicklungen auf politische Entscheidungen erholen sich Börsen meist sehr schnell. Achten Sie bei Ihren Investitionen also mehr auf die Unternehmen und Branchen an sich.

DURCHBRUCH: **Beobachten Sie regelmäßig, wie sich Ihre börsennotierten Anlagen entwickeln!**

Wenn Sie in aktienbasierte Anlagen investieren, müssen Sie am Ball bleiben. Sonst können Sie böse Überraschungen erleben. Mit ETFs minimieren Sie den Aufwand gegenüber dem Kauf von Einzelaktien.

Groß in Mode gekommen waren in den vergangenen Jahren Zertifikate aller Art. Während ein Indexzertifikat leicht zu durchschauen ist – das Zertifikat entwickelt sich wie ein Index –, ist das Gros der Zertifikate kompliziert gestrickt. Die Rendite des Anlegers hängt von zahlreichen Faktoren ab. Der Prospekt liest sich dann so: »Ihre Rendite wird x Prozent betragen, wenn der Korb aus 23 verschiedenen Aktien, von denen die zwei schlechtesten und die drei besten eliminiert werden, an den Stichtagen x, y und z mindestens die Rendite w und höchstens r erreicht hat. Andernfalls gilt …« Na, alles klar? Offenbar brauchen Sie hier eine detaillierte Marktmeinung zu 23 einzelnen Aktien, müssen Termine im Blick haben und parallel in einer Excel-Tabelle die Kurse verfolgen. Zudem haben komplizierte Produkte komplizierte Gebührenstrukturen. Unter Bankern gibt es den Satz: »Kein Banker kauft Zertifikate.« Dann sollten Sie es auch nicht tun, wenn Sie nicht genau verstehen, auf welches Investment Sie hier setzen.

DURCHBRUCH: Investieren Sie nur in Anlagen, die Sie verstehen!

Wenn Sie etwas kaufen, was Sie selbst nicht verstehen, verlieren Sie die Kontrolle über Ihr Geld und riskieren, sich zu spät von einem Produkt zu trennen.

Wir haben Ihnen schon beim Aufräumen Ihrer Unterlagen geraten, nur solche Geldanlagen zu behalten, die Sie verstehen. Und natürlich gilt das Gleiche für Ihre künftigen Neuerwerbungen. Manche Produkte – wie eben auch die kompliziert gestrickten Zertifikate – erfordern einiges an Spezialwissen, wenn man sie verstehen will. Und wenn Sie für sich entschieden haben, dass Sie sich nicht über ein solides Grundwissen hinaus mit Börsen-Chinesisch auseinandersetzen möchten, dann sollten Sie auch eher einfache Produkte kaufen. Und das ist kein Problem! Lassen Sie sich nicht einreden, Sie seien dumm, weil Sie keine komplizierten Dinge haben möchten. Nicht jeder muss sich für die letzten Finessen der Börse interessieren. Und was nützt Ihnen das schönste Renditeversprechen, wenn Sie den richtigen Zeitpunkt zum Aussteigen verpassen? Und wie wollen Sie überblicken, ob Sie überhaupt die optimale Anlageform gewählt haben, wenn Sie gar nicht verstehen, was Sie in den Händen halten?

Jagen Sie nicht jedem Trend hinterher, sondern schauen Sie sich in Ruhe und besonnen auf dem Markt um. Wenn Sie aktienbasierte Anlagen interessieren, investieren Sie in ein oder zwei Zeitschriften wie »€uro« oder »Finanztest«. Es ist immer noch besser, einen dort als gut gepriesenen Fonds zu kaufen, als den Hausbank-Fonds. So können Sie anfangen, die Welt der Börse zu verstehen. Noch leichter geht es mit einfachen Anlagestrategien mit ETFs. Wenn Sie einen ETF auf den Weltindex MSCI World, der über 1.600 Unternehmen der Industriestaaten abbildet, und vielleicht noch einen Schwellenländer-ETF (zum MSCI Emerging Markets) beimischen, haben Sie schon ein wunderbares Anfängerportfolio. Auch für Fortgeschrittene kann dies als Ausgangsbasis für weitergehende Anlagestrategien dienen. Immer wieder stellen Untersuchungen fest, dass einfache Index-Strategien langfristig fast jeden Aktienfondsmanager schlagen können.

WISSEN TO GO: Nachhaltige Investmentfonds

Was bedeutet Nachhaltigkeit bei der Geldanlage? Klimaschutz und Nachhaltigkeit sind zwei Topthemen unserer Zeit. Bereits 2015 haben die Vereinten Nationen mit der Agenda 2030 17 Nachhaltigkeitsziele für die globale Entwicklung verabschiedet. Die EU erlässt derzeit Regeln für nachhaltiges Investieren. Sie möchte über die Lenkung der Kapitalströme erreichen, dass nachhaltige Wirtschaftsbereiche und Produktionsverfahren unterstützt werden. Dabei lautet das große Ziel: Die EU-Wirtschaft soll bis 2050 klimaneutral werden. Viele Anleger finden inzwischen, dass Begriffe wie »Moral«, »Ethik« oder »Öko« auch bei Finanzprodukten gelten müssen. Die Summe der Anlagen in Produkten, die diese Kriterien aufgreifen, hat sich in den letzten zehn Jahren mehr als verzehnfacht.

Der vermutlich erste »nachhaltige« Investmentfonds wurde 1928 in den USA aufgelegt – hier wurden Unternehmen ausgeschlossen, die ihr Geld mit Produktion von Alkohol oder Tabakwaren verdienten. Mittlerweile gibt es im deutschsprachigen Raum rund 500 Publikumsfonds mit unterschiedlichen Ansätzen und Kriterien. Das Problem dabei ist, dass Begriffe wie »nachhaltige Geldanlage« oder »Nachhaltigkeitsfonds« nicht geschützt sind. Dazu sind jedem Anleger andere Kriterien wichtig – Transparenz ist also ein wichtiges Kriterium, um ein für sich passendes Produkt zu finden. Eine gute Möglichkeit, sich über nachhaltige Fonds zu informieren, stellt die Datenbank www.forum-ng.org/fng-nachhaltigkeitsprofil dar, auf der Anleger abfragen können, nach welchen Kriterien die dort gelisteten Fonds ihre Wertpapierauswahl treffen. Außerdem sollen Transparenz-Siegel Anlegern helfen, »gute« Unternehmen und Fonds zu erkennen. Dieses sind zum Beispiel das Netzwerk des UN Global Compact, das Europäische Transparenzlogo für nachhaltige Fonds und das FNG-Siegel (Forum für nachhaltige Geldanlage) mit der schon erwähnten Datenbank. Letzteres ist der Qualitätsstandard für nachhaltige Investmentfonds im deutschsprachigen Raum.

Fondgesellschaften oder nachhaltige Indizes (auf denen dann die entsprechenden ETF basieren) arbeiten oft nach diesen Auswahlschritten:

- Zunächst gibt es meist Ausschlusskriterien, diese sind wie die »Türsteher eines Portfolios«: Sie sorgen dafür, dass keine Emittenten/Unternehmen in ein Portfolio gelangen, die den Zielen und Werten des Anlegers in fundamentaler Weise widersprechen. Typische Ausschlusskriterien sind

Arbeitsrechtsverletzungen, Menschenrechtsverletzungen, Umweltzerstörung, Kohle, Waffen und Rüstung sowie Tabak.

- Wie groß die selektive Wirkung ist, hängt maßgeblich von der Anzahl der aktivierten Ausschlusskriterien ab sowie von der sogenannten Operationalisierung. Dies sind häufig Umsatzgrenzen wie z. B. »Unternehmen wird erst ab 0/5/10 oder 33 Prozent Umsatz mit kontroversen Produkten ausgeschlossen«.
- Viele Fonds arbeiten mit Positivkriterien und Best-in-Class-Ansätzen. Mit Positivkriterien wird bestimmt, welche Anlagen oder Emittenten (bevorzugt) ins Portfolio aufgenommen werden. Das können zum Beispiel Unternehmen aus den Bereichen erneuerbare Energien oder Wasser sein. Beim Best-in-Class-Ansatz ist das Ziel, das jeweils beste Unternehmen seiner Branche/Klasse herauszufiltern.
- Auch beliebt ist der Best-Progress-Ansatz: Es werden die Emittenten oder Unternehmen ausgewählt, die in den vergangenen Jahren die größten Fortschritte im Umgang mit den Herausforderungen einer nachhaltigen Entwicklung gemacht haben.

Fondsgesellschaften können auch mehrere Ansätze kombinieren, sie können beispielsweise zunächst Ausschlüsse definieren und danach mit dem Best-in-Class-Ansatz arbeiten. Wenn Sie gerne nachhaltig anlegen möchten, lohnt es sich, hier tiefer einzusteigen und den Markt zu beobachten. In der Nach-Corona-Zeit wird sich sicherlich einiges tun.

Immobilien

Immobilien gehören grundsätzlich zu den als langfristig inflationssicher angesehenen Wertanlagen. Während die Frage nach dem Für und Wider eines Eigenheims viel mit der persönlichen Einstellung zu tun hat, sollten Immobilieninvestitionen als Anlage nur von der Frage nach Rendite, Risiko und Flexibilität bestimmt sein. Und von der Frage, wie viel Arbeit Sie mit einer Anlageform haben wollen.

Wenn Sie mit einer Eigentumswohnung liebäugeln, berechnen Sie sehr genau, welche Rendite das Objekt erzielt und wie viel Rendite Sie mit Ihrem eingesetzten Kapital erwirtschaften. Bedenken Sie auch die Risiken wie Mieterwechsel, Mietausfall – kurz, den Ärgerfaktor. Zwei Beispiele aus unserer eigenen Erfahrung: Wir hatten einen Mieter, der rief auch gerne mal feiertags wegen einer Lappalie an. Eine andere Mieterin ist erbenlos verstorben. Die Räumung der Wohnung dauerte lange, da das Nachlassgericht erst diverse Dinge prüfen musste. All so etwas ist als Vermieter praktisch inklusive. Wenn aber die Rahmendaten stimmen, stellt eine Immobilie ein sehr schönes Tortenstück in Ihrem Anlageportfolio dar – regelmäßige Mietzahlungen können als Rentenersatz eingeplant werden, eventuelle Wertsteigerungen erhöhen beim Verkauf Ihr Vermögen.

Auch wenn es derzeit aufgrund der vielerorts gestiegenen Kaufpreise nicht einfach ist, rentable Immobilien zu finden, bleiben Sie dran, wenn Sie interessiert sind. Ein erster Schritt könnte sein, sich über die gängigen Immobilienportale mittels eingerichteter Suchagenten regelmäßig neue Angebote anzeigen zu lassen. So gewinnen Sie rasch einen Überblick. Überlegen Sie, wie viel Eigenkapital Sie einsetzen möchten, und stecken Sie den Rahmen für Lage, Größe und Ausstattung der Immobilie.

Doch auch für alle, die jetzt nur ein »Na ja, ich weiß nicht« im Kopf haben, gibt es weniger arbeitsintensive Möglichkeiten, am Immobilienmarkt teilzuhaben. Ganz einfach funktionieren offene Immobilienfonds. Deren Manager kaufen und verkaufen verschiedene Gewerbeimmobilien – in der Regel Bürogebäude – und versuchen, über gute Mietverträge eine möglichst gute Rendite zu erwirtschaften. Offene Immobilienfonds werden auch an der Börse gehandelt. Sie können Ihre Anteile täglich kaufen oder verkaufen. Der hohe Ausgabeaufschlag, der früher ein Hemmnis war, ist nun kein Argument mehr. Beim Verkauf gilt es jedoch lange Kündigungsfristen zu beachten. Alternativ können Sie zwar über die Börse verkaufen, hier kann es aber passieren, dass die Fonds mit Abschlag angeboten werden. Im Frühjahr 2021 lagen einige offene Immobilienfonds um die 10 Prozent unter den von der Fondsgesellschaft ausgewiesenen Kursen. Der Grund war die verhaltene Erwartung für Büroimmobilien im Zuge der Corona-Krise.

Beteiligungen und Crowdinvesting

In einigen Mandantenportfolios sehen wir auch Beteiligungen, wie geschlossene Immobilienfonds, Windparks oder Schiffe. Sie funktionieren anders als offene Investmentfonds: Sie investieren in ein konkretes Projekt und werden Mitunternehmer. Wir haben in diesem Buch schon an einigen Stellen vor den Problemen gewarnt. Angenommen, an der Ostsee soll ein neuer Ferienpark entstehen. Dann können Sie Anteile kaufen. Wenn genug Anleger und damit genug Geld für die Realisierung des Projektes zusammengekommen sind, wird der Fonds geschlossen, und es wird gebaut.

Aus unseren Erfahrungen können wir Sie nur davor warnen, in geschlossene Immobilienfonds – und auch in andere Beteiligungen wie Container- und Schiffsfonds – zu investieren. Viele Menschen lassen sich von den angeblichen Vorteilen dieser »Sachwerte« blenden und prüfen nicht genau genug, was für ein Management das Projekt leitet und wie dieses sich seine Arbeit bezahlen lässt. Möglicherweise möchten Sie sich auch direkt an einem Unternehmen beteiligen, vielleicht, weil der Gründer ein Bekannter von Ihnen ist. Wägen Sie hier gut ab. Viele Unternehmen schaffen es nicht, ein Projekt bis zur Marktreife zu bringen. Eine direkte Beteiligung als Geldanlage stufen wir deshalb als individuelles Einzelprojekt ein. Als generelle Anlagestrategie taugt es nicht.

Relativ neu sind Plattformen, auf denen Gründer, aber auch Immobilieninvestoren um die Gunst der Anleger buhlen. Sie können sich auf Plattformen wie www.bergfuerst.de oder www.seedmatch.de bereits mit sehr kleinen Beträgen an Immobilienprojekten oder Unternehmen beteiligen. Das birgt natürlich hohe Risiken, aber durch die kleinen Anlagesummen können Sie das Risiko zumindest sehr gut streuen.

Rohstoffe

Rohstoffhandel ist zwar der älteste Handel der Welt, als Geldanlagemöglichkeit für Privatanleger sind Rohstoffe aber noch relativ jung. Erst um die Jahrtausendwende entstanden Investitionsmöglichkeiten, um einfach an den Rohstoffmärkten teilzuhaben. Vorläufer waren Optionsgeschäfte, die gerne übers Telefon vertrieben wurden und ein Eldorado für Nepper und Schlepper waren.

Inzwischen können Sie ganz seriös Zertifikate und ETFs erwerben, die Sie an der Wertentwicklung eines Rohstoffs oder Rohstoffkorbes teilnehmen lassen. Doch diese Investitionen kommen nach unserer Ansicht erst für geübte Anleger infrage, denn die Einflüsse auf die Kursentwicklung sind schwer einschätzbar und die Schwankungen oft hoch.

Auch Gold und Silber in Form von Münzen oder Barren sind spätestens seit der Finanzkrise beliebte Rohstoffanlagen geworden. Die Investition in Gold fällt bei allen zuvor genannten Anlagen aus dem Rahmen. Wir empfehlen sie nicht wegen der Wertentwicklung, sondern als »Krisenwährung Nr. 1«. Gold war zu jeder Zeit irgendetwas wert, anders als Papiergeld. Eine Beimischung in Höhe von 2,5 bis 10 Prozent Ihres Vermögens (ohne Eigenheim) dürfen Sie auch aus einem grundsätzlichen Sicherungsbedürfnis einplanen.

Lebens- und Rentenversicherungen

Lebens- und Rentenversicherungen können helfen, Ihren Ruhestand zu sichern. Sie haben allerdings viel von ihrer Attraktivität eingebüßt, denn seit 2005 sind sie steuerlich wesentlich weniger privilegiert als früher. Alle Versicherungen, die Sie vor dem 01.01.2005 abgeschlossen haben, unterliegen dem alten Steuerrecht. Die Auszahlung am Ende ist komplett steuerfrei. Bei Rentenversicherungen können Sie dazu noch wählen, ob Sie das Kapital oder die Rente nehmen möchten. Das ist natürlich sinnvoll, denn mit Anfang 60 kennen Sie Ihre Ruhestandspläne und Ihren Gesundheitszustand besser, als Sie es mit Mitte 30 voraussagen können. Ob es damals richtig war, einen solchen Vertrag abzuschließen, darum brauchen Sie sich heute nicht mehr zu kümmern. Durch die veränderte steuerliche Welt ist es fast immer sinnvoll, diese Altverträge als konservativen Baustein in der Altersvorsorgestrategie weiterlaufen zu lassen.

Seit der steuerlichen Verschlechterung – nun ist die Hälfte des Ertrages zu versteuern und das Wahlrecht gibt es nicht mehr – gibt es kaum noch einen vertretbaren Grund, eine Kapitallebensversicherung abzuschließen. Überdies kämpfen gerade Lebensversicherungen mit dem Niedrigzinsniveau. Denn sie müssen das Geld ihrer Kunden überwiegend sicher anlegen. Außerdem wissen Sie schon: Wir bevorzugen es, Kapitalbildung und das Todesfallrisiko zu trennen. Sie erzielen höhere Renditen, wenn Sie das Risiko nicht mitfinanzieren müssen. Andersherum müssen Sie vielleicht Ihr Todesfallrisiko mit über 50 Jahren gar nicht mehr absichern, weil Sie inzwischen genügend Vermögen aufgebaut haben, damit Ihr Partner bei Ihrem Tod abgesichert wäre. Die Kapitallebensversicherung läuft trotzdem weiter.

Bei Rentenversicherungen bekommen Sie bei Fälligkeit monatlich eine Rente. Letzteres hat Vor- und Nachteile: Wenn Sie monatliche Rentenzahlungen erhalten, kommen Sie erst nach rund 20 Jahren in die Gewinnzone. Erst dann zahlt Ihre Versicherung Ihnen mehr aus, als Sie eingezahlt haben. Auf der anderen Seite werden die Menschen immer älter. Doch das ist kein Thema für heute. Es reicht, wenn Sie sich das bei Renteneintritt überlegen. Sie können jederzeit einen Betrag X in eine private sofort beginnende Rentenversicherung einzahlen.

Da diese Rente nur mit dem Ertragsanteil besteuert wird, ist das steuerlich sogar gar nicht so uninteressant. Die Weltreise können Sie von diesem Kapital dann freilich nicht mehr finanzieren.

ÜBUNG: Entwerfen Sie Ihre Anlagestrategie!

Jetzt kennen Sie alle wichtigen Anlagemöglichkeiten. Ein vielfältiger Markt! Lassen Sie sich nicht überrollen. Sie müssen nicht gleich morgen losgehen und von allen Produkten etwas kaufen. Nehmen Sie sich Zeit, in die Materie hineinzuwachsen. Kaufen Sie erst einfache Produkte, beobachten Sie eine Weile, was passiert, und erweitern Sie dann schrittweise Ihren Radius.

Generell dürfen Sie sich ziemlich frei fühlen in der Gestaltung Ihrer Anlagestrategie. Hören Sie nicht auf irgendwelche Gurus, die Ihnen bestimmte Produkte oder Anlageformen aufdrängen wollen. Blicken Sie stattdessen auf Ihre eigenen, höchstpersönlichen Interessen und Voraussetzungen.

Ihre Hauptkriterien für Ihre Anlageentscheidungen sind:

- Ihre Ziele: Entscheiden Sie, wie viel Geld Sie langfristig anlegen wollen und über welche Summe Sie schon in den kommenden Jahren verfügen möchten. Welches Ziel hat bei Ihnen welche Priorität?
- Ihre Einstellung: Entscheiden Sie, wie viel Zeit und Energie Sie in Ihre Anlagestrategie investieren möchten, und suchen Sie entsprechend einfache oder komplizierte Anlagen aus.
- Ihre Risikomentalität: Entscheiden Sie, wie waghalsig Ihre Anlagen sein dürfen oder ob Sie lieber auf Nummer sicher gehen.

Und jetzt legen Sie los! Entwerfen Sie Ihre Anlagestrategie. Nehmen Sie sich Ihren Zielfahrplan mit seinen benötigten Summen und überlegen Sie, welche Anlageform geeignet ist, um das nötige Vermögen aufzubauen. Teilen Sie auf, wie viel Geld Sie in festverzinsliche Papiere investieren wollen, wie viele in Aktien, Immobilien oder Gold. Informieren Sie sich über die Produkte, die auf dem Markt sind, und vergleichen Sie die Konditionen.

AUF DEN PUNKT: Ihre Anlagestrategie

Sie haben viel gelernt und viel gearbeitet. Sie kennen alle wichtigen Anlageklassen. Ihre Ziele sind mit Ideen gefüttert, wie Sie dem gewünschten Ergebnis näherkommen. Jetzt schlägt die Stunde der Belohnung. Jetzt dürfen Sie die Früchte Ihrer Anstrengungen ernten und das gute Gefühl genießen, bei der Geldanlage nichts mehr dem Zufall zu überlassen.

12 Auf zum Testlauf Ihrer Strategie – mit der Szenariotechnik

Sind Sie als Kind öfter Karussell gefahren? Dann haben Ihre Eltern darauf vertraut, dass alle Schrauben halten. Dass das gar nicht so selbstverständlich ist, hat Stefanie in ihrem Studium zur Wirtschaftsingenieurin gelernt. Im Fach Maschinenbau mussten sie damals ausrechnen, welche Schrauben in welcher Stärke und Stückzahl für Karussells notwendig sind. Also: Wie dick muss eine Schraube sein, damit sie die Belastungen der Zentrifugalkraft aushalten kann? Und wie viele dieser Schrauben braucht man dann? Sie entwarfen Szenarien mit verschiedenen Schraubengrößen. Sie berechneten beispielsweise, wie es sich auf die Sicherheit auswirkt, wenn eine Schraube kleiner wäre. Wann zerbricht die Schraube? Wie bald müsste eine Schraube welcher Größe nachgezogen werden, und wie oft? Wenn eine lockere Schraube unentdeckt bleibt, hält sie nicht mehr richtig. Andere Teile der Konstruktion werden dann im Übermaß belastet. Wenn sich niemand darum kümmert, ist es eine Frage der Zeit, bis ein Unglück geschieht.

Das kann die Szenariotechnik

Die Studenten wendeten also bei ihren Berechnungen die Szenariotechnik an. Szenariotechnik bedeutet, verschiedene Möglichkeiten durchzuspielen, wie sich eine Sache entwickelt, wenn sich eine oder mehrere Faktoren ändern. Im Beispielfall prognostizierten sie, wie lange ein Karussell hält, wenn die Schrauben dicker oder dünner sind. Diese ersten Übungen mit der Szenariotechnik brachten Stefanie zwei wesentliche Erkenntnisse: Erstens fuhr sie nach diesen Berechnungen nie wieder unbeschwert mit einem Karussell, und zweitens erkannte sie, dass die Szenariotechnik auch außerhalb des Maschinenbaus eine ganz hervorragende Möglichkeit ist, um Pläne und Strategien zuverlässig zu prüfen, bevor man sie realisiert. Das haben vor uns freilich auch andere Menschen schon entdeckt. Die Szenariotechnik ist in der Wirtschaftswelt ein gängiges Mittel, um Entscheidungen vorzubereiten oder Strategien zu überprüfen. Wir bedienen uns bei der Finanzplanung für unsere Mandanten also der gleichen Technik wie beispielsweise Großkonzerne, die die Erfolgsaussichten milliardenschwerer Markteinführungen berechnen.

Wer seine Anlagen nicht prüft und gegebenenfalls sein Portfolio umstrukturiert, macht einen ähnlichen Fehler wie der Betreiber einer Achterbahn, der nicht regelmäßig prüft, ob noch alle Schrauben festsitzen. Damit meinen wir ausdrücklich nicht, dass Sie an Panik-Tagen handeln sollten. Aber wir ermutigen alle Seminarteilnehmer und Mandanten, ihr persönliches Ausstiegsszenario zu kennen, wenn das Ziel schon in greifbarer Nähe liegt. Da ist es schon wieder – das Wort Szenario. Wir möchten, dass sich jeder, bevor die Situation eintritt, überlegt, ab wann was zu tun wäre. Szenariotechnik bedeutet, die verschiedenen Faktoren, die eine Anlagestrategie beeinflussen können, immer im Auge zu behalten und zu überprüfen. Es bedeutet zu akzeptieren, dass sich immer etwas verändern kann. Mit der Szenariotechnik nehmen Sie diese Veränderungen vorweg und vermeiden so, unvorbereitet etwa einem Kurssturz gegenüberzustehen und dann vielleicht so verunsichert zu sein, dass Sie Entscheidungen treffen, die sich im Nachhinein als falsch erweisen.

Übrigens gibt es noch eine Parallele zur Szenariotechnik bei der Achterbahn: Ähnlich wie die Ingenieure die notwendige Schraubendicke ausrechnen, müssen Sie sich überlegen, welchen Belastungen Ihre Anlagestrategie standhalten soll. Das betrifft einerseits die Sicherheiten, über die Sie schon nachgedacht haben (Für welche Notfälle muss ganz sicher immer Geld verfügbar sein und wie viel?). Andererseits müssen Sie auch kalkulieren, wie viele Kursschwankungen Sie eigentlich verkraften können. Wir fragen unsere Mandanten immer, ob sie im Jahr 2000 oder 2008 schon an der Börse dabei waren. Wenn sie uns mit Nein antworten, dann holen wir weiter aus und erklären ihnen, dass die Börsen manchmal stark schwanken. Gut möglich, dass die Aktienkurse im nächsten Jahr um 20 Prozent sinken. Das ist unseren Mandanten nicht unbedingt neu. »Jaja, das hab ich schon gelesen«, sagen sie. Gelesen ist aber etwas anderes als erlebt. Gelesen bedeutet in diesem Fall: Theorie. Deshalb reiten wir dann noch einmal auf dem Thema herum. Nehmen Sie an, Sie haben sich entschieden, 100.000 Euro in aktienbasierte Anlagen anzulegen. Dann bedeutet ein Verlust von 20 Prozent, dass Sie 20.000 Euro verloren haben. Das ist ein Auto. Natürlich sind das zunächst nur Buchverluste, keine realisierten Verluste. Doch manche Menschen reagieren panisch, wenn am Jahresende statt 100.000 Euro nur noch 80.000 Euro auf dem Depotauszug stehen. Und verkaufen dann alles mit dem Satz auf den Lippen: »An der Börse ist doch eh alles Nepp, das funktioniert doch nie.« Und plötzlich ist die Börse dann der Bösewicht. Oder der

Berater. Oder der Kumpel. Wer an die Börse geht, um für seine Altersvorsorge in 30 Jahren ein Vermögen aufzubauen, kann und sollte lässig mit den Schwankungen einzelner Jahre umgehen. Wer das Geld schon in fünf Jahren braucht, für den sind diese Schwankungen ein ziemlich großes Problem.

Die Szenariotechnik kommt vor allem bei den langfristigen Anlagen ins Spiel.

Wenn Sie in drei Jahren ein Haus bauen wollen, können Sie mit den Daten von heute recht zuverlässig ausrechnen, wie viel Rendite Sie in den nächsten 36 Monaten erwirtschaften können. Wenn es dagegen um eine Anlagestrategie geht, deren Ergebnisse erst in 20 oder 30 Jahren zählen, dann müssen Sie eine Vielzahl von Faktoren einkalkulieren. Denn in so einem Zeitraum wirken sich beispielsweise Zinseszinseffekte, Inflation oder die Entwicklung der staatlichen Rente aus. Niemand von uns kann die Zukunft vorhersagen. Aber mit der Szenariotechnik können Sie überlegen, wie Ihre Situation unter verschiedenen Bedingungen aussieht. Und: Ein Szenario lässt sich immer wieder aktualisieren. Sie bleiben damit dauerhaft am Ball.

Fünf Faktoren bestimmen Ihr Szenario

Einen Entwurf für Ihre Anlagestrategie halten Sie schon in der Hand. Nun können Sie mithilfe der Szenariotechnik durchspielen, welchen Einflüssen Ihre Strategie unterliegen kann. Sie müssen vor allem die folgenden fünf Faktoren beachten:

1. Rendite und Zeit
2. Inflation
3. Rente
4. Steuern
5. Marktschwankungen

Mit der Szenariotechnik können Sie durchrechnen, welche Auswirkungen diese Veränderungen auf die Entwicklung Ihres Vermögens haben. Was bedeutet es beispielsweise für Sie, wenn die Inflation sinkt, was, wenn sie steigt? Sie können also ein Szenario für Ihre Anlagen entwerfen, in dem die Inflation hoch ist, oder eines, in dem sie niedrig ist.

Rendite und Zeit

Dieser Faktor steht nicht zufällig an erster Stelle, sondern weil er die Basis aller Szenarien bildet. Schließlich denken Sie bei jeder Geldanlage darüber nach, welche Rendite Sie erwarten können. Oder Sie haben ermittelt, welche Summe Sie zu einem bestimmten Zeitpunkt brauchen, und wollen nun ausrechnen, wie viel Sie dafür pro Jahr ansparen müssen.

Der Zinseszinseffekt führt Sie an Ihr Ziel. Wenn Sie doppelt so lange sparen, steigt Ihr Ergebnis nicht auch um das Doppelte, sondern noch um mehr – um wie viel mehr, richtet sich nach dem Zinssatz. Ein konkretes Beispiel: Angenommen, Sie sparen monatlich 100 Euro an, und Sie bekommen einen Zinssatz von 5 Prozent. Dann kommen Sie nach zehn Jahren auf 15.502 Euro. Nach 20 Jahren haben Sie nicht etwa das Doppelte, sondern fast das Dreifache, nämlich 40.754 Euro. Und nach 35 Jahren könnten Sie sich sogar über 111.320 Euro freuen. Das ist keine Hexerei, sondern das bewirkt der Zinseszinseffekt. Bevor Sie nun in Jubel ausbrechen, seien Sie schon mal vorgewarnt, dass die Inflation nach 35 Jahren leider viel von der Rendite wieder auffrisst! Dazu kommen wir später noch.

Falls Sie sich mathematisch eher schwach auf der Brust fühlen, brauchen Sie sich nicht lange mit der Rechenformel für den Zinseszinseffekt herumzuplagen. Suchen Sie lieber im Internet nach »Zinseszins«. Da stoßen Sie sofort auf Onlinerechner, mit denen Sie ganz einfach alle möglichen Sparsummen, Laufzeiten und Renditen durchrechnen können. Komfortabler geht es kaum. Einziger Nachteil: Sie haben jetzt wirklich überhaupt keine Ausrede mehr, sich um die Berechnung des Zinseszinseffektes herumzumogeln. Aber damit ist ja sowieso Schluss. Schließlich wollen Sie herausfinden, wie Sie finanziell unabhängig werden können, also, wie Sie Ihre Ziele erreichen können. Anlagedauer und Zins spielen dabei eine entscheidende Rolle. Ein Prozent mehr oder weniger scheint so wenig auszumachen, sagen uns manche Mandanten. Wir sind in solchen Fällen sehr streng und zwingen sie, mit genauen Summen und Laufzeiten verschiedene Szenarien durchzurechnen. Glauben Sie mir, manchen Mandanten fallen vor Erstaunen fast die Augen aus dem Kopf, wenn sie sehen, was sich hinter den vermeintlich kleinen Unterschieden für große Summen verstecken.

Die Szenarien sehen zum Beispiel so aus: Wir fragen, was ein 25-jähriger Mann monatlich zurücklegen müsste, um mit 65 Jahren die Summe von 400.000 Euro angespart zu haben. Und wir rechnen das Ganze mit verschiedenen Renditesätzen durch. Heraus kommt dann zum Beispiel so eine Tabelle:

Ein 25-Jähriger spart 40 Jahre lang. Wie viel muss er bei unterschiedlichen Sparraten einsetzen, damit zu seinem 65. Geburtstag die Summe von 400.000 Euro bereitsteht? (Rendite nach Steuern)

Rendite	Monatliche Sparrate
0,50%	752,81 €
1,00%	678,18 €
2,00%	545,94 €
3,00%	435,01 €
4,00%	343,34 €
5,00%	268,66 €
6,00%	208,60 €
7,00%	160,87 €
8,00%	123,33 €
9,00%	94,07 €
10,00%	71,44 €

Sie sehen nun deutlich, welche großen Unterschiede ein Prozentpunkt mehr oder weniger bei der Rendite für die Sparrate ausmacht. Es lohnt sich also wirklich immer, auf die Rendite zu achten.

Wenn Sie den Faktor Zeit dazunehmen, werden die Unterschiede noch gravierender, wie Sie in der folgenden Abbildung sehen können. Diesmal fragen wir, was ein 45-jähriger Mann bei unterschiedlicher Rendite monatlich zurücklegen müsste, um mit 65 Jahren über 400.000 Euro verfügen zu können. Er hat nur noch halb so viel Zeit wie der 25-Jährige. Bei 5 Prozent Rendite muss er beinahe viermal so viel pro Monat zurücklegen wie der Mann, der 40 statt 20 Jahre Zeit hat.

Falls Sie zu den jüngeren unserer Leser gehören, sind Sie jetzt hoffentlich einmal mehr motiviert, sich schon heute um Ihre langfristigen Ziele zu kümmern. Das Duo Zeit und Rendite ist einfach übermächtig. Mit jedem Tag, den Sie verstreichen lassen, verlieren Sie bares Geld. Spätestens jetzt verstehen Sie sicherlich auch unsere Verzweiflung, wenn uns Mandanten erzählen, dass sie ihr Geld über Jahre auf dem unverzinsten Girokonto oder einem Sparbuch liegen lassen. Mindestens 2 bis 5 Prozent mehr bekämen sie bei einem einfachen, gemischten Portfolio aus einem weltweiten Aktien-ETF und Festgeld. Je nachdem, wie lange sie ihr Geld parken, sind das fünfstellige Summen, die sie verlieren.

Ein 45-Jähriger spart 20 Jahre lang. Wie viel muss er bei unterschiedlichen Sparraten einsetzen, damit zu seinem 65. Geburtstag die Summe von 400.000 Euro bereitsteht? (Rendite nach Steuern)

Rendite	Monatliche Sparrate
0,50%	1.584,59 €
1,00%	1.505,69 €
2,00%	1.357,19 €
3,00%	1.220,69 €
4,00%	1.095,65 €
5,00%	981,50 €
6,00%	877,63 €
7,00%	783,39 €
8,00%	698,15 €
9,00%	621,26 €
10,00%	552,08 €

Nehmen Sie mal an, ein netter Großonkel vermacht Ihnen 10.000 Euro. Sie freuen sich, aber Sie brauchen das Geld aktuell eigentlich nicht. Sie sind gerade 30 Jahre alt geworden und Berufseinsteiger. Also beschließen Sie, das Geld anzulegen und für die Alterssicherung zu sparen. Sie werden es also 30 Jahre lang anlegen. Wenn Sie eine Rendite von 3,5 Prozent erzielen, dann machen Sie 28.068 Euro aus den 10.000 Euro. Das ist ganz nett – besser jedenfalls, als wenn Sie das Geld auf einem Girokonto oder Sparbuch angelegt hätten. Wenn Sie aber eine Rendite von 5 Prozent erzielen, dann haben Sie am Ende schon 43.219 Euro. Und bei 7 Prozent können Sie sich über 76.123 Euro freuen.

Szenario Rendite-Unterschied

Rendite	Sparergebnis
3,5%	28.068,00 €
5,0%	43.219,00 €
7,0%	76.123,00 €

Sie sehen, Zeit und Rendite sind das Traumpaar des Sparens, weil sie zu überproportional positiven Effekten führen.

DURCHBRUCH: Achten Sie immer genau auf Ihre Rendite!

Ein Prozent mehr oder weniger ist keine Kleinigkeit, sondern fällt dank des Zinseszinseffektes richtig ins Gewicht. Erst recht, wenn es um langfristige Anlagen geht.

Rechnen Sie immer aus, was der Zinseszinseffekt bei Ihrer Anlage bedeutet, bevor Sie eine Entscheidung für eine Geldanlage treffen. Es wäre doch wirklich ärgerlich, wenn Sie eine Entscheidung gegen eine Anlage treffen, weil Sie denken, es gehe nur um eine Kleinigkeit, und später feststellen, welche Summen Ihnen entgangen sind.

Inflation

Wir haben Sie eben schon vorgewarnt: Die traumhaften Effekte von Rendite und Zeit haben einige weniger traumhafte Begleiter, die Ihre Kalkulation schnell wieder auf den Boden der Realität zurückführen. Ihr Trost: Wenn Sie sich frühzeitig auch mit den negativen Faktoren auseinandersetzen, müssen Sie sich nicht mehr vor großen Enttäuschungen fürchten.

Befassen Sie sich also mit der Inflation. Inflation bedeutet Geldentwertung. Die Generation, die den Zweiten Weltkrieg erlebt hat, hat sehr konkrete Vorstellungen davon, was Inflation bedeutet. Bis zum Sommer 2007 erlebten wir allerdings oft, dass das Thema Inflation ignoriert wurde. Hatten wir uns doch alle daran gewöhnt, dass unser Wirtschaftssystem es mit sich bringt, dass die Preise im Durchschnitt immer etwas steigen. Die Betonung lag auf »etwas«. Als die Teuerungsmarke von 3 Prozent erstmals seit langer Zeit wieder überschritten wurde, kam auch die Diskussion um Inflationsgefahren wieder stärker auf. Auch für die Zeit nach Corona wird befürchtet, dass die Inflation erneut anziehen könnte. Die Teuerungsrate, wie die Inflation genannt wird, schwankt aber von Produkt zu Produkt. Die ausgewiesene Inflation beruht auf einem Warenkorb, für den die Preisveränderungen verfolgt werden. In diesem sind auch größere Anschaffungen, bei denen einem im Alltag die Preisentwicklung nicht ständig ins Auge springt. Daher ist die gefühlte Inflationsrate oftmals eine andere als die gemessene Rate.

In den letzten 20 Jahren schwankte die Inflation in Deutschland zwischen 0,5 Prozent (2005) und 2,6 Prozent (2008). Im Durchschnitt lag sie bei einem Wert zwischen 2 und 3 Prozent. Schaut man weiter zurück, zum Beispiel in die 70er-, 80er- und frühen 90er-Jahre, dann sieht man auch Phasen, in denen die Inflation mehrere Jahre lang 4 Prozent überstieg. Bei bis zu 7 Prozent lag die Teuerungsrate in einzelnen Jahren damals. Grund war der sogenannte Ölpreisschock – der Anstieg der Ölpreise löste eine enorme Teuerungswelle in den Industriestaaten aus. Doch die Energiepreise sind immer nur ein Faktor, der in die Inflationsrate mit einfließt. Auch überbordende Staatsschulden, wie wir sie in den letzten Jahren weltweit sehen, können Auslöser für eine höhere Inflation sein.

Für Ihr Szenario ist es weder möglich noch wichtig, die Entwicklung der Inflationsrate genau vorherzusagen. Es kommt vielmehr darauf an, dass Sie einen realistischen Wert ansetzen. Eine Inflationsrate von nur 1,5 Prozent, wie sie in den letzten Jahren durchschnittlich war, erscheint uns im jetzigen Marktumfeld und angesichts überbordender Staatsausgaben im Zuge der Corona-Pandemie als zu gering. Mit 2 Prozent befinden Sie sich auch im längerfristigen Durchschnitt noch auf der sicheren Seite. Aber dafür heißt es ja Szenariotechnik – rechnen Sie also am besten neben den 2 Prozent auch einmal mit 2,5 oder 3 Prozent.

Wenn Sie die Inflation nun in Ihr Szenario einbeziehen, dann überlegen Sie zunächst ohne irgendwelche Inflationsberechnungen, wie viel Geld Sie im Ruhestand nach heutiger Kaufkraft gerne hätten. Gehen Sie von rund 2 Prozent Inflation aus, benötigen Sie in rund 36 Jahren ungefähr das Doppelte. Doch dann geht es noch weiter. Auch Ihr Ruhestand dauert zwischen 20 und 30 Jahren. Damit benötigen Sie, wenn Sie Ihren Lebensstandard halten möchten, laufend höhere Einkünfte für den gleichen Lebensstandard. Und sagen Sie uns jetzt nicht, dass Sie im Ruhestand nicht so viel Geld benötigen. Denken Sie daran – dann haben Sie endlich die Zeit, um all die Dinge zu unternehmen, die Sie schon immer gerne tun wollten. Auch die Gesundheitsausgaben steigen mit zunehmendem Alter.

Auch für die Berechnung der Inflation bietet das Internet praktische Online-Rechner. Suchen Sie einfach nach »Inflationsrechner«. Sie können verschiedene Summen, Inflationsraten und Laufzeiten eingeben, und der Rechner nennt Ihnen auf den Cent genau, was Ihr Geld unter diesen Voraussetzungen in Zukunft wert sein wird.

Einen Haken hat die Sache mit der Inflationsrate: Sie bildet immer alle Preise ab. Vielleicht erinnern Sie sich noch an die Einführung des Euro. Die Verbraucher waren fassungslos: Viele Preise schienen sich zu verdoppeln. Eins zu eins hätten die Händler den Kurs gewechselt, hieß es. Doch die Inflationsrate betrug in dem betreffenden Jahr (2002) nur niedrige 1,5 Prozent! Wie kam das? Waren die Verbraucher ihren Vorurteilen erlegen? Oder hatten sich die Statistiker verrechnet? Nein. Die salomonische Antwort ist: Alle hatten recht, die Verbraucher ebenso wie die Statistiker. Es war so: Die Preise, die den Verbrauchern in ihrem Alltag täglich begegneten, waren tatsächlich deutlich gestiegen. Lebensmittel, Schuhe, das Getränk im Restaurant, der Salat auf dem Markt. Allerdings stellen diese Alltagspreise nur einen kleinen Teil aller Preise dar. Was die Verbraucher bei der Euro-Einführung nicht wahrnahmen, war, dass zum Beispiel die Preise für Computer um 23 Prozent sanken. Solche Preissenkungen bemerkt man eben nur, wenn man sich einen Computer kauft – und das ist ja nur alle paar Jahre einmal der Fall.

Zum Schluss der Inflationsbetrachtung lernen Sie jetzt bitte noch aus einem Fehler, den einige Menschen machen. Er besteht in einer auf den ersten Blick tatsächlich gewitzten Schlussfolgerung, und sie lautet: Wenn die Inflation dafür sorgt, dass mein Vermögen schrumpft, dann mache ich doch einfach Schulden. Die schrumpfen dann schließlich auch! – Wir räumen ein, dass das wirklich schlau klingt und auch stimmt. Wenn die Inflation das Geld entwertet, entwertet sie auch Ihre Schulden. Und wenn Sie Kredite laufen haben, um beispielsweise Ihr Haus abzuzahlen, dürfen Sie sich unbefangen über diesen Effekt freuen. Sie sollten trotzdem keinesfalls mit diesem Kalkül Schulden machen. Denn mit der Inflation können Sie keine Verträge abschließen! Sie können sich nicht darauf verlassen, dass sich alles so entwickelt, wie Sie dachten. Das Wichtigste ist immer, dass Sie genau wissen, dass Sie Ihre Last aus Zins und Tilgung auch bedienen können. Und jeden Euro, den Sie dafür aufwenden, können Sie nicht sparen. Das Geld fehlt Ihnen dann an irgendeiner anderen Stelle.

Rente

Früher war ja angeblich alles besser. Zumindest hat das gesetzliche Rentensystem noch ordentlich funktioniert. Arbeitende Menschen und ihre Arbeitgeber zahlten erträgliche Beiträge in die Rentenversicherung ein, und die Rentner lebten zufrieden mit der Rente, die ihnen ausgezahlt wurde. Dieses System ist heute marode. Zu wenige Menschen zahlen Beiträge ein, die ihnen aber zu hoch erscheinen, und zu viele Rentner bekommen Renten, die ihnen zu niedrig erscheinen. In die Köpfe vieler Menschen ist inzwischen vorgedrungen, dass die gesetzliche Rentenversicherung noch einen Baustein des Ruhestandes darstellt, jedoch nicht mehr. Wir möchten an dieser Stelle auch einmal in den Blick nehmen, dass früher keineswegs alles besser, sondern eigentlich schlechter war. Schauen Sie mal zurück: Als Bismarck die Sozialversicherung einführte, arbeiteten die meisten Menschen noch körperlich, und die Lebenserwartung war viel niedriger. Nach ihrer Verrentung leben die Menschen keine 25 oder 30 Jahre mehr, so wie heute. Sie starben viel eher. Entsprechend mussten die erwerbstätigen Beitragszahler und Unternehmen auch keine so hohen Beiträge für sie zahlen, denn der Rentenbezug war viel kürzer.

Das ist – neben anderen – einer der Faktoren, die die Zukunftsfähigkeit unserer gesetzlichen Rentenversicherung so stark beeinträchtigen, dass sie zu einer der wichtigsten Variablen für Ihr Szenario werden wird. Konkreter formuliert: Verlassen Sie sich bitte auf keinen Fall darauf, dass Sie im Alter eine ausreichende gesetzliche Rente bekommen werden. Je jünger Sie heute sind, desto weniger Rente sollten Sie in Ihrem Szenario veranschlagen.

Doch wie berechnen Sie nun die Rentenentwicklung in Ihrem Szenario? Nehmen Sie sich Ihren letzten Brief der Deutschen Rentenversicherung vor. Dort steht, welche Rente Sie erwarten können, wenn Sie so weiterarbeiten wie im Durchschnitt der letzten fünf Jahre. Darunter stehen einige Hochrechnungen. Diese bitten wir Sie, zu ignorieren. Viele unserer Mandanten werden ziemlich unruhig, denn die Rente auf dem Schreiben der Rentenversicherung ist oft nicht besonders hoch. Sie fragen sich natürlich, wovon sie im Alter leben sollen. Wenn die Rente nicht reicht, müsste man ja alles ansparen? Ist das überhaupt zu schaffen? Auch wenn viele neben der gesetzlichen Rente noch eine Betriebsrente erhalten oder eine vermietete Immobilie erworben haben, die im Ruhestand abbezahlt ist und Miete abwirft – reicht das?

Betrachten Sie die Sache mit der Rente bitte einmal von der anderen Seite. Ein Auslöser des Problems ist die gestiegene Lebenserwartung. Die hat aber auch ihr Gutes. Sie müssen nämlich nicht länger Ihre komplette Rentenzeit als »Ruhestand« definieren. Sehen Sie die Vorteile der Sache: Die meisten Menschen erfreuen sich guter Gesundheit, wenn sie aus dem klassischen Erwerbsleben ausscheiden. Sie sind bei Kräften und voller Energie. Und wir fragen uns: Warum bezeichnen wir diese Zeit eigentlich noch als »Ruhe«stand? Vielleicht finden Sie es schon in zehn Jahren ganz normal, dass Rentner noch erwerbstätig sind. In Ihr Szenario sollten Sie diese Möglichkeit auf jeden Fall einbeziehen. Ziehen Sie ruhig noch einmal Ihren Zielfahrplan heran. Überlegen Sie, was Ihnen Spaß macht. Warum schieben Sie nicht noch ein Mosaiksteinchen dazu, auf dem steht, dass Sie Ihren Beruf als Ingenieur im Alter noch freiberuflich ausüben möchten? Sie können sich dann schon frühzeitig darauf einstellen, indem Sie geeignete Kontakte knüpfen und sich ein für sie geeignetes Geschäftsmodell überlegen. Vielleicht haben Sie auch gerne mit Kindern zu tun. Dann werden Sie vielleicht bezahlte Dienste als Babysitter oder Leih-Oma leisten. Oder Schüler betreuen.

Sehen Sie das Positive an der Sache: Sie haben eine längere Lebenserwartung. Für die Rentenversicherung ist das ein Problem. Für Sie ist das großartig. Sie können mehr mit Ihrem Leben anfangen! Das Einzige, was Sie dafür tun müssen, ist umzudenken. Für Ihr Szenario bedeutet das, dass Sie Druck aus Ihren Sparanstrengungen herausnehmen können. Wenn Sie davon ausgehen können, dass Sie im Alter noch dazuverdienen, dann müssen Sie die fehlende Rente nicht komplett durch Sparleistungen in den Jahrzehnten davor ausgleichen. Natürlich sollten Sie sich auch nicht der Sorglosigkeit hingeben. Aber wenn es realistisch ist, dass Sie eine gewisse Lücke durch Arbeit schließen können, ist das völlig okay!

Betrachten Sie die gesetzliche Rente als einen Baustein in Ihrem Szenario – nicht mehr, aber auch nicht weniger.

Steuern

Bei allem, was Sie planen, lohnt es sich, die Steuern im Blick zu haben. Gerade für die Altersvorsorge spielen Steuern künftig eine größere Rolle als heute. Was Sie nämlich für Ihr Rentenalter-Szenario unbedingt beachten müssen, ist die nachgelagerte Besteuerung. Das heißt: Renten müssen voll versteuert werden. Früher mussten Renten grundsätzlich nicht versteuert werden. Lediglich auf ihren Ertragsteil fielen Abgaben an. Seit 2005 sieht das anders aus: Rentner, die 2005 in Rente gingen, mussten 50 Prozent ihrer Rente versteuern. Und der zu versteuernde Anteil wurde bis 2020 jedes Jahr um 2 Prozent und danach jeweils um 1 Prozent angehoben. Das heißt: Wer ab dem Jahr 2040 in Rente geht, wird sie zu 100 Prozent versteuern müssen. Die Neurentner des Jahres 2021 müssen 81 Prozent versteuern. Aus der Jahresbruttorente multipliziert mit dem steuerfreien Anteil errechnet sich ein »Rentenfreibetrag«, der in den folgenden Jahren immer gleich bleibt. Hat also beispielsweise eine Frau, die 2021 in Rente ging, in diesem Jahr eine Jahresbruttorente von 12.000 Euro bezogen, beträgt ihr lebenslanger »Rentenfreibetrag« 2.280 Euro. Auch bei zukünftigen Rentensteigerungen bleibt nur dieser Euro-Betrag steuerfrei.

Doch wie soll man vorhersehen, wie die Steuern in zehn, 20 oder 30 Jahren bemessen werden? Unsere Antwort: Gar nicht. Für die Szenarien empfehlen wir aber, mit Durchschnittswerten zu rechnen. Orientieren Sie sich an Ihrem derzeitigen Durchschnittssteuersatz. Nur wenn Sie sehr wenig Einkommen im Ruhestand erwarten, rechnen Sie mit geringeren Prozenten. Ihren Durchschnittsteuersatz können Sie leicht selbst ausrechnen. Schauen Sie auf Ihren letzten Einkommenssteuerbescheid und suchen nach dem »zu versteuernden Einkommen«. Die zu zahlende Jahreseinkommenssteuer setzen Sie dazu ins Verhältnis, und schon kennen Sie Ihren persönlichen Durchschnittssteuersatz.

Sie können auch einen Rechner im Internet heranziehen und Ihre zu erwartenden Renteneinkünfte dort eingeben. Wir empfehlen, einen kleinen Aufschlag auf das Ergebnis zu machen, gerade, falls der Ruhestand noch weiter weg ist.

Neben der Einkommensteuer müssen Sie auch an die Besteuerung von Kapitalerträgen denken: die Abgeltungsteuer. Seit 2009 müssen Sie 25 Prozent Ihrer Kapitalerträge dem Staat abtreten. Dazu kommen dann noch Solidaritätszuschlag und gegebenenfalls die Kirchensteuer. Zusammen sind das dann fast 28 Prozent. Auch realisierte Wertsteigerungen werden besteuert. Gewöhnen Sie sich einfach an, stets in einer Nach-Steuer-Rendite zu denken, so zum Beispiel 2 oder 3 Prozent nach Steuern.

Marktschwankungen

Marktschwankungen sind eine große Herausforderung für die Szenariotechnik, denn es ist wirklich schwierig, über längere Zeiträume hinweg den Marktwert einer Geldanlage zu kalkulieren. Wir haben schon so manches Altersvorsorgekonzept an Fehlkalkulationen scheitern sehen. Besonders anfällig sind Strategien, die auf den Veräußerungserlös einer Immobilie oder den erfolgreichen Verkauf einer Praxis in der Zukunft setzen. Ein Beispiel: Wenn das Rentenalter naht, sind meistens die Kinder ausgezogen und das Haus ist zu groß. Naheliegenderweise entscheiden sich viele Paare, das Haus zu verkaufen und etwas Kleineres zu suchen. Wenn das funktioniert wie geplant, ist das wunderbar. Weniger wunderbar sieht es aus, wenn der Immobilienverkauf ein Bestandteil der Altersvorsorge ist und sich nicht der Preis erzielen lässt, den sich die Betreffenden für die Versilberung ihres Eigenheims vorgestellt hatten. Oder stellen Sie sich einen Arzt vor, der fest einkalkuliert hatte, seine Kassenzulassung für den doppelten Jahresumsatz zu verkaufen. Erzielt er nur einen Jahresumsatz, fehlen oft 100.000 und mehr Euro für den Ruhestand.

In Ihrem Szenario können Sie nicht von Anfang an wissen, was Sie für Ihre Immobilie oder Ihr Unternehmen erzielen. Es ist schwierig, eine realistische Größe zu finden. Wir raten unseren Mandanten immer zu großer Vorsicht: Problematisch ist gerade beim Eigenheim, dass der Verkäufer »sein« Haus aus einer ganz anderen Perspektive sieht als der Käufer. Was der Verkäufer liebevoll gestaltet hat, beispielsweise einen Kachelofen, verursacht für den potenziellen Käufer, der einen ganz anderen Geschmack hat, vielleicht nur wertmindernde Beseitigungskosten. Glauben Sie uns, wir übertreiben nicht. Wir haben selbst in einem gemieteten Haus gewohnt, in dem wir die dunkelgrünen Einbauschränke auf keinen Fall verändern durften. Und wir fanden sie scheußlich. Schauen Sie immer wieder, welche Preise in Ihrer Gegend erzielt werden. Und zwar nicht allein für Ihr Haus, sondern auch für die etwaige Wohnung, die Sie nach einem Verkauf mieten oder kaufen würden. Was hilft es, wenn Sie für Ihr Haus einen halbwegs Ihren Wünschen entsprechenden Preis erzielen, aber dann die Wohnungsmieten viel höher sind, als Sie in Ihrem Konzept vorgesehen hatten?

Sie können mit Marktschwankungen nicht umgehen, aber Sie können Ihr Szenario regelmäßig aktualisieren. Das gilt nicht nur für Immobilien, sondern auch und gerade für Aktienanlagen. Hier sollten Sie am Anfang ein Szenario entwerfen, in dem alle Kurse in den Keller gehen. Rechnen Sie mal durch, wo Sie stehen, wenn Ihre Aktienstrategie komplett fehlschlägt. Entwerfen Sie ein Szenario für den schlimmsten Fall. Wenn dabei herauskommt, dass Sie sich dann zwar einschränken müssten, aber trotzdem noch klarkämen, dann bekommen Sie ein grünes Signal für Ihre Strategie. Wenn Sie bei einer Talfahrt Ihrer Aktien ruiniert wären, dann müssten Sie Ihre Strategie noch einmal überarbeiten.

Jenen unserer Mandanten, die mit Aktien liebäugeln, aber das Risiko fürchten und sich überfordert fühlen, empfehlen wir eine ähnliche Strategie: Fangen Sie klein an, kaufen Sie erst mal nur Aktien für eine Summe, deren Verlust Sie verkraften könnten. Nehmen Sie beispielsweise 10.000 Euro in die Hand und üben Sie damit. Wenn sich all Ihre Käufe als Flops herausstellen, ist das nicht schön, aber es bringt Sie nicht um. An 10.000 Euro wird sich Ihr Schicksal nicht entscheiden. Wenn Sie erste Erfahrungen gesammelt haben und sich sicherer fühlen, dann können Sie mehr Geld anlegen.

Um Ihre Anlagestrategie zu optimieren, entwerfen Sie am besten mehrere Szenarien, die jeweils eine andere Marktentwicklung voraussetzen. Das Szenario für den schlimmsten Fall ist vielleicht das wichtigste. Wenn Sie sich fragen, ob Sie beispielsweise das Gewicht zwischen Ihren Aktienanlagen und festverzinslichen Anlagen verschieben möchten, dann entwerfen Sie zwei Szenarien mit unterschiedlichen Renditeverläufen. So haben Sie konkrete Zahlen und können überlegen, wo Ihre Schmerzgrenzen sind. Wir rechnen in unseren Finanzplänen immer hoch, wie sich das Vermögen mit einer bestimmten Rendite x, dem Anfangsvermögen y sowie den etwaigen Sparraten entwickeln wird. Die Rendite setzen wir meist sehr konservativ an – oft nur in Höhe der Inflationsrate. Viele Mandanten haben bei späteren Terminen diese Tabelle dabei und wir entdecken kleine Häkchen an den Jahresendbeständen. Sie überprüfen sich selbst. Wunderbar.

Und nun: Szenarioplanung ganz konkret

Dürfen wir vorstellen: Dr. Sieglinde Fröhlich, Anwältin. An ihrem Beispiel zeigen wir Ihnen nun, wie die Szenarien mit all den genannten Faktoren konkret aussehen. Frau Dr. Fröhlichs Ruhestand ist fast erreicht. Darüber ist sie nicht unglücklich! Sie überlegt sogar, bereits 2022, zwei Jahre eher, in Ruhestand zu gehen. Unrealistisch ist das nicht. Sie bekommt als Anwältin eine Rente aus dem Versorgungswerk in Höhe von 3.000 Euro. Weitere Rentenbausteine gibt es nicht. Aber sie hat ein Haus, das sie gerade verkauft, und etwas Vermögen. Haus und Vermögen zusammen ergeben ungefähr 500.000 Euro. Ihren monatlichen Bedarf inklusive der nun zu zahlenden Miete schätzt sie auf 4.000 Euro. Das klingt gut, aber wird sie wirklich zurechtkommen?

In unserem ersten Szenario unterstellen wir eine Inflationsrate in Höhe von 2 Prozent bei einer vorsichtigen Steigerung der Rente von einem Prozent. Hier wird also über die Jahre eine Schere aufgehen. Für die Rendite planen wir nach Diskussion der Risikobereitschaft 2 Prozent nach Steuern ein. Der zu erwartende Durchschnittssteuersatz wird um die 11 Prozent liegen – sie entscheidet sich für einen kleinen Puffer und wir rechnen mit 15 Prozent. In der nachfolgenden Tabelle sehen Sie, wie das vorhandene Vermögen von Monat zu Monat schmilzt, bis es mit 89 Jahren aufgebraucht ist. Dann würde nur noch die Rente weiterfließen. Das ist etwas knapp – so sieht es auch Frau Fröhlich. Schließlich möchte sie die statistische Lebenserwartung von 91,6 Jahren gerne übertreffen. Sie überlegt: An den Lebenshaltungskosten möchte sie nicht rütteln – das wäre ja das Naheliegendste. Sie möchte gerne ein Szenario mit den 11 Prozent Steuern, 1,5 Prozent Inflationsrate und 3 Prozent erzielter Rendite. Damit würde es klappen – das Vermögen wäre mit genau 100 Jahren aufgezehrt.

Szenario für einen Entnahmeplan ab 2022 bei einem Monatsbedarf von 4.000 Euro

angenommene Inflation	2,00%	Steuersatz im Ruhestand	15,00%
angenommene Steigerung Renten	1,00%		
angenommene Rendite nach Steuern	2,00%		

Lebensjahr		Lebenshaltung pro Monat	Lebenshaltung pro Jahr	Versorgungswerk Rente
65	2022	-4.000	-48.000	36.000
66	2023	-4.080	-48.960	36.360
67	2024	-4.162	-49.939	36.724
68	2025	-4.245	-50.938	37.091
69	2026	-4.330	-51.957	37.462
70	2027	-4.416	-52.996	37.836
71	2028	-4.505	-54.056	38.215
72	2029	-4.595	-55.137	38.597
73	2030	-4.687	-56.240	38.983
74	2031	-4.780	-57.364	39.373
75	2032	-4.876	-58.512	39.766
76	2033	-4.973	-59.682	40.164
77	2034	-5.073	-60.876	40.566
78	2035	-5.174	-62.093	40.971
79	2036	-5.278	-63.335	41.381
80	2037	-5.383	-64.602	41.795
81	2038	-5.491	-65.894	42.213
82	2039	-5.601	-67.212	42.635
83	2040	-5.713	-68.556	43.061
84	2041	-5.827	-69.927	43.492
85	2042	-5.944	-71.325	43.927
86	2043	-6.063	-72.752	44.366
87	2044	-6.184	-74.207	44.810
88	2045	-6.308	-75.691	45.258
89	2046	-6.434	-77.205	45.710

liquides Vermögen	Rendite auf Vermögen	Steuer im Ruhestand	Jahresfehlbetrag im Ruhestand oder Überschuss
500.000	10.000	-5.400	-7.400
492.600	9.852	-5.454	-8.202
484.398	9.688	-5.509	-9.036
475.362	9.507	-5.564	-9.904
465.458	9.309	-5.619	-10.805
454.653	9.093	-5.675	-11.742
442.911	8.858	-5.732	-12.715
430.196	8.604	-5.790	-13.726
416.471	8.329	-5.847	-14.775
401.696	8.034	-5.906	-15.864
385.832	7.717	-5.965	-16.994
368.838	7.377	-6.025	-18.166
350.673	7.013	-6.085	-19.381
331.291	6.626	-6.146	-20.642
310.650	6.213	-6.207	-21.948
288.702	5.774	-6.269	-23.302
265.400	5.308	-6.332	-24.705
240.695	4.814	-6.395	-26.158
214.537	4.291	-6.459	-27.663
186.874	3.737	-6.524	-29.221
157.652	3.153	-6.589	-30.835
126.818	2.536	-6.655	-32.504
94.313	1.886	-6.721	-34.232
60.081	1.202	-6.789	-36.020
24.061	481	-6.857	-37.870

Sie sehen an diesem Beispiel, wie hilfreich die Szenariotechnik ist, um realistisch zu planen. Haben Sie bei Ihren Berechnungen schon einmal über den Zeitpunkt des Renteneintritts hinausgedacht? Haben Sie ausgerechnet, wie hoch die Summe ist, die Sie in Ihrem Ruhestand benötigen, wenn Sie nicht 65, sondern 80 Jahre alt sind? Wenn nicht, ist es höchste Zeit dafür. Je eher Sie den Tatsachen ins Auge blicken, desto besser. Denn wenn Sie feststellen, dass Ihre Planung nicht aufgeht, können Sie noch rechtzeitig etwas ändern.

AUF DEN PUNKT: Ihr Szenario

Es gibt viele Faktoren in Ihrer Planung, die können Sie nicht exakt voraussagen. Während Sie auf die Höhe Ihrer Sparrate zumindest noch Einfluss haben und die zu erwartende Rendite über Ihre gewählten Anlagen noch ein wenig steuern können, entziehen sich Steuerregelungen und Inflation komplett Ihrem Einflussbereich. Indem Sie verschiedene Fälle mit der Frage »Was wäre wenn …« durchspielen, bekommen Sie ein besseres Gefühl, wie einfach oder schwer es wird, Ihr Ziel zu erreichen. Auch an dieser Stelle können Sie nun noch einmal Ihre Ziele aus dem Zielfahrplan überdenken, hochrechnen und von der steuerlichen Seite durchleuchten.

13 Immer alles unter Kontrolle – Updates und regelmäßige Anpassungen

Zu unseren Mandanten gehört ein Ehepaar, das den Großteil seines Vermögens in Immobilien angelegt hatte. Und zwar kurz nach der Wiedervereinigung. Damals herrschte noch Aufbruchstimmung. Unser Mandantenpaar ließ sich vom allgemeinen Wiedervereinigungsoptimismus anstecken, und anstatt in nur eine etwas größere Immobilie oder ein Haus mit Grundstück zu investieren, entschieden sich die beiden, zwei Wohnungen zu kaufen. Und zwar eine im Westen Deutschlands und eine im Osten. Sicherlich eine gute Idee, nicht den gleichen Standort zu wählen und damit das Risiko zu streuen. Doch die Rendite dieser Investition hatte sich leider nicht so entwickelt, wie die beiden erwartet hatten. Sowohl die ostdeutsche wie die westdeutsche Wohnung hatten dramatisch an Wert verloren. Die Wohnung in Westdeutschland hätte längst modernisiert werden müssen. Und die Wohnung in Ostdeutschland lag in einer Region, in der sich die Immobilienpreise komplett in den Keller bewegt hatten. Von den ursprünglichen Kaufwerten lagen die Preise weit entfernt. Händeringend saß nun dieses Ehepaar vor uns und fragte, wie sie ihren bevorstehenden Ruhestand finanzieren sollten. Den hatten die beiden eigentlich in einem Häuschen in den schönen bayrischen Alpen verbringen wollen, das sie aus dem Erlös der beiden Wohnungen zu kaufen gedachten.

Das Interessante an der Geschichte für Sie und, als stets Mitlernende, auch für uns, ist die Frage, wie es überhaupt so weit kommen konnte. Wie konnten die Wohnungswerte über Jahre sinken, ohne dass unsere Mandanten davon etwas mitbekamen? Wieso fanden die beiden erst so spät in unsere Beratung, warum kamen sie nicht schon eher?

Die Antwort ist: Unsere Mandanten wähnten sich in Sicherheit. Sie dachten, sie hätten mit der Investition in zwei Immobilien in verschiedenen Lagen ausreichend vorgesorgt, das Risiko schön verteilt, und nun könnten sie sich um andere Dinge kümmern. Die Finanzierungen waren in ein Modell für die Ewigkeit gegossen.

Sie kennen uns jetzt schon ein bisschen. Sie wissen, dass wir den Menschen, die wir beraten, nur wenige Vorschriften machen. Wir lassen sie selbst entscheiden, was sie mit ihrem Geld anfangen wollen und mit welchen Anlageformen sie sich wohlfühlen. Aber auf ein paar wenige Regeln bestehen wir doch und dazu gehört:

DURCHBRUCH: **Kümmern Sie sich immer um Ihr Geld!**

Ihr Geld hat Ihre Aufmerksamkeit verdient.

Ein Finanzierungsmodell, dass Sie auf Jahrzehnte knebelt, ist immer schlecht. Immobilien können nie »einfach« gekauft werden – man muss sich darum kümmern. Und das gilt auch für andere Anlageformen. Lehnen Sie sich nicht zurück und überlassen Sie das Schicksal Ihrer Anlagen nicht dem Zufall. Schon gar nicht, wenn Sie sich so viel Mühe gemacht haben, die für Sie geeignete Anlagestrategie zu erarbeiten.

Genau an diesem Punkt nämlich hat sich unser Mandantenpaar in den Finanzfeierabend verabschiedet. Sie hatten sich schlaugemacht, sich für die Wohnungen entschieden und zwei geeignete Objekte gekauft. Und dann haben sie ihre Aktivitäten eingestellt. Genau diesen Fehler machen Sie, liebe Leser, jetzt auf keinen Fall! Schon gar nicht, nachdem Sie sich so sehr in die Materie hineingekniet haben.

Sie haben jetzt Ihre Ziele gesteckt, Ihre Anlagestrategie entworfen und schon Szenarien entworfen, wie Ihre Pläne aufgehen können. Sie haben bereits erste Geldanlageprodukte gekauft. Damit haben Sie den Hauptteil Ihrer Arbeit für die finanzielle Unabhängigkeit erfolgreich geschafft. Aber um die Früchte Ihrer Arbeit auch ernten zu können, zählt vor allem eines:

Bleiben Sie am Ball – und zwar mit System

Die Welt bleibt schließlich nicht stehen, nur weil Sie oder wir eine gute Anlagestrategie entworfen haben. Alles dreht sich weiter: die Börsen, die Unternehmenswelt und die Märkte, aber ebenso Ihr persönliches Leben. Sie haben vielleicht nicht immer den gleichen Job, Sie verdienen – hoffentlich – in ein paar Jahren mehr als heute. Oder auch weniger. Oder Ihre Familienverhältnisse ändern sich. Da ist es eigentlich ganz selbstverständlich, regelmäßig nach den Finanzen zu schauen. Wir betonen es trotzdem, weil wir immer wieder Menschen begegnen, die einfach nicht daran denken, dass sie auch ihre Anlagestrategie immer wieder überprüfen und gegebenenfalls verändern müssen. Denken Sie einmal nach, wie viel Zeit Sie für einen Waschmaschinenkauf investieren oder für die Wahl des richtigen Kindergartens für Ihre Kleinen. Vom Auto reden wir erst gar nicht.

Wenn unsere Mandanten ihr Sparpotenzial identifiziert und ihre Anlagestrategie entworfen haben, folgt meistens eine Phase von drei bis sechs Monaten, in der sie die entworfene Finanzplanung umsetzen, nicht passende Anlagen verkaufen und dann neu einkaufen. Richtig shoppen: Aktien, Fonds, Immobilien – was auch immer sie sich vorgenommen haben. In dieser Phase sollten auch Sie, liebe Leserinnen und Leser, sich jetzt befinden. Genießen Sie das ruhig! Es macht Spaß, gute Geldanlagen auszusuchen und sich ein schönes Depot und lukrative Festgeldanlagen aufzubauen! Suchen Sie sich gute Produkte aus, kalkulieren Sie mithilfe der Szenariotechnik, die Sie im vorangegangenen Kapitel kennengelernt haben, ob sich der Kauf lohnt, und dann gehen Sie los und kaufen sich die Anlagen.

Schon die Szenariotechnik hat Ihnen allerdings gezeigt, wie viele Faktoren auf die Renditeentwicklung Ihrer Anlagen einwirken. Deshalb können Sie sich nicht zurücklehnen und Ihre Finanzen wieder ihrem Schicksal überlassen. Sondern Sie müssen sich kontinuierlich mit Ihrem Geld befassen. Allerdings ist das keine Aufforderung, in Hektik zu verfallen und etwa dreimal täglich Ihr Depot zu checken (es sei denn, Sie machen das wirklich gerne). Wenn Sie mit einem Mindestmaß an Systematik vorgehen, können Sie Ihre Finanzen mit einem Maximum an Routine und einem Minimum an Stress kontrollieren.

Der erste Schritt dazu ist, dass Sie Ihre Vermögensbilanz aktualisieren. Arbeiten Sie in die Bilanzen aus Kapitel 5 und 11 ein, was Sie verändern. Tragen Sie Ihre Neuerwerbe ein, und streichen Sie, was Sie verkauft haben.

Nehmen Sie dann Ihren Kalender zur Hand und tragen Sie dort ein, auf welche Termine Sie achten müssen. Das betrifft vor allem die nicht an der Börse notierten Werte. Festgelder werden irgendwann wieder fällig. Schreiben Sie sich auf, wann es mit Ihrem Geld so weit ist. Vermerken Sie im Kalender einen Termin, der ein paar Tage oder Wochen vor der Fälligkeit liegt, an dem Sie sich um das Geld kümmern werden. Dazu gehört, vielleicht eine Marktrecherche zu machen, um zu entscheiden, ob Sie Ihr Geld dann woanders anlegen. Sie müssen, je nach Vertrag, rechtzeitig kündigen. Vielleicht haben Sie auch schon einen Verwendungszweck, dann kommt es darauf an, das Geld rechtzeitig zu transferieren, bevor der Vertrag sich automatisch verlängert. Diese Art der Terminierung sollten Sie immer vornehmen, wenn Sie irgendwo befristet Geld anlegen. Also: An dem Tag, an dem Sie ein Festgeldkonto eröffnen, zücken Sie Ihren Terminkalender und vermerken eine Woche vor der Fälligkeit, um rechtzeitig die weitere Verwendung der Anlage zu regeln.

Für unbefristete Geldanlagen müssen Sie selbst Termine setzen. Hier ist etwas mehr Eigenorganisation gefragt, um den Überblick zu behalten. Damit Sie den Aufwand möglichst gering halten, haben wir die erforderlichen Überprüfungen in drei Klassen eingeteilt:

- regelmäßige Checks und – wenn nötig – Anpassungen
- das jährliche Update (Aktualisierung)
- Veränderungen

Die Anpassungen haben mit den Veränderungen der Märkte zu tun, in die Sie investiert haben oder investieren könnten. Checks helfen Ihnen, Termine im Auge zu behalten. Die Updates beziehen sich auf Ihre persönlichen Lebensumstände.

Beginnen wir mit den Anpassungen.

Regelmäßige Checks samt nötiger Anpassungen

An dem Beispiel des Ehepaares aus unserem Mandantenkreis haben Sie schon gesehen, dass Sie auch langfristige und scheinbar wertbeständige Anlagen immer wieder überprüfen müssen. Mit viel stärkeren und kurzfristigeren Schwankungen der Rendite und des Wertes müssen Sie rechnen, wenn Sie Aktien gekauft haben. Manchmal gehen die Schwankungen so weit, dass es ratsam ist, auszusteigen. Speziell Fonds und Zertifikate entwickeln sich oft anders als in der Werbung versprochen. Auch wenn Ihnen hier die Fondsmanager die tägliche Optimierung abzunehmen versuchen, liegt es an Ihnen, stets die letzte Kontrolle über den Erfolg dieser Bemühungen auszuüben.

- **Cash Management**
  Mindestens einmal im Monat braucht Ihr Cash, also Ihr flüssiges Geld, Ihre Aufmerksamkeit. Im Mittelpunkt steht dabei Ihr Girokonto. Zu Ihrer Routine sollte gehören, dass Sie die Ein- und Abgänge des vergangenen Monats prüfen. Sind alle Zahlungen angekommen, die Sie erwartet haben? Sind alle Abbuchungen korrekt? Checken Sie bei dieser Monatskontrolle auch Ihren Kontostand. Er sollte so hoch sein, dass Sie die laufenden Ausgaben abdecken können. Wenn Sie feststellen, dass sich wieder einiges angesammelt hat, freuen Sie sich und überweisen das überschüssige Geld auf Ihr Tagesgeldkonto, damit es sich verzinsen kann. Umgekehrt holen Sie Geld vom Tagesgeldkonto auf das Girokonto, wenn Sie sehen, dass der Kontostand zu niedrig ist, um die Ausgaben im kommenden Monat abzudecken. Denn Ihr Konto darf auf keinen Fall ins Minus rutschen, Dispo-Zinsen gehören zu den ärgerlichsten und überflüssigsten Ausgaben überhaupt. Wenn Sie sich mit Ihrem Kontostand befassen, sollten Sie auch gleich kalkulieren, wie viel Sie im kommenden Monat ausgeben werden. Zwar haben Sie schon ermittelt, welche Summe Sie grundsätzlich im Monat ausgeben. Aber es können ja immer Geburtstage oder Feste hinzukommen, Reparaturen oder die Anzahlung für den nächsten Sommerurlaub. Planen Sie also den nächsten Monat und richten Sie Ihr Girokonto entsprechend aus.

  Der monatliche Cash-Management-Termin ist außerdem dazu da, Ihre Geldanlagen mit variablen Zinssätzen zu überprüfen. Schauen Sie nach, ob die Zinskonditionen noch dieselben sind. Und nehmen Sie sich die Zeit zu überprüfen, ob Ihre Konditionen auf dem Markt noch top sind oder ob sich ein Transfer Ihres Tagesgeldes auf ein anderes Konto lohnen könnte. Vielleicht haben Sie in den vergangenen Tagen auch in der Zeitung von interessanten Angeboten gelesen – dann ist jetzt der Zeitpunkt, sich zu informieren und gegebenenfalls einzusteigen.

  Ein Termin, der ganz privat ist und nur einmal im Monat stattfindet, rutscht vielen Menschen leicht aus dem Gedächtnis. Notieren Sie ihn deshalb in Ihrem Terminkalender. Ob Sie immer den letzten Freitag im Monat auswählen möchten oder ob Sie sich lieber Monat für Monat neu mit Ihrem Konto verabreden, liegt ganz bei Ihnen und Ihren Gewohnheiten. In jedem Fall empfehlen wir Ihnen, zum Abschluss jedes Konto-Checks Ihren Terminkalender zu nehmen und den nächsten Termin schon einmal einzutragen.

- **Der Blick in Ihre Depots oder ins Musterdepot**
  Wir empfehlen, regelmäßig ins Depot zu schauen – nicht um jedes Mal zu agieren, sondern um am Ball zu bleiben. Ein absolut empfehlenswertes, überaus hilfreiches Werkzeug für diese Kontrolle ist ein Musterdepot, wenn Sie mehrere Depots besitzen. Hier führen Sie alles, was börsennotiert ist, zusammen. Wir haben bereits beschrieben, wie Sie sich mithilfe des Musterdepots mit Warnlimits in der Beobachtung unterstützen lassen können.

  Schauen Sie mindestens einmal im Monat in Ihr Depot oder Musterdepot. Natürlich können Sie auch gerne öfter hineinschauen, erst recht, wenn Sie viele Aktien besitzen. Wenn Sie dann sehen, dass sich ein Fonds oder ETF sehr schlecht entwickelt, dann können Sie nachforschen, was der Grund ist. Sind Sie selbst unsicher, können Sie den Rat eines Experten suchen. Denn wir raten grundsätzlich zu »Buy and Hold« (Kaufen und Halten).

  Mit einem Musterdepot können Sie auch üben, wenn Sie noch unsicher sind. Spielen Sie einfach im Musterdepot eine Zeit lang mit verschiedenen Investitionen. Kaufen Sie virtuell ein, was Ihnen aussichtsreich erscheint, und schauen Sie, wie sich Ihr Depot entwickelt. Mit der Zeit bekommen Sie ein Gefühl dafür, welche Anlagen zu Ihnen passen und welche nicht. Irgendwann entwickeln Sie für Kurse das gleiche Gespür wie für die Preise im Supermarkt. Spätestens dann können Sie das, was Sie im Musterdepot geprobt haben, in Ihre reale Anlagestrategie übertragen.

- **Fällige Anlagen**
  Wenn zum Beispiel Festgelder fällig werden, wäre es schade, wenn das Geld danach zu lange einfach auf dem Auszahlungskonto versauert. Wenn Sie mehrere Festgelder besitzen, empfehlen wir Ihnen eine Liste, geordnet nach den Fälligkeitsterminen. Kümmern Sie sich unmittelbar nach der Auszahlung um die Neuanlage – vielleicht im Rahmen Ihres monatlichen Cash-Termins.

- **Versicherungen**
  Einmal im Jahr dürfen Sie durch Ihren Versicherungsordner blättern. Notieren Sie in Ihrem Szenario die neuen – hoffentlich höheren – zu erwartenden Renten, prüfen Sie die Leistungsumfänge der Sachversicherung und schauen Sie, ob die Post ordentlich einsortiert ist.

- **Steuern**
  Ebenfalls einmal im Jahr kommt dieses für die meisten Menschen leidige Thema auf den Tisch. Doch auch das gehört zu den regelmäßigen Checks. Sammeln Sie unterjährig alle Belege, von denen Sie denken, dass Sie sie für die Steuererklärung benötigen. Gehen Sie dieses Thema frühzeitig an, denn oft winkt eine Erstattung. Im Bundesdurchschnitt erhält jeder ungefähr 1.000 Euro zurück! Notieren Sie sich für die Vorbereitung der Unterlagen oder das Ausfüllen, falls Sie keinen Steuerberater haben, einen festen jährlichen Termin.

Das jährliche Update

Kürzlich kam ein Mandanten-Ehepaar in unser Büro und brachte sein Baby mit. Der Kleine war wenige Wochen alt, ein süßer Wonneproppen, und die Eltern waren so stolz, dass ihre Begeisterung uns richtig ansteckte. Es war das dritte Kind unserer Mandanten, die beide schon über 40 Jahre alt waren. Sie hatten es mit Vorsatz und Freude in die Welt gesetzt, aber natürlich war ihnen klar, dass sie sich nun auch finanziell auf das dritte Kind einstellen mussten. Sie hatten eigentlich ein solides Fundament. Vor fünf Jahren waren sie in ihr Eigenheim gezogen, der Kredit lief natürlich noch. Der Mann war Ingenieur und arbeitete als leitender Angestellter in einem großen Unternehmen. Er ernährte die Familie. Seine Frau hatte ihren Beruf wegen der Kinder stark eingeschränkt, arbeitete aber noch freiberuflich im Homeoffice als Grafikerin. Wir betreuten die beiden schon einige Jahre. Wir hatten gemeinsam ihre Altersvorsorge geplant, für die Ausbildung der beiden ersten Kinder gesorgt, und wir hatten eine Vermögensstrategie ausgearbeitet. Die beiden ließen sich nicht mehr oft bei uns blicken, weil sie inzwischen den größten Teil ihrer Geschäfte selbst regelten.

Jetzt allerdings mussten sie zentrale Pfeiler ihres Konzeptes neu hinterfragen. Ihre monatlichen Kosten würden sich erhöhen, die Einnahmen würden sinken, weil die Frau vorerst nicht mehr arbeiten konnte. Später würde sich das ändern, aber dann mussten sie mit Kinderbetreuungskosten rechnen. Sie mussten außerdem Rücklagen für eine weitere Ausbildung bilden, und sie mussten sich darauf einstellen, dass dieses dritte Kind studieren würde, wenn sie in den Ruhestand gehen wollten und ihre eigenen Eltern möglicherweise pflegebedürftig würden.

Sehen Sie, wie umfassend Sie Ihr Finanzkonzept überarbeiten müssen, wenn sich Ihr Leben ändert? Familiengründung, Krankheit, berufliche Veränderungen, Umzüge, Trennung oder Eheschließung – das alles verschiebt Ihren Zielfahrplan und wirkt sich dementsprechend auf Ihre Vermögensstrategie aus. Und es sind auch nicht alle Veränderungen so ersichtlich wie die Geburt eines dritten Kindes. Manchmal verändert sich Ihr Leben schleichend oder in kleineren Schritten. Vielleicht klappt es nicht mit dem Kind, das Sie noch bekommen wollten. Oder Sie sind in der Jahresmitte befördert worden und haben von dem Gehaltsüberschuss zunächst ein paar Extras angeschafft. Inzwischen aber sammelt sich das Geld auf den Konten, und Sie können es effektiver verplanen. Zu den schleichenden Veränderungen gehört auch, dass Ihr Zielfahrplan sich verschiebt. Stellen Sie sich einen passionierten Motorradfahrer vor, der allein lebt. Dann verliebt er sich und beschließt, eine Familie zu gründen. Das Motorrad verliert seinen Stellenwert. Der Zielfahrplan sieht innerhalb weniger Jahre ganz anders aus. Damit ändert sich auch seine Finanzplanung.

Wir empfehlen deshalb, dass Sie sich einmal im Jahr mit Ihrem Zielfahrplan befassen und überprüfen, ob die Ziele noch alle ihre Gültigkeit haben, ob der Realisierungszeitpunkt noch stimmt und ob sich bei den Prioritäten etwas verschoben hat. Gegebenenfalls verändern Sie dann Ihre Anlagestrategie. Vielleicht geben Sie den Plan auf, ein eigenes Haus zu kaufen. Dann erledigt sich ein langfristiges Sparziel. Vielleicht brauchen Sie eine größere Liquiditätsreserve. Dann müssen Sie kurzfristig umschichten. Oder Sie haben – zum Beispiel wegen eines neuen Familienmitgliedes – höhere Ausgaben und können Ihre Sparraten nicht mehr bedienen.

Dieses Update ist ein sehr wichtiger Termin, den Sie in Ihren Kalender eintragen und sich wirklich frei halten sollten. Planen Sie bitte mehrere Stunden dafür ein! Es geht nicht einfach darum, etwas Besinnlichkeit zu erzeugen und Ihre Ziele zu hinterfragen. Sondern Sie müssen eine wirklich gründliche Überprüfung Ihrer Ziele und Bestände vornehmen. Dieses Update ist nämlich der Termin, an dem Sie Ihre gesamte Bilanz auf den Tisch legen und alle Zahlen aktualisieren.

Beim Update tun Sie also Folgendes:

- Sie prüfen, ob sich Ihre Ziele geändert haben.
- Sie überprüfen, ob die Struktur Ihrer Anlagestrategie noch mit Ihren Zielen übereinstimmt.
- Sie ermitteln den aktuellen Stand Ihres Vermögens:
  - Was sind Ihre Versicherungen wert?
  - Wie sind Ihre Kontostände?
  - Welche Werte enthält Ihr Depot?

- Was ist der Marktwert Ihrer Immobilien?
- Wie ist der Stand Ihrer Kredite?

Das entspricht den Posten, die Sie in Ihre Bilanz in Kapitel 5 eingetragen haben. Sie nehmen sich also jetzt genau diese Bilanz wieder vor und aktualisieren sie. Ermitteln Sie bei dieser Gelegenheit auch die Quoten der einzelnen Anlageklassen. Vergleichen Sie diese nun mit Ihrem Tortendiagramm, das Sie zu Beginn Ihrer Finanzplanung erstellt haben. Stimmt dieses noch überein? Manchmal stellt man fest, dass aufgrund sehr gut gelaufener Börsen das Aktien-Tortenstück plötzlich viel größer geworden ist. Überschreiten Sie hier die geplanten Werte deutlich, dann können Sie die geplante Aufteilung wieder herstellen, indem Sie einen Teil verkaufen. Damit agieren Sie dann auch antizyklisch und nehmen Gewinne mit. Wir empfehlen Ihnen, recht hartnäckig bei Ihrer gewählten Aufteilung zu bleiben. Nur wenn Sie diese revidieren, dann ist auch eine Verschiebung der Gewichtung in Ordnung.

Das jährliche Update ist übrigens ein hervorragender Zeitpunkt, um auch sämtliche Geldanlagen noch einmal einem Generalcheck zu unterziehen, was Rendite und Zinssätze betrifft. Hält Ihr Tagesgeldkonto hinsichtlich seiner Konditionen noch einem Marktvergleich stand? Haben Sie gute Renditen bei Ihren Geldanlagen? Wie stehen Sie mit Ihren Krediten da? Wie entwickelt sich Ihr Depot und sind Sie von den Kosten her noch gut bei Ihrer Bank aufgehoben?

Wenn Sie einmal im Jahr dieses Update vornehmen und zusätzlich die monatlichen Checks mit nötigen Anpassungen tätigen, dann ist das zwar keine hundertprozentige Garantie dafür, dass immer alles rund- und glattläuft. Aber Sie können sicher sein, dass Sie sich vor unliebsamen Überraschungen schützen. Und das ohne großen Stress. Sie müssen weder ständig an Ihre Geldanlagen denken noch täglich irgendetwas kontrollieren. Sie müssen lediglich Ihre wenigen, aber regelmäßigen Termine einhalten, die Sie mit Ihrem Geld vereinbaren. Und wir prophezeien Ihnen: Wenn Sie erst mal eine gewisse Sicherheit auf dem Weg zu Ihrer finanziellen Unabhängigkeit entwickelt haben, dann werden Sie sich auf das monatliche und das jährliche Rendezvous mit Ihrem Geld sogar freuen!

Veränderungen

Wenn Sie beschließen, ein Haus zu bauen, oder wenn sich Nachwuchs ankündigt oder Sie sich selbstständig machen, dann müssen Sie Ihre Strategie anpassen. Gerade wenn Sie finanzielle Verpflichtungen eingehen, müssen Sie für mehr Sicherheit sorgen. Vielleicht überprüfen Sie noch einmal Ihre Absicherung oder stellen Ihre Anlagen ein weniger konservativer auf. Bei solchen Plänen empfehlen wir, nicht auf das nächste Jahresupdate zu warten, sondern außer der Reihe die Bilanz zu aktualisieren, die Absicherung zu prüfen und den Zielfahrplan anzupassen.

Wenn Sie das hier lesen, dann scheint Ihnen das vielleicht sehr offensichtlich. Aber in der Praxis beobachten wir, dass viele Menschen die finanziellen Angelegenheiten doch auf die lange Bank schieben, weil es bei solchen Veränderungen natürlich immer auch viele andere Dinge zu bedenken und zu regeln gibt.

Für uns sind solche großen Veränderungen, die eine Überarbeitung der Strategie benötigen, die folgenden:

- Start in die Ausbildung / das Studium
- Start in den ersten eigenen Job
- Zusammenziehen mit dem Partner / Heirat
- Geburt eines Kindes
- Gehaltserhöhung von mehr als 10 Prozent
- Start einer Selbstständigkeit
- Haus- oder Wohnungskauf
- Erbe oder Schenkung
- Start in den (Vor-)Ruhestand

DURCHBRUCH: Seien Sie immer bereit, Ihre Strategie zu verändern!

Neue Lebensumstände erfordern neue Maßnahmen. Passen Sie Ihre Strategie an die veränderten Bedingungen an. Akzeptieren Sie, dass sich Ziele verändern.

AUF DEN PUNKT: Ihr Ziel in Sicht!

Mit Ihrem Fahrplan für die Zeit nach der Strategieerstellung ist Ihr Weg in die finanzielle Unabhängigkeit nun so weit vorangeschritten, dass Sie die Zielerreichung praktisch schon vor Augen sehen können. Erinnern Sie sich an die Visualisierungsübungen – genau diese holen Sie sich bitte auch während der Umsetzung immer wieder hervor. Vielleicht gerade dann, wenn Sie zweifeln und aufgeben möchten.

Bonusmaterial

Mentale Übungen, mit denen Ihnen der finanzielle Durchbruch leichter gelingt

- Meditation „Glaubenssätze verändern“
- Meditation „Spüren Sie in Ihre Ziele hinein“
- Visualisierung „Zielerreichung“

Alle Übungen finden Sie auf unserer Homepage unter dem Link: https://www.private-finanzplanung-kuehn.de/specials/

Unser zu diesem Buch passendes E-Book

Das Booklet „Weiblich, unabhängig, abgesichert! Die wichtigsten Impulse – so hat frau ihre Finanzen im Griff“ ist für wenig Geld im Online-Buchhandel und natürlich auch auf unserer Homepage erhältlich (https://www.private-finanzplanung-kuehn.de/unsere-bücher/weiblich-unabhängig-abgesichert/).

Und zum Schluss …

Sie sind jetzt der finanziellen Unabhängigkeit so nah wie noch nie in Ihrem Leben. Natürlich wissen wir, dass mancher von Ihnen noch viele Jahre vor sich hat, bis seine Sparziele erreicht sind.

Erinnern Sie sich an das Beispiel ganz am Anfang unserer gemeinsamen Reise? Die beiden Schwestern, die zunächst einmal untereinander vieles klären mussten und lernten, wer welche Verantwortung hat. Wir haben sie kürzlich wiedergetroffen. Sie planen gerade einen gemeinsamen Immobilienerwerb, um sicherzustellen, dass ihr Vermögen optimal an die nachfolgende Generation übergeht, auch ihre Mutter ist dabei involviert. Das sind aufregende Zeiten für alle, sie müssen die finanziellen, aber auch ganz praktische Fragen klären. Und immer wieder auch ihre Beziehung untereinander geraderücken. Das Projekt ist auf mehrere Jahre angelegt, vom Kauf über die Diskussion der Verwendung bis zum Einzug von wem auch immer. Solche Beispiele machen Mut, Zielfahrpläne zu erstellen und umzusetzen. Und nicht beim ersten Windhauch alles infrage zu stellen.

Wir wissen, dass Sie Ihre Ziele erreichen werden. Sie haben nämlich nicht nur verstanden, dass Sie ehrlich zu sich und anderen sein müssen, wenn Sie Ihr Geld erfolgreich anlegen wollen. Sondern Sie wissen auch, dass Sie Ihrem Geld regelmäßig Ihre Aufmerksamkeit schenken müssen. Aus dem Mentaltraining haben wir den Satz »Energie folgt der Aufmerksamkeit« verinnerlicht. So ist es in allen Lebensbereichen, auch bei Ihrem Geld. Das Beste aber ist, dass Ihnen dieser Gedanke keine Schweißperlen mehr auf die Stirn treibt, sondern dass Sie sich ein System geschaffen haben, mit dem Sie sehr routiniert und ohne großen Stress ständig die Kontrolle über Ihre Geldgeschäfte behalten.

Dahinter steckt auch die Grundhaltung, dass Sie sich als Teil unserer Welt begreifen und sich nicht wieder zurückziehen in Ihre Ecke und die Augen verschließen. Ihr Geld verbindet Sie immer mit dem Geschehen um Sie herum. Sie und Ihr Konto sind ein Teil des gesamten Wirtschaftslebens. Sie leiden mit, wenn Krisen auftreten. Aber Sie können auch mitprofitieren, wenn es gut läuft. Sie müssen nicht passiv herumsitzen und abwarten, was passiert. Nehmen Sie Ihre Finanzen mutig selbst in die Hand, bleiben Sie aktiv und stellen Sie sich der Welt. Mitten rein!

Damit, liebe Leserinnen und Leser, wünschen wir Ihnen viel Erfolg bei der Umsetzung Ihres Zielfahrplans. Bleiben Sie dran, bleiben Sie mutig und kühn.

Stefanie und Markus Kühn

Danke …

… an Sie, liebe Leserinnen und Leser. Schön, dass Sie sich auf den Weg zu Ihrer finanziellen Unabhängigkeit gemacht haben.

… an das gesamte Team des GABAL Verlags. Kein Buch ohne Verlag. Die ungeheure Wertschätzung, mit der man uns Autoren dort begegnet ist, hat uns umgehauen. Danke – an Frau Dr. Krebs für konstruktive Zoom-Meetings von Homeoffice zu Homeoffice, an unsere Lektorin Anja Hilgarth, die dem Buch den letzten und immer zügigen Schliff gegeben hat, und an Andschana Gad für ihren umfangreichen Marketingplan.

… an unsere Mandantinnen und Mandanten, die für ein echtes und nicht ausgedachtes Buch verantwortlich sind. Über 20 Jahre Beratung geben Stoff für eine wirklich effektive Strategie zur finanziellen Unabhängigkeit.

… an unsere drei Kinder, die jedes Buch von uns aktiv begleiten. Vom ersten Aufstöhnen, wenn wir verkünden, wir schreiben ein neues Buch (»Ihr wolltet nie wieder ein Buch schreiben«) bis zur familieninternen Abstimmung über das beste Cover.

… speziell unserer Tochter Silvi, die mit ihrem YouTube-Kanal Clever Money unsere Arbeit stets befeuert (https://www.youtube.com/channel/UCG7oJl-vJQyUg411U_hiWGDw).

… Steffis Freundinnen Sandra und Dorothea für den beständigen Austausch und das Mitfiebern in allen Buchphasen.

Quellen

1 Unter diesem Link gelangen Sie zu dem kostenfreien Test: https://tinyurl.com/1cks9t4b

2 https://www.bitkom.org/Presse/Presseinformation/Guter-Rat-in-Finanzfragen-kommt-von-Freunden-oder-online, 2019

3 https://de.statista.com/statistik/daten/studie/166338/umfrage/anzahl-der-schuldner-in-deutschland-seit-2004/

4 https://de.extraetf.com/news/etf-news/sutor-bank-wer-hektisch-aussteigt-halbiert-rendite

Die Autoren

Stefanie Kühn ist seit über 20 Jahren als Finanzcoach tätig. Ihre Mandanten berät sie ausschließlich auf Honorarbasis. Damit sichert sie ihnen höchstmögliche Unabhängigkeit. Sie blickt auf mehr als 5.000 Beratungsgespräche zurück und weiß, dass Geld nie nur Geld ist. Es steckt immer eine Geschichte dahinter. Stefanie Kühn ist Diplom-Wirtschaftsingenieurin, Finanzfachwirt (FH) und Certified Financial Planner (CFP) und Mentalcoach. Zusätzlich hat sie eine Meditationsleiterausbildung und ist zertifizierte Emotion Code Practitioner. Ihr Zertifikat hat sie durch eine Ausbildung bei der von dem Begründer der Methode, Dr. Bradley Nelson, autorisierten Emotionscode-Akademie (healerslibrary) erworben. Neben Einzelcoachings gibt sie ihr Wissen und ihre Erfahrung in Seminaren und Workshops sowie als Rednerin und Ratgeberin für Presse, Funk und Fernsehen weiter. Stefanie Kühn ist Autorin und hat mit ihrem Mann bereits mehrere Bestseller rund um das Thema Finanzen geschrieben.

Markus Kühn arbeitet seit 2001 als Rechtsanwalt in eigener Kanzlei mit Schwerpunkt Vermögensnachfolgeplanung und Erbrecht. Er ist außerdem Finanzfachwirt (FH) und Certified Financial Planner (CFP) sowie Mentalcoach. Markus Kühn ist außerdem ausgebildeter Hypnotiseur (TMI) und hat Zusatzausbildungen in Sporthypnose und EMDR (Eye Movement Desensitization and Reprocessing) absolviert. Markus Kühn weiß aus seiner langjährigen Beratungserfahrung, dass mit Geld immer eine Geschichte verbunden ist, und berät ganzheitlich. Er veranstaltet Webinare/Seminare rund um das Thema Geld und ist ein beliebter Ratgeber in der Presse. Zudem ist er Autor und hat mit seiner Frau bereits mehrere Bestseller rund um das Thema Geld und Finanzen geschrieben.

www.private-finanzplanung-kuehn.de